シン防災

災害研究のこれまでとこれから

神戸学院大学現代社会学会 編

昭和堂

はじめに

本書は、神戸学院大学現代社会学部の開設一〇周年を記念して上梓する社会防災学科の教員全員による「わかりやすい」防災の研究書である。本学科に所属する九名の教員が災害、防災、社会貢献についてそれぞれの専門分野から災害時の被害を最小限にとどめたいという思いを込めて執筆している。

神戸学院大学のある神戸市は、二八年前、阪神・淡路大震災に見舞われ壊滅的な被害を受け、六五〇〇人近くの人がなくなり、多くの人々が家を失い、町は焼け野原になった。

本学は、阪神・淡路大震災の教訓をもとにした研究を、若者にそして社会に広げようという思いで二〇〇六年四月に学際教育機構、防災・社会貢献ユニットという専門コースを作った。

それからしばらくして、二〇一一年に東日本大震災という未曽有の地震が起こり、津波によって二万人近くの人々が犠牲になった。私たちは、教員をはじめ学生たちも震災直後から現在に至るまで一〇〇回以上被災地にはいり、支援活動と調査活動を続けている。

二〇一四年四月に、そのユニットを発展的に解消し、現代社会学部が新設されるのと同時に、その一翼を担う学科として、それまで蓄積してきた研究や社会貢献活動の実績をもとに社会防災学科をスタートしたのである。すでに、六期生までが卒業し、多くの卒業生が防災や社会貢献の第一線で活躍している。

私たち社会防災学科の教員は、防災を研究としてだけに終わらせるのではなく、災害時に一人でも多くの命を守り、救うための実践研究を進めてきた。そして、研究成果を社会に還元するとともに、学生とともに日ごろから社会貢献活動を、そして災害時には被災地支援、被災者支援活動を行ってきた。そのことで新たな研究テーマが生まれ、日々研究、教育、社会貢献活動に取り組んでいる。この一連の流れこそが、人の命を守り、救う実践学問としての防災学のあり方だと確信している。

近い将来必ず起こる南海トラフ巨大地震、日本海溝・千島海溝沿い巨大地震、首都直下地震をはじめ、いつどこで地震や津波が起こるかわからない。また、気候変動の影響で毎年台風や豪雨による風水害が頻発している。このような状況のもと、さらなる防災研究やそれにもとづいた実践活動の進化と充実が急務であり、一〇周年を機に、あらためてその使命の大きさを実感している。

なお、本書のタイトルの「シン防災」の「シン」は「進む」のシンであり、日々進んでいる最先端の災害や防災に関する研究という意味である。また、同時に「深い」のシンであり、防災を人間学として深く捉えるという意味でもある。そしてなにより、「親しい」のシンであり、市民目線の分かりやすい書物という意味でもある。このような三つの思いが「シン」には込められているが、読者の方々のそれぞれのイメージでとらえて頂ければ、防災に対する興味が膨らむと思っている。本書を通じて、多くの方が防災に関心を持ち、来るべき大規模災害に備えて頂くことを切に願っている。

最後になったが、本書を上梓するにあたり、編集を担っていただいた安富信教授、出版にご尽力いただいた昭和堂の大石泉氏に心より感謝申し上げる次第である。

二〇二三年一〇月吉日

神戸学院大学現代社会学部学部長

前林　清和

シン防災——災害研究のこれまでとこれから ◆目次◆

第4章◉防災と災害医療―これまでとこれからを考える 中田敬司 97

第5章◎自主防災組織――阪神・淡路大震災を乗り越えて

第1章

防災の思想——人災としての自然災害

前林清和

はじめに

南海トラフ巨大地震が、間近に迫っている。二〇年以内に六〇%、四〇年以内になんと九〇%の確率で発生するというのである。南海トラフ巨大地震とは、静岡から九州まで約七〇〇㎞にわたり続く海底のくぼみである「南海トラフ」沿いで起こる海溝型の地震であり、津波を伴う巨大地震である。その規模は、最大でマグニチュード九・一、最大震度七、最大津波高三四ｍという想像を絶するものである。そして、死者数三二万三〇〇〇人（令和元年に二三万一〇〇〇人に削減された）、経済的損失二二〇兆三〇〇〇億円と未曽有の被害が想定されている。また、内閣府は二〇二〇年に日本海溝・千島海溝沿い巨大地震の発生が切迫していると発表した。その規模は日本海溝沿いでマグニチュード九・一、千島海溝沿いでマグニチュード九・三、最大震度七、最大津波高約三〇ｍと南海トラフ巨大地震と肩を並べる。そして、最大死者数については日本海溝沿い地震で約一九万九〇〇〇人、千島海溝沿い地震で約一〇万人が想定されている。さらに、東京を襲う首都直下地震も三〇年以内に七〇%の確率で発生するとされているのだ。

このように大規模地震が近い将来に待ち受けている状況において、私たちはもっと真摯に災害に向き合い、少しでもその被害を少なくし、人命を守ることに尽力しなければならない。そして、行政や研究者、一部の熱心なボランティアだけが防災に関わっているだけではほとんど意味がない。数十万人の命が奪われるような大規模災害では、多くの国民が一丸となって積極的に防災に関わることが求められる。しかしながら、現実に目を向けると、現代の日本人は災害が多発する国土に住みながら、災害意識が低く災害にあったことをすぐに忘れてしまい、事前の備えをあまりしないで生活しているのが現状である。

ここで、最も重要なことは、具体的な防災対策を講じるための根幹となる「防災の思想」を確立し、それを多くの国民が持って、日頃から活動することである。

ところで私は、この一〇年ほどは南海トラフ巨大地震をはじめとする大規模災害から人の命を守るための防災教育教材を学生と共に研究開発しつつ、少しでも多くの人々に防災の知識を広め、防災意識を高めてもらおうと活動してきた。そのなかで、行きついた答えが、自然災害を「人災」と捉えることからはじめて、災害に強い人、地域、国を目指すための防災思想を構築することである。本論では、このことについて私の思いの丈を論じていきたい。

なお、ここでいう「人災」とは、誘因としての自然現象（地震や津波、台風など）＋素因としての人間・社会＝自然災害、誘因としての人的行為（事故や戦争、テロなど）＋素因としての人間・社会＝人的災害、という理論に基づくところの人的災害を意味していない。世に広く使われている「人災」、つまり地質学者の小出博氏が一九五三年の北九州大水害の際に命名した、自然の圧力に対して人間の備えが不十分なため起こる災害のことである。

［1］災害と日本人の心

私たち日本人は、古から大自然の恵みと災いのなかで生きてきた。したがって、日本人の心性は移り変わる美しい四季と災害によって形成されてきたといっても過言ではない。

1　自然観・宗教観

日本列島は、地理学的、気象学的、そして地質学的に見ても天変地異が頻繁に起こる。しかもそれが激しい場所である。

そのような環境のなかで、古代から日本人は、人間の力を超えたものに対し、おそれ、かしこむ心といった心情を起こさせるものをカミと呼んだ。山、川、海などに畏怖を感じ、そこに根源的で神聖・清浄なものを見た。また、生い茂った樹木や巨大な岩なども神聖視した。また、嵐、水害、飢饉、疫病などの災害災厄、徳川家康などの偉大な為政者や平将門のような逆賊、祟りを起こした菅原道真も神として崇め奉っている。土地神、氏神はもちろんのこと、一般の人間も死後、葬儀を経て家の神となり、子孫達を永遠に守っていくと考えられている。このように日本では神々は無数に存在しており、それを「八百万の神」と称した。私たち日本人にとって、神とは常にひとり一人の隣にいる存在なのである。

そして、日本人は、昔から災害を神のなせる業と諦めつつ、自然と調和して折り合いをつけて生きてきたのである。

2　日本人と災害観

天災は何時起きるか、どこで起きるかは誰にも分からないし、分かったとしてもそれを止めることは不可能なのである。

しかしながら、私たちは自分や自分の近しい人の身に降りかかった不幸をそう簡単には認めることはできないのだ。人間という動物は、理不尽な出来事を納得するために何らかの理由が必要なのである。その理由として日本人が掲げてきたものに、天運論と天譴《てんけん》論の二つがある。

・天運論

私たちは、災害による理不尽な突然の不幸な出来事を偶然という言葉で納得することはできない。それは必然でなければならないのである。その必然性が、人間の力ではどうしようもない「天運」であり「運命」なのである。私たちは人間の能力をはるかに超えた災害の原因を神や動物によるものとして捉え、納得してきたのである。そこには、神道的なアニミズムの世界が広がっている。

・天譴論

天譴論とは、天が人間を罰するために災害を引き起こすという思想であり、「もともと、災害を『王道に背いた為政者に対する天の警告』とみなす思想であった」（廣井脩「日本人の災害観」『地震ジャーナル27』）というものである。七三四（天平六）年、大阪で大地震が発生し多くの犠牲者が出たが、その時の天皇である聖武天皇は、「朕が訓導の不明に由り、民多く罪に入る。責は予一人に在り、兆庶に関かるに非ず」（続日本紀）と述べ、地震が起きた責任は自分にあるとし、大赦をしている。その後、関東大震災直後も天譴論が唱えられたが、その内容は為政者による悪政というのではなく、腐敗した社会や国民に対する天罰という意味で使われた。東日本大震災の直後に石原慎太郎氏が、天譴論を展開した。このように天譴論は古代から現代にいたるまで内容の違いはあるが、大きな災害がある度に言われてきたのである。

3　日本人と人生観

このような災害に対する「諦め」や「はかなさ」の奥には、無常観があると言われる。「無常」とは、仏教用語であり、この世界の全てのものは生滅変化して留まることがない、という意味である。したがって、物や出来事に固執しても仕方がないということになる。どれほど立派な豪邸もいつかは朽ち果てる。今幸せでも明日はどうなるかわからない。今繁栄していても一瞬にして全てが無くなってしまうかもしれない。だから、私たちは今を生きるだけなのである。今を一生懸命生きることしかできないのだ。「今」の連続が人生であり、その流れは刻々と変化していくのである。仏教の祖である釈迦は、「諸行無常」、つまりこの世に存在するものは全て移り変わっていき永久不変なものは一つもない、と説く。道元禅師は、菩提心の契機は観無常心にあると説いている。また、災害との関係が見て取れる無常観としては、大火や飢饉、地震などが描写された鴨長明の『方丈記』がある。その冒頭で「行く河の流れは絶えずして、しかも、もとの水にあらず。」と著し、人生の無常を記している。

4　社会倫理観

阪神・淡路大震災や東日本大震災直後の被災者の行動は世界中から称賛され、感動の言葉がよせられた。なぜなら、海外では、多くの場合、大規模災害後には暴動や略奪が頻発し、社会が無秩序化するのが当たり前だからだ。一方、日本では暴動も略奪も起こらない、それどころか被災者たちは水や食料の配給を、列を作り並んで待っている。順番を抜かそうとする人は誰もいない。日本人は、パニックになるどころか、平常時以上に冷静に行動して助け合ったのである。

二〇一一年三月一五日付のAFPでは、「悲劇の中、日本に集まる世界の称賛」と題して「消息を絶った家族を探しながら、生活必需品が届くのを待ちながら、冷静さを失っていない日本人の姿だ。そこには略奪や暴動の素振りもない。」と述べている。また、CNNも三月一二日付で、「震災下でも文化に根ざす規律」と題し、「略奪行為も、食料を奪い合う住民の姿もみられない。震災下の日本で守られる規律は、地域社会への責任を何より重んじる文化のたまものかー。」と称賛している。

それでは何故、日本人は秩序だった行動ができるのか。その理由は、日本人の社会倫理観にある。先に述べたように日本人は無常観に基づいた人生感があり、甘んじて死を受け入れる、仕方がなかったこととして諦める人生観を持っている。そのため、災害時の愛する人の死に対する悲しみや理不尽さを社会や他人に対してぶつけようという意識は少ないのだ。むしろ災害を起こした荒ぶる神を鎮める側、エネルギーを制御する立場に立つのである。したがって、冷静で落ち着いた態度でいられるのだ。それが、秩序ある行動につながる。

さらに言えば、大石久和氏が『国土が日本人の謎を解く』で述べているように、ヨーロッパや中国では理不尽な死の多くが戦争であったが、日本の場合は災害である。戦争の場合は恨み復讐をする相手がいるが、災害は恨む相手がいない。諦めるしかないのである。わが国は島国であり、他民族との戦争はほとんどなく、国内での戦《いくさ》は基本的に大量虐殺や皆殺しというようなことはなかった。しかも、江戸時代になると二百数十年間、ほとんど戦のない時代が続いた。したがって、わが国における理不尽な死は、戦争による死より圧倒的に災害や二次災害的に起こる飢饉による餓死や病死が多かった。

また、個人の欲より社会規範を重んじる社会観が昔から形成されてきたという経緯がある。それは、日本人が農耕民族だからである。農耕社会では、一人や一家族では十分な生活を営んでいくのは難しい。したがって、農作業は村全体で行い、日常生活も家単位ではなく村単位で営まれてきた。そのような社会では、個人の意思や利益よりも村全体の意志や利益が優先されてきた。日本人は、西洋的自我、つまり他者から独立した「私」ではなく、他者とつながった「私」で生きてきたのである。そのため、災害などの非常時においても、皆が個人の欲望を抑えて全体の秩序を守ることが美徳とされてきたのだ。

さらに、わが国には、もうひとつ日本人の精神性を代表する武士道がある。明治時代になり、武士階級は消滅したが、その武士道思想は武士の世が終わってからも日本人の心のなかに営々と流れている。その武士道では、忠義、勇敢、犠牲、信義、礼節、名誉、質素、情愛などを説くが、その一つに廉恥がある。廉恥とは、心が清らかで恥を知る心を意味する。わが国では、伝統的に恥を知ることが重要とされてきた。作田啓一氏によれば、恥には、「見られて恥ずかしい」という意味での「公恥」と「自分自身の内面に問いかけて恥ずかしい」という意味での「私恥」があるという（『恥の文化再考』）。「公恥」が社会秩序を保つための恥であり、「私恥」は自分自身の内面を高めるための恥と捉えることができるが、その両方を兼ね備えることが、理想的な日本人の生き方なのである。したがって、秩序を乱す行為や迷惑をかけることは「恥ずかしい」こととして、やってはいけないことなのである。

このような日本人の自然観、災害観、人生観は、災害を生きるなかで培われてきたのであり、伝統的に自然に畏敬の念を抱きながら、自然と折り合いを付けながら災害に対応し、被害を受ければ冷静に対処しつつ、したたかに生きてきたのである。

［2］現代の自然災害は、実は人災である

1　防災意識の低い理由

現代の日本人は、災害が多いわりに災害に対する防災意識が低いと言われる。なぜだろうか。

昔は、自然の脅威にさらされて生きてきた。自然の脅威の前では人間の力なんかは微々たるものであるという自覚のもと、自然に逆らわないように、あるいは自然と折り合いを付けながら生活をしてきた。したがって、昔の日本人は自然のなかで自然の一部として生きていたので災害時の危険な場所を熟知しており、災害への想像力

が豊かであるため、住居や集落を危険な場所には建てなかった。また、地域の人々が助けあって暮らしていた。つまり、防災力を身に着けて生きてきたのだ。

それが、いつしか、というか明治維新後、さらには第二次世界大戦以降、日本人は自然と隔離した生活をし、地域との関係を軽視して生きるようになってきた。そのなかで自分の住んでいる場所にどのような危険が潜んでいるかを知る由もなくなり、災害が起きた時にどのようなことが起こるかという想像力も失い、助け合うことすらできなくなっている。もちろん、昔に比べると科学文明の発達によって、少々の自然災害では家は壊れず、安全に生きられるようになった。そのことで、私たちは災害が起きても大丈夫だという幻想にとらわれているのではないだろうか。しかし、それは想定内のことである。自然災害はいつも想定内で起こるとは限らない。特に大規模災害では何が起こるか分からないのだ。実際に、最近の災害報道を見ると被災者の多くは、「こんなことは今までなかった」と口をそろえて話している。私は、その言葉の次に多くの人々の心のなかに、「自然災害に対してはどうしようもない」という諦めの気持ちが生まれ、それが社会全体に行き渡っていく、ということが繰返されてきたように思う。

しかし、ここで私は、「自然災害だから諦める」という考え方自体に疑問を呈したい。どういうことかと言えば、この一五〇年間の欧米型の近代化によって、自然に逆らって生きてきた。それにも関わらず災害を自然災害と捉えて「しかたがない」というのはあまりにご都合主義ではないかと思うのである。結論から言えば、自然に逆らって生きてきたからこそ新たに生じた災害、つまり人災ではないかということである。そのことを論ずる前段階として、次に現代の日本が自然に逆らって生きてきたため抱える災害に対する弱点を見ていきたい。

2　災害大国日本の弱点

(1) 大都市の華やかさと災害の悲惨さは夢うつつである

わが国の、都市人口率は、ＯＥＣＤ加盟国のなかでは、ベルギー、アイスランドにつづいて三番目に高く九三％である。つまり、日本人は九割以上の国民が都市に住んでいるのである。しかも、その傾向は、特に三大都市圏、特に東京圏に顕著であり、わが国の人口の五〇％以上が三大都市圏に集中し、その率はあがり続けているのだ。

このような状況下、都市で大規模災害が起これば、一度に多くの人々が被災し、大きな被害が出る可能性は非常に高い。

しかも、日本の都市は、世界の都市に比べても自然災害の観点から最も危険な都市なのである。スイスの再保険会社スイス・リーが二〇一三年に発表した『リスクの心得：自然災害の脅威にさらされる都市のグローバルランキング』（表1）を見てみよう。この調査は、世界六一六都市を対象に、「洪水」「嵐」「高潮」「地震」「津波」で被災する人数を推計し、ランキングを出している。それによると、わが国の主要都市は軒並み上位にランクされており、特に東京・横浜は世界で最も危険な都市だということが分かる。人的被害について最も危険な都市として東京・横浜が一位、大阪・神戸が四位、名古屋が六位にランキングされているのだ。

そして、報告書では東京・横浜は大地震の影響を一番にあげている。また、大阪・神戸は激しい暴風雨や河川の氾濫、津波のリスクを、名古屋は活断層の近くにあることや津波、暴風雨のリスクをあげている。

しかも、これらの大都市は人口が密集しているだけでなく、高層ビルが立ち並び、地下鉄や地下街が網の目の

表１　全５危険（＊）すべてに影響を受ける可能性のある人々が最も多い都市

順位	都市	全５危険の延べ人数
1	東京―横浜（日本）	5710万
2	マニラ（フィリピン）	3460万
3	珠江デルタ（中国）	3450万
4	大阪―神戸（日本）	3210万
5	ジャカルタ（インドネシア）	2770万
6	名古屋（日本）	2770万
7	コルカタ（インド）	1790万
8	上海（中国）	1670万
9	ロサンゼルス（米国）	1640万
10	テヘラン（イラン）	1560万

＊（洪水、嵐、高潮、地震、津波）

ように広がっている。つまり、横だけでなく縦にも人口が密集しているのだ。

さらに、全ての都市が海に面しており、地盤もほとんどが三角州の上にあり砂上の城状態であるため、地震にも洪水にも高潮、津波にも弱い。

もともとわが国の人口が密集する地域のほとんどは海に面した平野と言われる場所であるが、ヨーロッパなどの安定陸塊にある浸食平野とは違い河川が運んだ土砂などの堆積物が積もってできた軟弱な地盤の沖積平野である。わが国は、自然と折り合いも付けずに無視して、このような脆弱な場所に多くの人間が密集して住んでいるのである。

(2) 快適さの代償として爆弾を抱えて生活している

私たちは、近代文明によって創り上げられた快適な生活空間で日常を送っている。このことは、視点を換えれば、自然と人間を隔離した状態で人工的に作られた空間で快適に生きているということだ。つまり、私たちは鉄筋コンクリートのマンションや鉄骨の一戸建住宅に住み、あるいは高層ビルのオフィスで仕事をしている。外がいくら暑くても、寒くても、エアコンが快適な気温と湿度を保ってくれる。外で暴風雨が吹き荒れようと、屋内は風の音も雨音もまったく聞こえない。しかし、このような密閉された快適な空間を実現するためには、莫大なエネルギーを消費しなければならない。具体的には相当な量の電気やガス、石油が使われている。大都市の沿岸部には大規模な石油コンビナートがあり、多くの石油タンクや天然ガスのタンクが整然と並んでいる。そして、電気を作るために火力発電所や原子力発電所が各地にある。何よりも原子力発電は、使い終わった核廃棄物の処理方法が見つからないまま、つまり膨大な放射性物質を抱えたまま電気を発電し続けているのだ。これは、見方を換えれば、私たちは莫大な量の爆弾を抱えて生活しているのである。

このように私たちは、自らを自然から隔離して人工的な快適さを作り上げるために、危険極まりない大規模な施設を作ってきた。もちろん、これらは、多くの資金を使い頑丈に作られている。少々のことでは壊れることはない。しかし、この世に絶対ということはなく、これらのハードを破壊するほどの大規模災害が来る可能性は十分にある。大規模に作られた頑丈な建物ほど壊れた時には人間にとって凶器となり、大きなエネルギーほどその制御が効かなくなった時には人間を凌駕し私たちに襲いかかるのである。

実際、阪神・淡路大震災の時には大きなビルが激しい揺れで倒れ、市街地は火の海と化したのだ。東日本大震災の時には、津波でビルが倒れ、天然ガスのタンクや石油タンクが流されて燃え上がり、黒煙がもくもくと上空を埋め尽くした。そして、福島第一原子力発電所がメルトダウンと水素爆発を起こし、大量の放射性物質が放出されてしまい、多くの人々が家を、故郷を追われた。原子力の安全神話はもろくも崩れ去ったのだ。

快適さを追求してきた代償として、私たちは大きな爆弾を抱えることになり、とてつもないリスクを背負ってしまっているのである。

(3) 便利さと引き換えに生きる力を失っている

私は、仲間たちと二〇年以上前からカンボジアで教育支援活動を行っている。カンボジアはいわゆる開発途上国であり、近年、発展してきてはいるがまだまだ貧しく、日常生活も不便である。たとえば、少し田舎にいくと上水道、下水道は整備されておらず、電気もままならない。世界にはこのような国や地域が沢山ある。一方、日本は、いわゆる先進国であり、日頃から、私たちは便利な生活を送っている。スイッチを入れれば部屋は明るくなり、蛇口をひねればおいしい水が出る。トイレもレバーを引くだけできれいになる。スマートフォンで世界中の人と話ができる。インターネットで瞬時に多くの情報を得ることもできる。現金がなくてもカードで買い物ができる。仕事や旅行に行くのにも高速道路を使ってすぐに目的地に着くことができるのである。昔とは比べものにならないほど便利な社会である。

私たちが日ごろから享受しているこのような便利さは、非常に広範囲で複雑なソフト、ハードによるネットワークによって実現しているのである。しかしそれは、実は非常にもろいものなのだ。なぜならば、これらは、高度な情報技術（ＩＴ）による集中管理システムでコントロールされ、あるいは複雑なネットワークでつながって機能している。いわゆるソフトである。また、変電所、浄水場などの建物と電線や通信ケーブル、水道管、ガス管などの設備、全国に網の目のように広がる高速道路など様々なネットワークが敷かれている。いわゆるハードである。このハードとソフトのどちらかがダウンしたり破壊されたりすると全てが止まってしまうのだ。そして、これらの高度なインフラはまち全体、あるいは全国に広がっているとともに、生活、経済活動、資産、社会など様々な活動の動脈として機能しているため、その機能が災害によって停止することは私たちにとって致命的である。

私たちは、便利さのゆえに、災害時にサバイバルする能力を失っている。生きる力を失っているのである。

（4）気楽さの後ろから危うさが忍び寄っている

昔は、地域コミュニティの結びつきが強く、親しく近所づきあいをしていたので、誰が何処に住んでいて、何をしているかなどお互いが知っているのが当たり前であった。そして、町内会、婦人会、子供会、老人会などが組織されていて、常日頃から地域として様々な活動をしていた。しかし、近年、そのような地域コミュニティでの人間関係は薄れ、それと同時に近所づきあいもしないようになってきている。

表2を見ると一九七五年、近所づきあいをしている人（①と②）は約八六％いたのに対し一九九四年では約七九％、二〇一五年では約六八％、二〇二二年では約五五％と減ってきている。そのなかで「親しく付き合っている」という人のみを見れば一九七五年では約五三％いたが、一九九四年では約四六％に減り、二〇一五年には約一八％、さらには二〇二二年には約九％と一けた台にまで激減しており、減少傾向が加速している。また、付き合っていない人（④と⑤）は、一九七五年約一四％、一九九四年約一八％、二〇一五年約三二％、二〇二二年約四三％と加速度的に増えている。このように約五〇年の間に急速に、近所づきあいそのものをしなくなってきており、近所づきあいをしていても親しい関係ではなくなっていることが分かる。さらに、少し古いデータであるが、図1を見ると、町内会や自治会の参加状況も一九六八年では、「だいたい参加する」が町村部で約七〇％、市部で約四九％だったのが、二〇〇七年では、「月に一日程度以上」と答えた人が約一三％というように激減している。一方、二〇〇七年では参加していない人が約五二％で、半分以上の人が地域コミュニティへ実質的に参加していないということになる。

このように、わが国は戦後以降現在に至るまで地域での人間関係そのものが少なくなっており、その関係も深い関係は避けられ希薄になり続けている。また、地域での役割を好まない人が激増しているのだ。

このことは、見方を換えれば日常生活が気楽に送れるということだとも言える。一人で、あるいは家族で日常

表 2　あなたは、近所づき合いをどの程度していますか。

	令和 4 年（2022）	平成 27 年（2015）	平成 6 年（1994）	昭和 50 年（1975）
①親しく付き合っている	8.6%	17.5%	45.9%	52.8%
②ある程度付き合っている	46.5%	50.3%	33.4%	32.8%
③わからない	1.5%	0.1%	0.3%	0.8%
④あまり付き合っていない	33.1%	25.6%	15.1%	11.8%
⑤全く付き合っていない	10.3%	6.1%	5.3%	1.8%

内閣府「社会意識に関する世論調査」から筆者が加工して作成

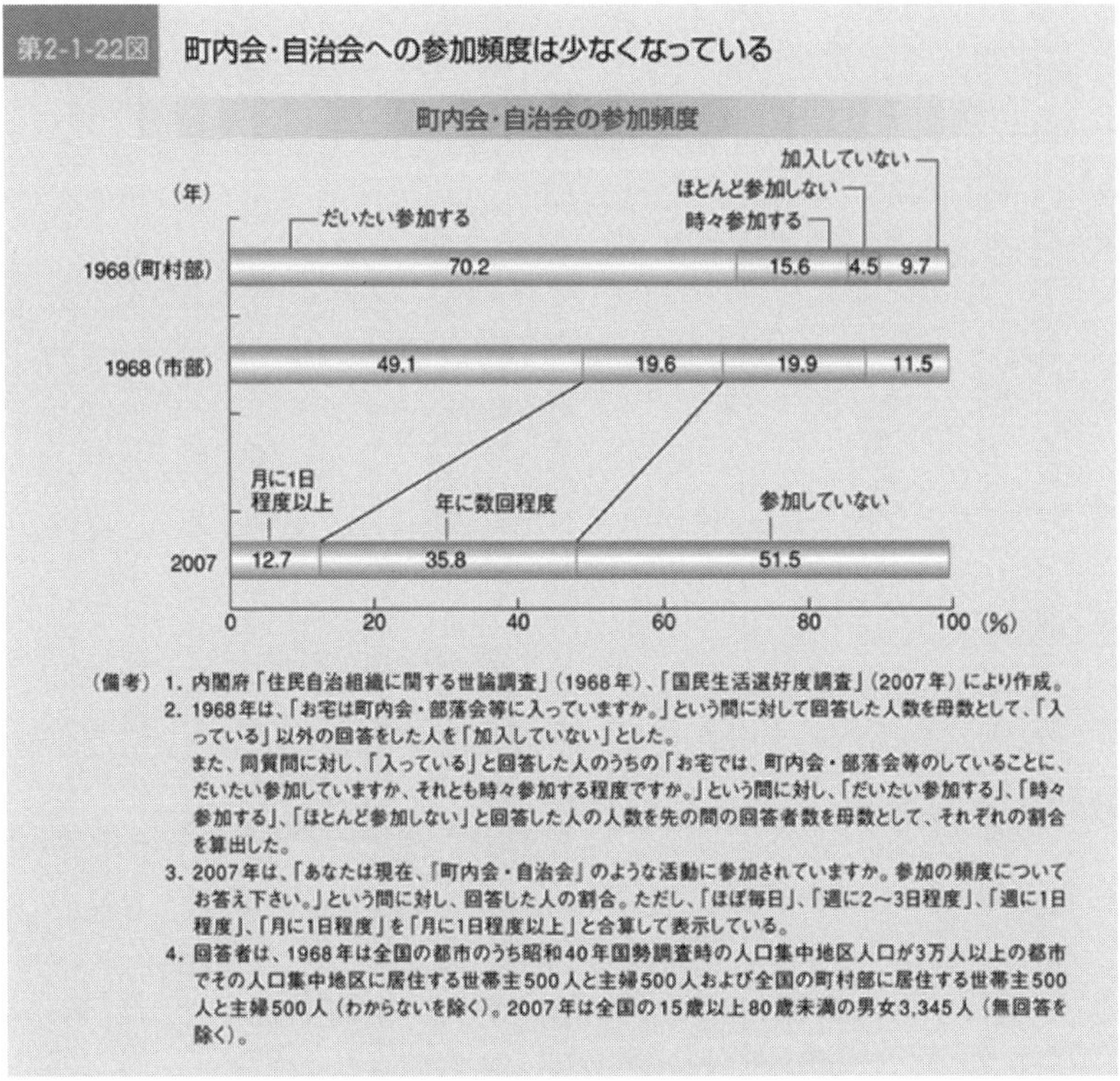

図 1　町内会・自治会への参加頻度の変遷
（出典：内閣府『平成 19 年版 国民生活白書』）

を過ごすほうが、周りに気を遣わなくて済むので楽だという考えに基づいたライフスタイルである。

しかし、このような自分や家族だけの気楽なライフスタイルは、少なくとも大規模災害が発生した時には、命に関わる問題となる。たとえば、家屋が倒壊して生き埋めになった時、そこに誰が埋まっているか、埋まっていないか、そのことを近所の人が知っているか知らないか、これが命の分かれ目になるのだ。たとえば、一九九五年一月の阪神・淡路大震災の際、震源直近の兵庫県北淡町（現：淡路市）では、生き埋めになった人を近所の人が救助にあたり、瓦礫の下から約三〇〇名を救出したのである。また、二〇一六年四月の熊本地震の際、私が調査に入った西原村の小森大切畑地区ではほとんどの家屋が全壊または半壊の状態であったが、住民同士で助け合い、全員が無事救出され死者が出なかった。これらのすばらしい救出劇は、日頃の近所づきあいがあったからなのだ。どういうことかと言えば、この地域ではお互いのことを熟知していて、住民同士や消防団は瓦礫の下で埋もれている人の位置を正確に推定して速やかに救助ができたのである。日常の気楽さと災害時の助け合いをどのように考えるか、私たちに突き付けられた課題である。

[3] 人災としての自然災害

1 人間の罪は大きい

本来、伝統的に日本人は、自然と共に生き、災害が起きれば無常を感じ、あきらめのなかで生きてきた。しかし、すでに見たように、現代の日本を見ると様々な面で大規模災害に対して弱点があるが、これは全て人間によるものである。どういうことかと言えば、人口が密集した大都市が災害に見舞われると多くの人が被災するという現実を作り出したのは人間である。また、快適さを求め莫大なエネルギーを使って人工的な生活空間を作り、災害が起きるとそのエネルギーに反逆される環境を作ってきたのも人間であり、便利さを求めて災害が起きるとライフラインが全て停止するようなシステムを作ってきたのも人間である。そして、なにより気楽な生活を享受しようと人間関係を構築せず、災害時にだれも助けてくれない地域社会を形成してきたのも人間である。これらのことは、もちろん否定されるべきことではないし、私たちが目指してきた生活様式である。しかし、その裏返しが災害を拡大させているのだ。つまり、大規模災害時に起こる被害は、純粋に自然災害というわけではない。その多くは人災である。

たとえば、二〇一一年三月の東日本大震災の際、地震による停電、遡上高一四〜一五mの津波に襲われた福島第一原子力発電所は全電源喪失に陥った。このため冷却用のポンプが稼動できなくなり、核燃料が溶けだしメルトダウンを起こした。さらに、一号機、三号機、四号機が水素爆発を起こし、大量の放射性物質が大気中、土壌、海水などに放出されたのである。この事故で福島県の多くの人々が避難を余儀なくされ、未だに避難生活を送っている人々がおり、いつ帰還できるかのめどすら立っていない地域もある。これは、一〇メートル以上の津波が襲う可能性があるという研究者たちの意見や忠告を無視し、さらには東京電力内でもそのことを想定していたにもかかわらず、利益優先に走り、何ら対策を行わなかった東京電力の責任は大きいと言わざるを得ない。

また、二〇二一年七月、梅雨前線による大雨に伴い、静岡県熱海市伊豆山の逢初川で発生した大規模な土石流によって二八名が亡くなった。この土石流の発生は、地元業者によって違法で不適切に造成された盛り土とそれを県や市が事前に分かりながら不十分な対応しか行わなかったことによって引き起こされてしまった。

これらは、お金に目がくらんだ人間、自分がよければそれでよい人間がその安全性を無視し、危機管理を怠ったことによる大惨事であり、人災の典型である。人間の罪は大きいのである。

2　災害を諦めない

このように見てくると、天変地異そのものはどうしようもないが、人間の過信や怠慢、確信犯的無視による備えの不備は、逆に言えば人間の手によって解決できるということになる。もちろん、簡単な問題ではないが、これらの難問に対して国民ひとり一人が知恵を出し合い解決策を見出し、災害に強い国にならなければならない。

もう一度言おう。災害に対して日本人は、天変地異は自然のなせることであり、人間の力ではどうしようもない。したがって、起きるときは起きると諦めてきた。しかし、現代の自然災害の被害を大きくしているのは人災によるものなのだ。このように考えると自然のなせることと諦めること自体ご都合主義なのである。人間が創り上げてきた文明文化によるハードやソフトが天変地異に対して脆弱だからこそ被害を甚大なものにしているのだ。だからこそ、人間の力で、何とかできることがあるはずである。

それでは、どのように大規模災害に備えればよいのか、ということについて、その考え方を検討していこう。

［4］しなやかな強靭化

1　自然の上に立つ人間

先に見たように、都市化や莫大なエネルギーを使った快適さ、ネットワークを駆使した便利さは、明治維新後、特に第二次世界大戦後の西洋化のなかで構築されてきたものである。西洋化とは、西洋文明・文化の影響を受けてきたということであるが、西洋文明・文化の背景にはキリスト教、ヨーロッパの自然観がその底流にながれているので、ここではまずそのあたりを見ていきたい。

西洋の自然観の中核をなすのは、中世におけるキリスト教的自然観である。キリスト教は、一神教であり、神は全ての創造主で唯一絶対の存在であるとする。人間も自然も世界のありとあらゆるものが神によって造られたのだ。旧約聖書の「創世」には、神は天地や動植物などの自然を創世し、最後に自然を支配して統治する存在として人間を造ったとある。つまり、キリスト教的自然観は、絶対的な存在としての神、その下に自然を支配する人間、そして最も下位に自然という構造である。したがって、中世の自然観では、自然は人間が利用するために創られているという観念がヨーロッパ人の意識のなかに浸透していた。近世になり、キリスト教的自然観の基礎の上に立ちながらも、キリスト教の信仰に依存して真理を獲得するという中世の考え方を脱却した思想が、ルネ・デカルト（一五九六年～一六五〇年）により唱えられた。それは、自然と人間、精神と身体を全く別の物としてとらえる物心二元論であり、自然と人間を対立するものと捉えたのである。このデカルトの世界観、人間観が、自然科学に則った近代文明の驚異的な発展の思想的根拠となり、現代の科学技術や医学の発展に大きく貢献してきた。しかし、デカルトの思想も、やはりキリスト教の伝統を引き継いでおり、人間が自然と対峙し、自然を支配・管理し、自然を破壊しながら利用するという人間にとっての利益誘導型の自然観と捉えることができる。

これは、先に述べたわが国の伝統的な自然観、つまり自然に逆らうのではなく自然と調和し、自然と折り合いをつけて生きていこうとする態度とは全く違う。

このような自然観の違いはどこからきているのだろうか。それは、自然環境の違いからである。天変地異の激しさの違いである。特にヨーロッパは自然災害の少ない地域である。自然と対峙しそれなりに克服できるのである。したがって、自然を人間の都合のいいように改良し、また自然に負けない強い建物、まちを作れるという思想である。しかしヨーロッパのこのような自然は実は日本にはない。毎年のように風水害が起こり、頻繁に地震に襲われるわが国において、この自然観は通用しないのだ。にもかかわらず西洋の自然観に基づいた西洋化によってわが国のまちづくりやインフラ整備が推し進められてきた。

2　しなやかで強靭な社会の実現を目指して

近い将来必ず起こる南海トラフ巨大地震や日本海溝・千島海溝沿い巨大地震、首都直下地震などの大規模災害に備えるためにどのようにすればよいのであろうか。

まず、都市化を緩和することである。わが国の人口は、先に見たように災害に弱い三大都市圏、特に東京に人口が集中しているが、これを早急に解消することである。日本各地の比較的安全な場所に人口を分散し、政府の官庁や企業の本社についても各地に分散することが急務である。

次に、大量消費されるエネルギーを如何に減らすか、如何に分散してどこに貯蔵するかを検討しなければならない。たとえば、電気は各家庭において発電し、蓄電するといったことを徹底するとか、地熱発電や潮力発電を推進するなどが考えられる。

また、ネットワークが切断されても、個々の地域や個人の家ごとに独立して水や電気、食料などが確保できるようなシステムを構築することが望まれる。また、停電しても使えるオフライン決済ができる支払いシステムの開発などが考えられる。

これらのことは、今まで私たちが進めてきた合理化や効率化とは相反する。つまり、危機対応には余裕や無駄が必要なのである。平常時を前提とした効率化は非常時に極端に脆弱になるということを知るべきである。

わが国の技術力を持ってすれば、その根本思想を西洋的な自然の克服を前提とした欧米の自然観ではなく、日本の自然と調和する自然の脅威との折り合いをつけるという思想のもとに社会システムを再構築することは十分可能であり、そのことでしなやかで強靭な社会を実現できると考える。

〔5〕市民としての自覚と助け合い思想の強化

1 「お互いさま」の社会

わが国では、昔から「お互いさま」「お蔭さま」など、助け合いの思想、それに対して相手に感謝する気持ちが重視されてきた。特に、江戸時代には互助組織が発達し、たとえば「町火消し」は町人が自治的に設けた消防組織である。また、地域や村には、講という貯蓄や金の融通のために民間が組織した相互扶助の団体があった。たとえば、頼母子講は、一定の期日に構成員が掛け金を出し、くじや入札で決めた当選者に一定の金額を給付し、全構成員に行き渡ったとき解散するというものである。また、伊勢講とは庶民のあこがれであった伊勢参りを実現させるためのシステムである。「講」の所属者はそれぞれお金を出し合い、それを合わせて旅行費に充当する。誰が伊勢に行くかは「くじ引き」で決められる仕組みだが、「講」の全員がいつかは当たるよう配慮されていた。くじ引きの結果、選ばれた者は、「講」の代表として伊勢へ旅立ったのである。さらに、義倉という危機管理対応のシステムもあった。飢饉に備えて穀類を蓄えておく制度であり、そのための倉が設置されていた。

明治以降も、わが国の社会は、戦前までは地縁や血縁によって結びついた集落で構成されており、大家族で生活し、地域での近隣の付き合いも深く、何かがあれば家族内や近隣での助け合いが自然に行われていた。

町内会や自治会、青年団、婦人会などは、地域に根ざした親睦、共通の利益の促進のための任意団体として機能してきた。また、江戸時代の「町火消し」も明治以降、消防団として地域の消防や災害の対応に当たってきた。

ところが、第二次世界大戦後の高度経済成長期を通して、地域社会生活はかつてのつながりを失った。豊かな生活と引き換えに地域社会における人間関係や伝統的な生活様式を失ったのである。

2　自分勝手な市民

一方、戦後、新たな憲法のもと国民主権、基本的人権を基本原則として、わが国において本格的な民主主義がはじまった。民主主義は、個人主義に基づくとされ、個人の考えが尊重される。しかし、本来、民主主義でいう個人とは私人としての私と公人としての私を兼ね備えた市民のことである。

もともと、市民という概念はヨーロッパがその発祥の地である。ヨーロッパにおける市民という概念は、古代ギリシャのポリスにおける市民意識にはじまる。この市民意識とは、市民という特権であり、それはポリス（都市国家）を守るという義務とその誇りであった。民主制もその特権を持った市民における民主主義だったのである。その後の中世都市共同体においては、個人が主体的・合理的な態度を持ち、権利と義務を自覚し、自治との連帯を志向し、その生活を脅かす者には抵抗し戦う姿勢をとることにつながっていった。ここでも市民は一部の商工業者たちの勝ち得た身分であった。さらに、それがヨーロッパの近代社会の精神的骨格として受け継がれ、一七世紀半ばのイギリス革命、一八世紀後半のフランス革命を経験しつつ、現代の市民意識が確立していったのである。つまり、ヨーロッパの市民意識は、市民としての身分を得られるという特権とそれに対する誇り、それを守るための義務が前提にある。

そして、近代以降、近代的自我の確立とともに、個人の意思や自由、権利を主張するようになり、市民の自覚として、あるいは市民の概念として成立した。このような流れのなか、市民意識とは古くからある「公共」と近代以降に組み込まれた「私」が重層的に重なり合ったものなのである。したがって、現代においてもいざというときは、公共のために尽力し、あるいは戦うということも辞さない精神性がある。自分たちが作ったコミュニティや国家は命をかけて守るという自覚があるのである。つまり、自分たちの国家における権利と義務が明確化されているのが市民とも言える。

したがって、民主主義の日本で生きる私たち市民は、私人としての個人の権利と公人としての義務が求められる。あるいは自由と責任が求められるのである。しかし、戦後の日本では、個人主義を学校のなかで教育していくにあたり、権利や自由にのみに焦点があてられたのである。そして、結果的には個人主義ではなく利己主義の教育が行われた。どういうことかと言えば、学校教育では、「自分の利益を優先すること」ということを個人主義と捉えたのである。つまり、「自分のことだけを主張すればよい」「自分だけが良ければよい」という教育が為されてきたのである。たとえば、模擬テストで高い偏差値を取ればよい、ということで周りのことなど考えないで自分のことだけを考え努力し、人に勝っていく子どもが優秀な子どもとされてきた。しかも、それは一つの尺度、つまり知識や学問という尺度だけで競争が行われてきたのであり、子ども以上に、教師も親もそれを目指してきたのだ。しかも、討論の場では自己主張はしないで自分の勝手なことだけするという人間が育てられてきた。そして、たとえばクラス全体で何かをするということについては、自分の意見は言わず、決められたことにそれなりに従う、という具合である。なぜなら、自分の利益に直接関係のないことは、それなりに従っておくことが一番楽な方法だからである。戦後、このような利己主義的な考えに基づいて社会が形成されてきたのである。このことは市民という立場から言えば、権利や自由は主張するが義務や責任は取らない自分勝手な市民の集まりであり、これでは、健全な民主主義は成立しない。

3　防災力が上らない大衆社会

自分勝手な市民は、スペインの哲学者であるオルテガ・イ・ガセットのいうところの二〇世紀になり急速に広がった「大衆」である（『大衆の反逆』）。大衆とは他人と同じであるということに苦痛を感じないで快楽を感じる人々であり、大量消費社会のなかで自らの足場となる人間関係やコミュニティを見失い根無し草になっている。自分の権利だけを主張し、義務を果たし、責任をとることをしない。集団の中で同質化して匿名性を高めて他者を批判・排除する。

まさに、戦後の日本の市民は大衆化した市民と言えるのではないだろうか。意図しないうちに子どもの頃から大衆化の教育を受けてきたと言っても過言ではない。

オルテガは、大衆化をくい止めるためにはリベラリズム（自由主義）が求められるとする。彼によると自由主義とは、自由を追求するにあたり、欲望のままの自由ではなく克己の精神と不断の努力による多様性を担保した、つまり異なる他者への寛容を前提とした自由主義である。このことは私人としての側面と公人としての側面とを持ち合わせた本来の市民と通じるものがある。

市民の防災意識がなかなか上がらないのは、大衆化した社会にもあるのではないか。同質化した大衆の中で根無し草のように自分だけのために生きている人間にとって、地域全体や共同体を守るための防災対策はお金がかかるだけの無駄なことに見えるのではないだろうか。実は、自分自身の住居は地域社会にあり、自分自身も共同体のなかの一人であり、防災対策は自分の命を守ることにもなるのであるが、そのことには気付いていないのであろう。

防災は、公人としてパブリックを醸成していかなければ強化できない。国民が大衆化していては、地域社会や国としての防災力はあがらないのである。

4　防災が眼中にない新自由主義

一九七〇年代のアメリカに端を発する市場原理主義を標榜する新自由主義が一九九〇年代以降、日本でも台頭した。特に小泉政権は、日本の供給サイドの強化を目指した新自由主義的政策を推し進めた。具体的には、均衡財政、福祉・公共サービスなどの縮小、公営事業の民営化、グローバル化を前提とした経済政策、規制緩和による競争促進、労働者保護の縮小化などの経済政策が推し進められた。このことで、わが国の経済は停滞することになり、貧富の差が拡大し、社会が分断されてきた。そして、高齢化や少子化と相まって、多くの国民は共同体から切り離され、いつの間にか個人として生きることを強いられてきた。そのなかで、自己責任論が正論のようにことさら叫ばれるようになり、成功者たちは失敗や敗北は全て本人の責任であるとして他者を切り捨て、自分がよければ、自分が成功すればそれでよいという風潮が社会を席巻してきたのである。さらに、このような考えでいわゆる勝ち組、エリートになった者は、自分しか眼中になく、自分の住んでいる地域社会、国にも関心がない。ひいては郷土愛や共同体愛、さらには愛国心さえなくなり、根無し草、裸の王様として世にはびこることになった。なぜならば、個としての自分を過信しすぎると自分は自分の力だけで生きていけると思うからである。この勘違いは平常時では気楽に生きられるし、ある程度通用するが、大規模災害では自分の命を失うことになる。

大規模災害は、一人の力で対応できるものではない。地域の力、地方自治体の力、政府の力を結集することでしか対応できない。このことを自分がエリートだと思っている人間は気が付いていない。そして、そのような根無し草の人間たちがエリートぶって政治を、経済を動かしている社会は大規模災害に非常に脆いのである。なぜなら、彼らこそが最も防災の意識が低いからである。

5　防災の思想の醸成のために

防災力を地域や社会、国が高めるためには、私たちひとり一人が共同体意識を持って、お互いが助け合う、直接自分のためにならないことでも尊重する、さらには尽力することである。つまり、市民として、共同体である地域や国が災害という危機に瀕した時のためにまた危機に直面した時に公人としての義務を果たすべく行動するということである。もちろん、ここでいう市民とは、政治家、官僚、会社の社長も含む全ての市民のことである。人災だからこそ、私たち市民が、ひとり一人、あるいは組織としての立場や地位ごとに具体的にできることはいくらでもある。

おわりに

全ての人間は、何時かは死ぬ。しかし、できるなら人生の最後に理不尽な死を迎えたくない。それは、私のためだけに思うことではない。それ以上に、私の愛する人、私の近しい人のためである。つまり、私が理不尽な死を迎えれば、私の周りの人がそのことについてなかなか納得できず生きづらくなるからだ。実際、阪神・淡路大震災や東日本大震災で亡くなった人の家族や親友たちは、その時から時間が止まってしまい、その時計を動かすために何年もかかっている人もいる。少なくとも、私は私の大切な人にそのような思いをさせたくない。近代以降、個人という概念が強くなり、歴史や共同体とのつながりとしての私ということについてあまり顧みなくなっている。しかし、人間は個としての存在だけではない。歴史の上に生きている。長い時間の流れのなかで営々と築かれてきた社会に私が生きている、あるいは生かされているのである。また、私の近しい人、地域社会、国家という共同体のなかでの人間関係や社会システムのなかで生きているのである。自分の死は、自分だけの死ではない。少なくとも理不尽な死を迎えないことが最後の社会貢献である。そのためには、全ての市民が権利と義務を果たして人災をなくす努力をしなければならない。目前に迫る南海トラフ巨大地震をはじめとする大規模災害が起こる前に……。

【参考文献】

・作田啓一『恥の文化再考』筑摩書房　一九六七年
・大石久和『国土が日本人の謎を解く』産経新聞出版　二〇一五年
・佐伯啓思『「市民」とは誰か―戦後民主主義を問いなおす』ＰＨＰ　一九九七年
・廣井脩「日本人の災害観」『地震ジャーナル27』一九九九年
・オルテガ・イ・ガセット『大衆の反逆』岩波書店　二〇二〇年
・前林清和『Win-Win の社会をめざして』晃洋書房　二〇〇九年
・前林清和『社会防災の基礎を学ぶ―自助・共助・公助―』昭和堂　二〇一六年
・藤井聡他「平成天譴論」『クライテリオン』二〇一九年一月号　二〇一九年

第2章

防災と科学——工学的アプローチから

佐伯琢磨

はじめに

神戸学院大学現代社会学部社会防災学科が発足して一〇年ということで、「防災と科学」をテーマに、これまでの一〇年とこれからの一〇年を概観してみたいと思う。

過去の風水害による高額支払保険金事例を、表1に示す。これを見ると、第一位、第八位、第九位は、二〇一八（平成三〇）年の台風二一号と二四号、および七月の豪雨である。それから、第二位と第四位は、二〇一九（令和元）年の台風一九号（東日本台風）と、台風一五号（房総半島台風）である。それ以前に最大の支払いをもたらしていた台風は、三番目の一九九一（平成三）年の台風一九号であった。

また、地震保険の高額支払保険金事例に目を転じると、詳しくは後ほど表6に示すが、第二位に二〇一六（平成二八）年熊本地震、第三位に二〇一八（平成三〇）年大阪府北部を震源とする地震が入っている。

このように近年、特にここ一〇年ぐらいで、大きな台風や地震が頻発しているということが、これらの表からも分かると思う。

また、気象や地震に関する技術も、この一〇年で進展が見られた。例えば、気象の観測技術に関しては、ゲリラ豪雨や雷・竜巻を予測する気象庁のナウキャストのほか、ウェザーニュース社のアプリなどで、手軽に雨雲レーダーにアクセスできるようになった。地震の観測技術に関しては、防災科学技術研究所のＭＯＷＲＡＳ（モウラス）のように、陸域だけでなく、海域も含めた地震観測網が構築されている。

これからの一〇年は、台風や地震などの自然災害の活動が高まった状態が続くと考えられるが、観測をはじめとする技術が発展してきており、次なる段階としては、これらを駆使して的確に、防災施策や災害対応を判断で

表１　火災保険による高額支払保険金事例

○過去の主な風水災等による保険金の支払い（注１）

	災害名	地域	対象年月日	支払件数（件）（注２）	支払保険金（億円）（注２）			
					火災・新種	自動車	海上	合計
1	平成30年台風21号	大阪・京都・兵庫等	2018年9月3日～5日	857,284	9,363	780	535	10,678
2	令和元年台風19号（令和元年東日本台風）	東日本中心	2019年10月6日～13日	295,186	5,181	645	-	5,826
3	平成3年台風19号	全国	1991年9月26日～28日	607,324	5,225	269	185	5,680
4	令和元年台風15号（令和元年房総半島台風）	関東中心	2019年9月5日～10日	383,585	4,398	258	-	4,656
5	平成16年台風18号	全国	2004年9月4日～8日	427,954	3,564	259	51	3,874
6	平成26年2月雪害	関東中心	2014年2月	326,591	2,984	241	―	3,224
7	平成11年台風18号	熊本・山口・福岡等	1999年9月21日～25日	306,359	2,847	212	88	3,147
8	平成30年台風24号	東京・神奈川・静岡等	2018年9月28日～10月1日	412,707	2,946	115	―	3,061
9	平成30年7月豪雨	岡山・広島・愛媛等	2018年6月28日～7月8日	55,320	1,673	283	―	1,956
10	平成27年台風15号	全国	2015年8月24日～26日	225,523	1,561	81	―	1,642

（注１）　一般社団法人 日本損害保険協会調べ（2023年3月末現在）。
（注２）　支払件数、支払保険金は見込です。支払保険金は千万円単位で四捨五入を行い算出しているため、各項目を合算した値と合計欄の値が一致しないことがあります。

（出典：一般社団法人日本損害保険協会 https://www.sonpo.or.jp/report/statistics/disaster/index.html）

きる人財の育成が必要不可欠と考えられる。神戸学院大学現代社会学部社会防災学科も、その一翼を担うことが期待されていると、私は考える。

防災を考える際には、まず地震や台風、水害などの災害がどのようにして発生し、被害が拡大するのかを理解する必要がある。例えば、地震に対する防災対策を考える際には、地震の発生メカニズム（海溝型地震か、活断層型地震かなど）や、地震波の特徴（ガタガタ揺れるのか、ユラユラ揺れるのかなど）、それに対する建物の応答（どういう建物が、ガタガタあるいはユラユラの揺れに弱いのかなど）など、科学の知識を踏まえておくと、より効果的な対策が立てられると思う。

本稿では、地震を例に、科学的な観点から見た被害の特徴と、それに対する対策やリスクマネジメントについて、述べていきたいと思う。

[1] 地震の揺れによる災害

1　阪神・淡路大震災の場合

まず、地震の揺れによる災害について、述べる。

その前に、過去の地震災害を振り返りたい。一九九五（平成七）年に起きた兵庫県南部地震、この名前は聞き慣れないかもしれないが、地震の名前は兵庫県南部地震で、それによって引き起こされた災害の名前を、阪神・淡路大震災という。この地震は死者六四三四人、行方不明者三人、重傷者一万人、軽傷者三万人、全体的に壊れた全壊住家が一〇万五〇〇〇棟、半分ぐらい壊れた半壊住家が一四万四〇〇〇棟、火災も起きた。火災による全焼住家は七〇〇〇棟だった。直接被害額は一〇兆円ということで、ちょっと見当がつかないと思うが、日本の国家予算が年間一〇〇兆円と言われているので、その一〇分の一ぐらいの被害額が一気に出てしまったということである。

写真1は、木造建物が壊れているが、これは、神戸市灘区内で木造二階建ての古い建物が建っていたが、一階部分が潰れている。

写真2は、非木造建物の被害であるが、これは一層分が潰れている中間層崩壊という形式の壊れ方である。こ

写真１　木造建物の倒壊
（写真提供：神戸市）

写真２　非木造建物の中間層崩壊
（写真提供：神戸市）

のように木造建物だけではなく、非木造建物も大きな被害を受けた。これは、三宮の神戸交通センタービルである。

このほか神戸では、同時多発的に火災がたくさん起こった。そのため、消防の力が追いつかなかった。また阪神高速の三号線（大阪から神戸に行く高速道路）では、高速道路が横倒しになってしまった。国道四三号線が下を通っており、場所は神戸市東灘区の深江の辺りであった。

兵庫県南部地震における経済被害は、先ほど一〇兆円と申し上げたが、兵庫県が正確に発表している数字としては九兆九〇〇〇億円で、うち建物被害額は五兆八〇〇〇億円である。

私は昔、損害保険関係の法人で地震保険に携わっていたので、その関係で地震保険やその他の保険がどのくらいお金を支払ったかについて見ていきたいと思う。地震保険、つまり損害保険会社が売っている住宅地震向けの保険であるが、支払保険金は、七八三億四七〇〇万円、支払件数六万五四二七件であった。この七八三億円というのだけを見ると、支払いが多いように感じるが、全体の被害が九兆九〇〇〇億円なので、これは保険がカバーした割合としてはかなり小さい部分しかカバーしていないと言うことである。この原因としては、当時兵庫県では地震は起こらないと考えている人が多かったようで、地震保険の加入率（＝地震保険加入件数／世帯数）が三％以下であった。つまり、地震保険が普及していなかったので、支払保険金もそんなに多くないと言うことであった。

損害保険会社が売っている住宅向けの地震保険以外には、ＪＡ全共済が売っている自然災害共済という同じような補償内容のものがあるが、こちらは共済金支払額一一八八億円で、支払件数一〇万件くらいであった。

2　東日本大震災の場合

続いて、二〇一一（平成二三）年の東日本大震災を見ていきたい。この地震自体の名前は、東北地方太平洋沖地震であるが、この地震によって引き起こされた災害が東日本大震災ということである。

東日本大震災の被害のまとめであるが、二〇二二（令和四）年の消防庁災害対策本部の第一六二報によると、死者一万九七五九人、行方不明者は二五五三人であり、今も行方不明者の捜索は続いている。

東日本大震災の経済的被害は一六兆九〇〇〇億円で、先ほどの阪神・淡路大震災の九兆九〇〇〇億円よりも多い。それから住宅向け地震保険の支払い保険金先、阪神・淡路大震災では七八三億円だったが、東日本大震災では一兆二三四六億円と、だいぶ増えた。経済的被害が一六兆九〇〇〇億円に対して、住宅向け地震保険支払い保険金が一兆二三四六億円と言うことで大体一〇分の一弱位までカバーしている。これは、一九九五年の阪神・淡路大震災以降、地震保険が必要だというふうに考える人が多くなり、地震保険の加入数が増えたためである。二〇一一年の宮城県の地震保険の加入率が大体三〇％から四〇％だったと言われているので、阪神・淡路大震災当時の兵庫県の三％よりも、だいぶ多くの人が地震保険に加入していたため、地震保険の支払い保険金も増えているということである。それから上記以外の損害保険、住宅向け以外ということで、企業向け地震保険では五九六八億円、ＪＡ共済連などの共済は七八五〇億円だったということがわかっている。以上、過去の地震について振り返ってみた。

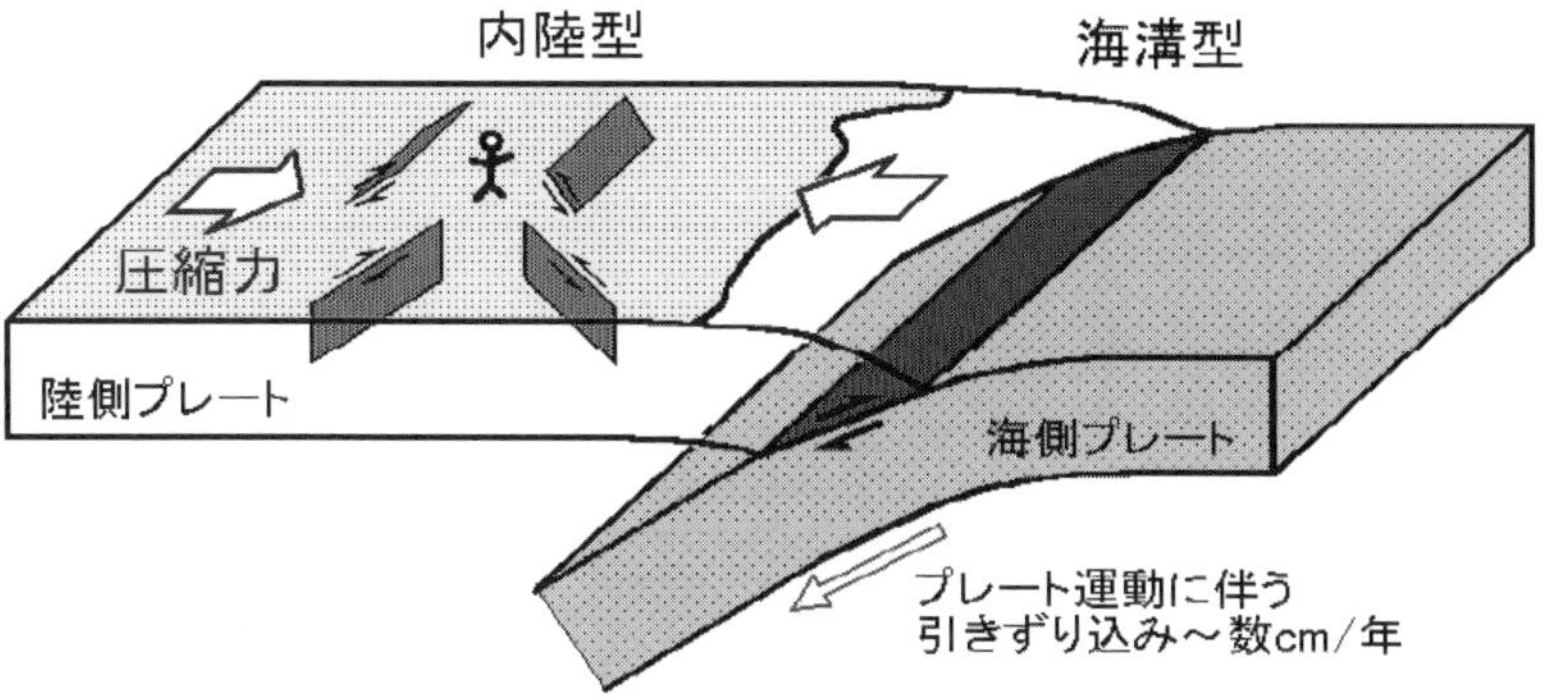

図1　海溝型地震と内陸型地震の発生メカニズム
（出典：防災科学技術研究所ホームページ、http://www.hinet.bosai.go.jp/about_earthquake/sec4.2html）

3　地震発生のメカニズム

地震の揺れによる被害について、地震の発生のメカニズム的なことを述べる。

地震に関する用語について、基本的なことなので、ぜひ覚えていただきたい。中学校や高校の理科の授業のときに習っていると思うが、混乱している人が結構いるようである。

一つはマグニチュードについてである。マグニチュードとは地震そのものの規模を表す尺度のことである。M七・〇というように表す。もう一つは震度である。震度とは地震の波形を処理して人体感覚に合うように地震動の強さを表現した尺度で、その時点の揺れの強さを表す。例えば、その地点は震度五強でしたというように表現する。覚えてもらいたいのは、マグニチュードと震度の違いである。マグニチュードは地震そのものの規模を表すということ、震度というのはその地点の揺れの強さを表すということを、ぜひ覚えてほしい。

日本周辺で発生する地震には、図1に示すように、二つのタイプがある。

一つは右側の海溝型地震である。代表的なのは二〇一一年東北地方太平洋沖地震で、地震の災害名としては東日本大震災であるが、こちらは海側のプレートが陸側のプレートに沈み込む。沈み込んで、沈み込んで、陸側のプレートが耐えきれなくなって跳ね上がる、跳ね上がったところが、この図だと海なので、跳ね上がりのエネルギーが海に伝わって津波が起こるということである。つまり、プレート境界を断層面として発生する地震である。プレート境界とは海側プレートと陸側プレートの境目のことである。時としてマグニチュード八級に達する海溝型巨大地震、東日本大震災の場合はマグニチュード九であったが、一〇〇年から二〇〇年の再来間隔を持って起きるということである。東日本大震災は、二〇一一年に既に起きてしまったが、今後三〇年以内に起こる可能性が高いと言われているのは、西日本の南海トラフの地震で、それもこちらの海溝型地震に当たる。和歌山や高知などに大きな津波が来ると予想されている海溝型地震が南海トラフ地震である。

一方、左側の内陸型地震の代表的なのは、一九九五年に発生した兵庫県南部地震、つまり阪神・淡路大震災である。これは海側のプレートが陸側のプレートに潜り込んで、陸側のプレートに歪みが溜まるというのは、海溝型地震と変わらないが、境界の部分で跳ね上がるのではなくて、陸側のプレートの中で割れてしまう、この図で言うと、陸側のプレートの中に断面があるが、そういったところでヒビが入ってしまう。そういうのが内陸型地震といい、この断面を活断層という。地震の大きさは、マグニチュード七級止まりで、先ほどよりも一回りも二回りも小さい地震である。特定の断層における地震の繰り返し周期は、数千年から数万年で、めったに起こらないということであるが、安心してはいけない。一つの断層が動くのが数千年から数万年の間ということであるが、日本には活断層がたくさんあるので、そのうちのどれかが動くということになると、結構頻繁に起こるということになる。

次に、兵庫県南部地震と東北地方太平洋沖地震の震度分布の比較をする。マグニチュードと震度の関係を覚えてほしいと言ったが、その関係がどのようになっているかを説明する。

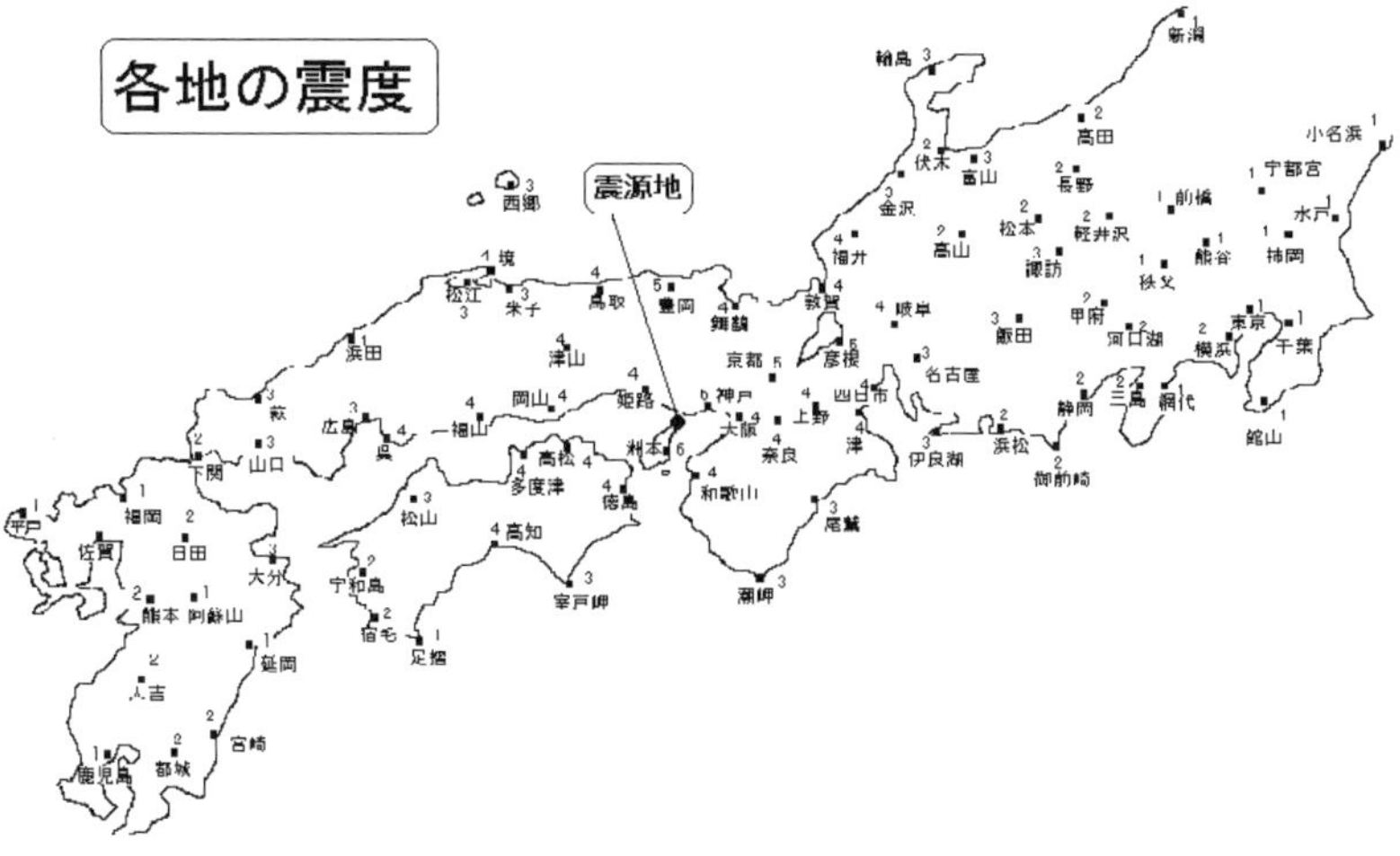

図２　兵庫県南部地震の震度分布

（出典：神戸市消防局ホームページ　阪神・淡路大震災地震の概要より）

図２に兵庫県南部地震の震度分布を示した。兵庫県南部地震のマグニチュードは七・三であった。淡路島の北端、明石海峡の辺りが震源で地震が起こったが、震度分布では神戸と淡路島の洲本では震度六、大阪では震度四、京都では震度五であった。マグニチュードが小さいと言えば、ちょっと語弊があるが、マグニチュードが七・三くらいの地震では、震源のすぐ近くの神戸とか洲本では震度六になるが、ちょっと離れると震度が減っていき、大阪では四、京都では五、名古屋だと三、東京だと一になる。

これに対して、図３に東北地方太平洋沖地震の震度分布を示したが、東北地方太平洋沖地震は、マグニチュードは九・〇、エネルギーで言うと兵庫県南部地震の一〇〇〇倍ということになる。震度分布としては、震度六が強・弱と分かれているが、震度六弱以上の範囲が広く、岩手のあたりから茨城のあたりまで震度六弱以上になる。マグニチュードが大きな地震では、震度が大きな範囲が広くなる。

先程の兵庫県南部地震では震度六以上は神戸と洲本だけだったが、こちらでは、震度六弱以上の範囲が、とても広くなる。このようにマグニチュードが大きいと、震度の大

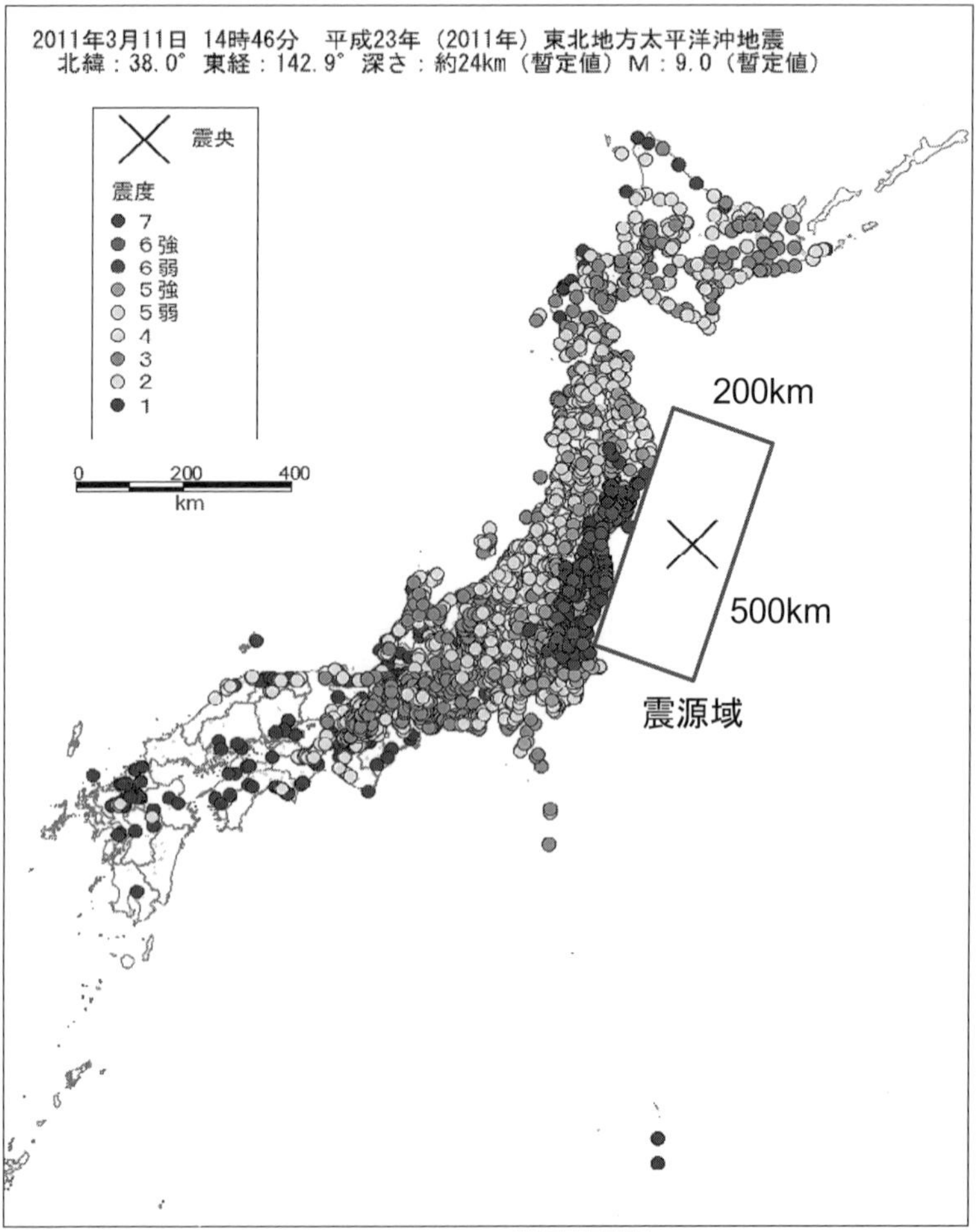

ADEP
ASSOCIATION FOR THE DEVELOPMENT
OF EARTHQUAKE PREDICTION

図 3　東北地方太平洋沖地震の震度分布

（出典：https://www.adep.or.jp/shindo/Screen/110311a.sanrikuoki.gif に加筆）

きい範囲が広い、マグニチュードが小さいと震度の大きい範囲が小さくなる。別の言い方をすれば、兵庫県南部地震は、マグニチュードが七・三と比較的小さく、震度六以上の震度の大きな範囲は、神戸と洲本だけだったが、地震の起こった場所が神戸の近くと、場所的な条件が悪かったため、神戸が壊滅的な被害を受けている。

［2］地震による揺れの特徴と被害

図4に示すように、東北地方太平洋沖地震と兵庫県南部地震について、地震計で観測された地震波形を比較すると、東北地方太平洋沖地震の時の千葉県浦安市は、揺れとしてはそんなに大きくないが、継続時間がかなり長く五分以上続いている。一方、兵庫県南部地震の時の神戸市鷹取では、揺れの継続時間は五〇秒位で終わっているが、揺れの振幅がとても大きいという特徴がある。

さらに、東北地方太平洋沖地震の浦安の地震波形は、後のほうになるとユラユラとした揺れが出てくる。そういうユラユラとした地震の揺れは、長周期地震動と呼ばれる。

マグニチュードの大きな地震では、小さな地震に比べて、ユラユラした周期の長い成分、つまり長周期地震動が多く発生する。ユラユラの反対は、ガタガタなのであるが、ガタガタした周期の短い揺れは、遠くまで到達しない。しかし、ユラユラした揺れ長周期地震動は、遠くまで到達する性質がある。この長周期地震動に、特に弱い建物がある。高層建物など固有周期の長い建物である。ユラユラした長周期地震動が、固有周期の長い高層建物などに入ると、共振を起こし、大きく揺れる。

建物の固有周期とは何であろうか。これは、その物体が最も揺れやすい周期で物体の性質によって固有の値をとる、物体によってどの周期で揺れやすいかというのが決まっている、固有であるということである。補足とし

■ 東日本大震災と阪神大震災の加速度波形

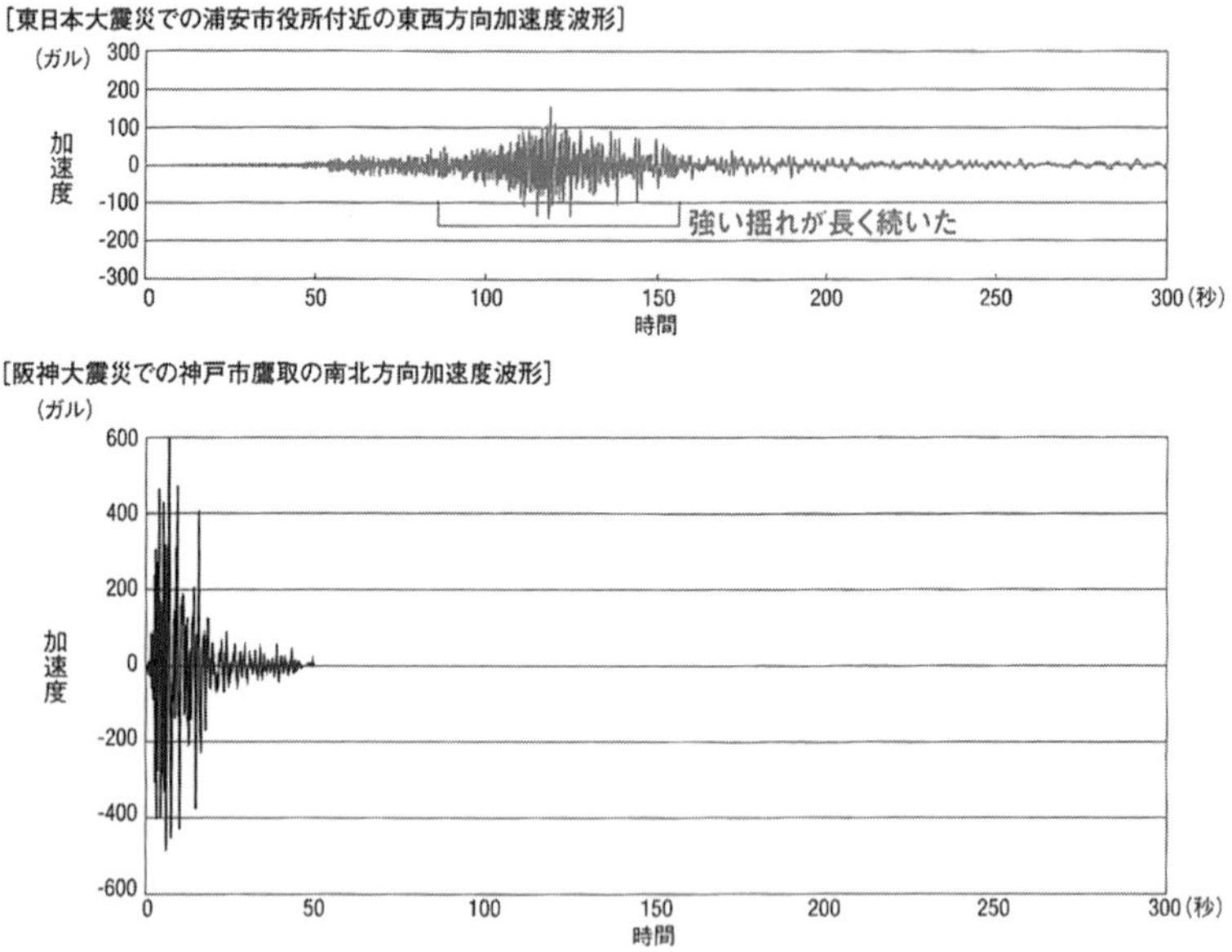

図4　東日本大震災と阪神・淡路大震災の地震波形の比較
上図：東日本大震災での浦安市役所付近の東西方向加速度波形
(出典:日経コンストラクション編:東日本大震災の教訓、土木編「インフラ被害の全貌」)
(元データ：防災科研 K-NET, KiK-net　https://www.doi.org/10.17598/NIED.0004)
下図：阪神大震災での神戸市鷹取の南北方向加速度波形
(出典:日経コンストラクション編:東日本大震災の教訓、土木編「インフラ被害の全貌」)

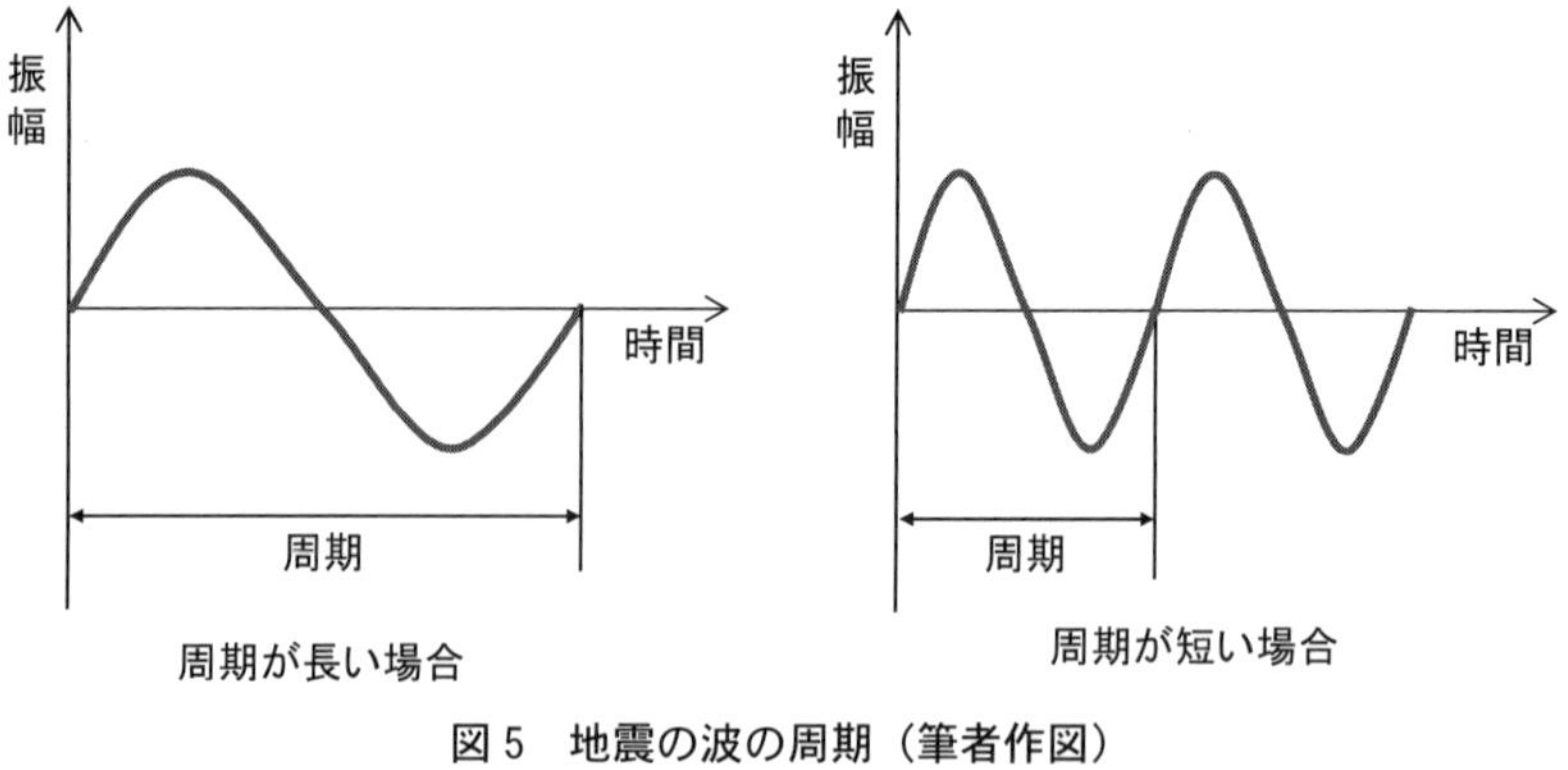

図5　地震の波の周期（筆者作図）

て木造建物では固有周期が一秒以下、超高層ビルでは二秒から六秒とされている。建物固有周期が、地震の揺れの周期と一致すると建物が共振し、つまり共に揺れて、建物の揺れが大きくなる。これが共振という現象である。

東日本大震災の時には、震源から遠く離れた大阪で、大阪府咲洲庁舎という高さ二五六ｍの超高層建物を揺らした。どういう被害を受けたかと言うと、エレベーターがまず壊れた。なので、超高層建物とかタワーマンションとかに住んでいる場合は、遠くで起こった地震だと安心しないで、長周期地震動と言うユラユラした揺れにより、被害を受けてしまうということがあると言うことを覚えておいてほしい。

地盤の固さと揺れの関係であるが、柔らかい地盤をプリンに、固い地盤を羊羹に例えると、なぜ柔らかい地盤の方が固い地盤の方より揺れが大きくなるかが分かる。それぞれ揺すってみるとわかるだろう。プリンの方が羊羹より大きく入れるはずである。揺れ方も注目すると、プリンの方がユラユラ長い周期で揺れて、羊羹の方がガタガタとした短い周期で揺れると言う違いがある。

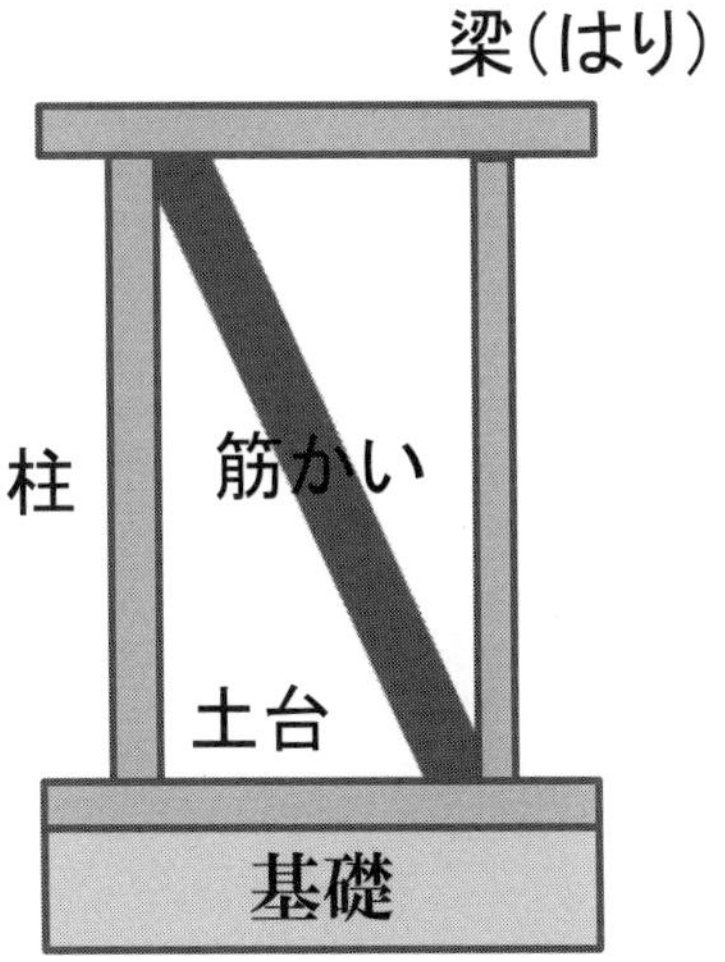

図６　筋かいの説明（筆者作図）

大きく揺れるプリンみたいな柔らかい地盤に立っている家は、建物が壊れるのを待つしかないのかといえば、そんなことはない。ちゃんと耐震補強すれば大丈夫である。どういう風に耐震補強するか、代表例としては、図６にあるように、筋《すじ》かいを入れて耐震補強すると、地震に強い建物にすることができる。

地震の波形は、そのまま見てもよくわからないが、その複雑な波形を分解して見やすくしたものに、スペクトルというものがある。詳しくは、大崎順彦著『地震と建築』（岩波新書）

に譲るが、まず、複雑な地震波形を、色々な周期と振幅の正弦波（サインカーブ）に分解して、その色々な周期の波が、それぞれどれぐらいの振幅を持っているかを求める。そうすると、複雑な地震の波形が、どのような周期の波を多く含んでいるかが分かる。このスペクトルを見ると、地震の波形を見ただけでは分からない、ユラユラした長周期成分を多く含むとか、ガタガタした短周期成分が多いとか、その波形の内訳が分かる。

図7に、大崎順彦著『地震と建築』（岩波新書）から引用した。まず、①複雑な地震波形を、②いろいろな周期の波に分解する。次に、③分解した波の周期と振幅をグラフにプロットする。さらに、④周期の幅を細かくし、なめらかなグラフにする。つまり、最初の①の横軸は「時間」、最後の④の横軸は「周期」になっている。これが、フーリエ変換である。

図7の例でみると、①で特徴の良くわからない時刻歴波形であったものが、周期〇・五秒程度の波を多く含むことを示すスペクトルに変換されたということである。

東北地方太平洋沖地震と兵庫県南部地震の揺れの違いについて、今までの話をまとめると、以下の三点に集約される。

① 兵庫県南部地震（阪神・淡路大震災）の神戸では、一秒くらいの周期の揺れが多く、それが木造建物を破壊した。

② 東北地方太平洋沖地震（東日本大震災）の東北では、一秒よりもっと短い周期の揺れが多く、木造建物にはあまり影響がなかった。

③ 東北地方太平洋沖地震（東日本大震災）の大阪では、六〜八秒のユラユラした揺れが到達し、それが大阪府咲洲庁舎（高さ二五六ｍ）のような超高層建物に被害を与えた。

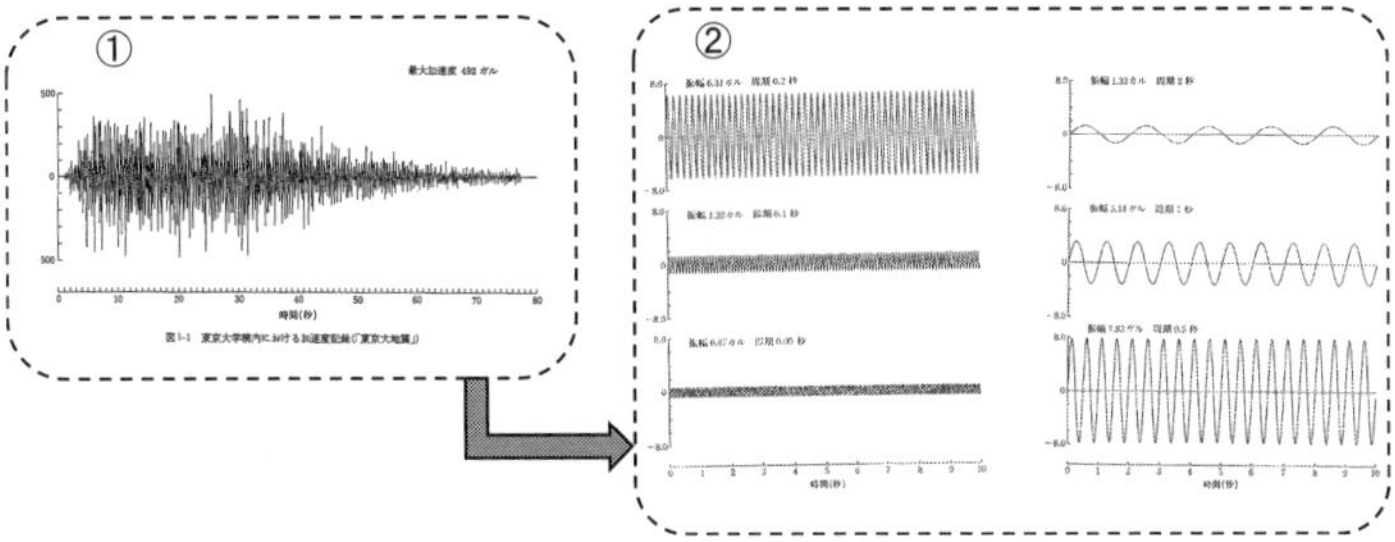

まず、①複雑な地震波形を、②いろいろな周期の波に分解する。

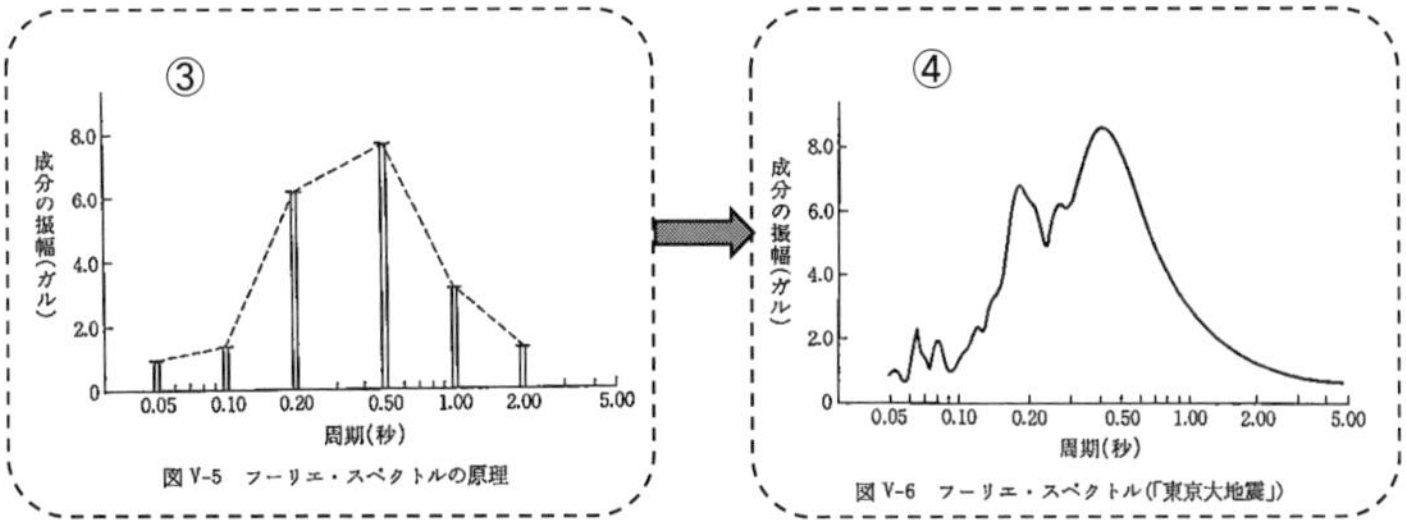

次に、③分解した波の周期と振幅をグラフにプロットする。さらに、④周期の幅を細かくし、なめらかなグラフにする。

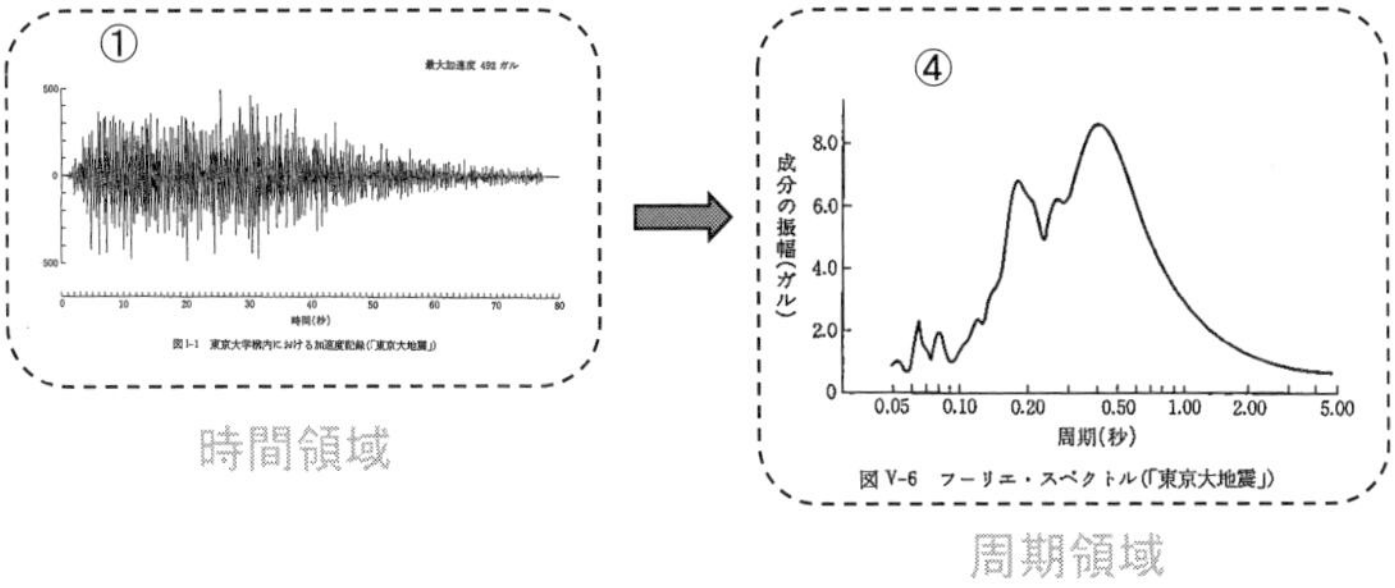

つまり、最初の①の横軸は「時間」、最後の④の横軸は「周期」になっている。これが、フーリエ変換である。

図７　フーリエ変換の説明図

（出典：大崎順彦著『地震と建築』（岩波新書））

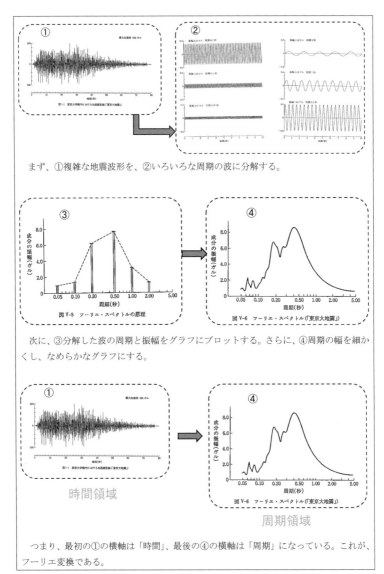

［3］地盤の液状化

次に、液状化などの地盤災害について、解説していく。

液状化での被害事例が顕著であったのは一九六四年の新潟地震であった。最近では、二〇一一年の東日本大震災においても千葉県浦安市などで、液状化の被害があった。液状化とは、地面がズブズブに液体みたいになってしまい、そして砂が吹き上げたりする現象である。埋立地で、あまり液状化の対策がされていないところを中心に被害が多発した。

液状化が発生する三要件をあげる。

①ゆるい砂質土

②地下水位が高い

③強い揺れが加わる、あるいは継続時間が長いこと

逆に言うと、この三要件が揃っているところは、埋立地ではなくても、液状化の被害が起こりうるということである。二〇一八年の北海道胆振東部地震では、札幌市清田区という、内陸の山の中のほうで液状化が起こり、道路が陥没したり、建物が傾いたりした。ここは、もともと地形が谷であり、水がはけにくいと言うことで、埋立地ではないが、水が地上近くまで来ていたと言うことで、内陸でも液状化が起こることがあるので、埋立地でなくてもちょっと注意が必要ということである。

埋立地といえば、筆者が所属する神戸学院大学ポートアイランドキャンパスは、埋立地である。実は、阪神・淡路大震災の時に、液状化で大変な被害を受けた。その時の話をすると、神戸大橋と言う橋がある。これはどの

橋かと言うと、三宮からポートアイランドに渡ってくるときに、大きな赤い橋があると思うが、あれが神戸大橋である。ポートアイランドが液状化を起こして、地盤がずれたことによって、水道管も壊れてしまい、橋自体も壊れて、使えなくなった。その結果、どういうことが起こったかと言うと、ポートアイランドには、神戸市中央市民病院と言う病院がある。本当は地震が起こったときには、患者さんを、ここに運んで来なければいけないが、三宮の方から患者さんを運んでこようと思ったところ、途中の神戸大橋が壊れたので、患者さんを運べないという事態が起こった。逆に、ポートアイランドの人は、三宮のほうに行けないという、陸の孤島になってしまったということで、ポートアイランドのような人工島の防災上の弱さを露呈してしまった。現在は、阪神・淡路大震災当時、工事中であった港島トンネルが開通し、三宮側とポートアイランド側は、神戸大橋と合わせて二つのルートが確保されているので、このようなことは、もう起こらないとは思う。

本項の最初に、千葉県浦安市で液状化が起こったことを書いたが、千葉県浦安市にあるものと言ったら東京ディズニーリゾートである。東京ディズニーリゾートは、東日本大震災の時は、あまり液状化しなかったと言われている。これはなぜか。これは、東京ディズニーリゾートは、建設時に液状化対策として、敷地全体を約一〇～一五メートルの深さまで地盤改良をしていたことによるものである。東京ディズニーリゾートを運営している会社は、オリエンタルランドと言う会社で、その会社は地盤対策に結構力を入れており、建設前に地盤改良を行っていた。そのために、東京ディズニーリゾートは、東日本大震災の時に、ほとんど液状化を発生しなかったと言うことである。どういう対策をしていたかと言うと、主にサンドコンパクションパイル工法という、強固に締め固めた砂の杭を打つという地盤改良していたとのことである。

じつは、東京ディズニーリゾートの運営会社であるオリエンタルランドが、震災に備えて対策していたのは、液状化対策だけではない。

震災の際に、家計で真っ先に削られるのは、遊園地に行くなどの娯楽費用であることを、あらかじめ見越して、震災の際に損失費用を賄うことができるCATボンド（大災害債券）を、日本で初めて発行したということでも、オリエンタルランドは有名である。

［4］災害に対するリスクマネジメントについて

次に地震保険や火災保険などの損害保険と、リスクマネジメントについての話をする。

まず、リスクマネジメントや保険の話をする前に、そもそもリスクとは、どういうものなのかというのを、少し説明したいと思う。リスクとは、二つの構成要素からなっている。一つが、損失という不利益な結果を被る「発生確率」という要素、もう一つが、その「損失の大きさ」という要素からなっている。

それでは、二つの構成要素のうちの一つである確率について、考えてみよう。まず、事故などの発生確率について、考えてみよう。

問題として、次の事故や災害について、発生確率の高いものから順に並べてみてほしい。

①航空機事故で死亡
②火災にあう
③自動車事故で死亡
④自動車事故で負傷

という四つの事象があった場合に、発生確率が高い順に並べてみてほしい。

正解は、一番確率が高いのは、④自動車事故で負傷、交通事故でケガをするということである。三〇年間で、二四％発生している。二番目に確率が高いのは、②火災にあうで、三〇年間で一・九％発生、三番目に確率が高いのは、③自動車事故での死亡で、三〇年間で〇・二〇％発生、一番確率が低いのは、①航空機事故での死亡で、三〇年間で〇・〇〇二％発生している。

このように、先ほどリスクの構成要素として発生確率と損失の大きさというのがあったが、これを見ると発生確率が高いものは、どちらかと言うと損失の大きさは、そんなに大きくない、逆に発生確率が低いものの方が、損失の大きさが大きい、ということが分かると思う。ケガよりも死亡の方が、損失の大きさが大きいということである。発生確率が高いものは損失の大きさが小さく、発生確率が低いものの方が損失の大きさが大きいという法則を、「ハインリッヒの法則」と専門用語では言う。

ここで、日本における自然災害・事故等の発生確率について、図８に示す。今あげた四つの例は、点線で囲んだ部分にあたる。交通事故（自動車事故）で負傷というのが、左側のバーの最も濃い色（元の図では赤色）と次に濃い色（元の図ではオレンジ色）の境目ぐらいにある、ということを覚えておくと、後の評価が分かりやすくなるかもしれない。

次に、図９は、地震による揺れの発生確率を、場所によって色分けしたものである。「確率論的地震動予測地図」と呼ばれるものであるが、これを見ていくと先ほどのバーの色分けで、今後三〇年以内に震度六弱以上になる確率を示したのが、この地図である。これを見ると、一番濃い色のところは静岡、愛知、三重、和歌山、高知県などに存在している。ここは、先程のバーで、自動車事故で負傷する確率と同じか、それより高いところという色分けになっているので、これらの地域では、自動車事故でケガをするよりも高い確率で、震度六弱以上の地震に遭遇するということである。

この確率論的地震動予測地図については、詳細な情報は、地震ハザードステーション J-SHIS（http://www.

ここでは、参考として、今後30年以内に数%という値が、1年間に発生する確率で見たときに災害や事故・犯罪にあう可能性と比較して、どの程度に位置するかを統計資料で調べたものである。地震という自然事象の発生確率そのものと、事象発生による結果として死傷する確率は直接的に比較できないことから、参考程度の情報として見てもらいたい。

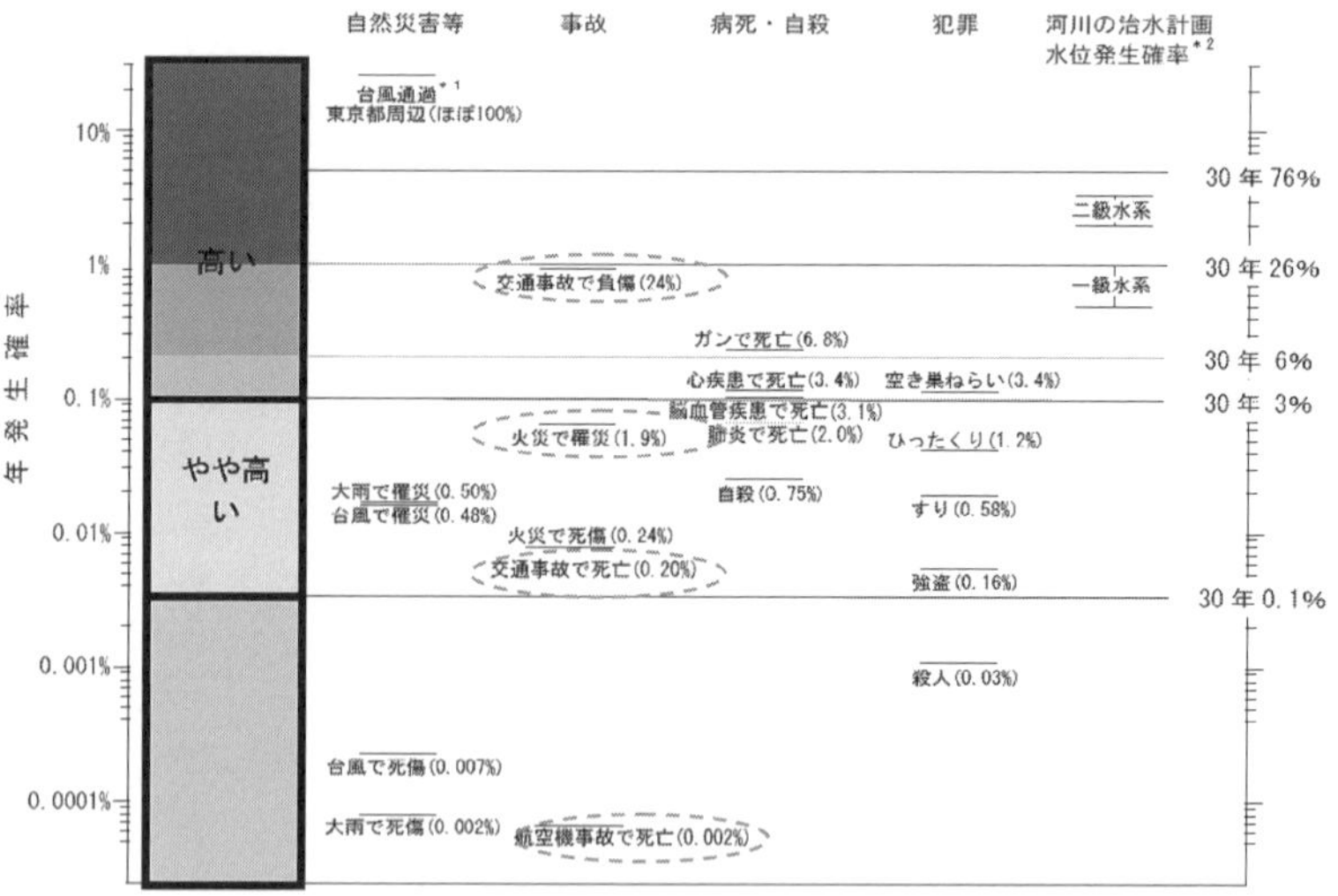

参考図1　年発生確率の比較
括弧内は30年発生確率

図8　日本における自然災害・事故等の発生確率
（出典：地震調査研究推進本部
http://www.jishin.go.jp/main/chousa/06_yosokuchizu/index.htm）

j-shis.bosai.go.jp/）というページで、最新版のものが見られる。

　このような地図のことを、ハザードマップと呼ぶ。「ハザード」という言葉が、今出てきたが、少し説明すると、ここで言うハザードというのは揺れの大きさのことである。仮にハザード、つまり揺れの大きさが小さくても、耐震性が低い建物に住んでいる場合は、「リスク」、言い換えると損失は大きくなる。つまり、揺れの大きさは小さくても、耐震性の低い建物に住んでいる場合には、すぐ壊れてしまうということである。逆に、ハザードが大きいところに住んでいる人は、耐震性の高い建物を建てれば、リスクは小さく抑えられるということである。

　ハザードとリスクに関わる要因につ

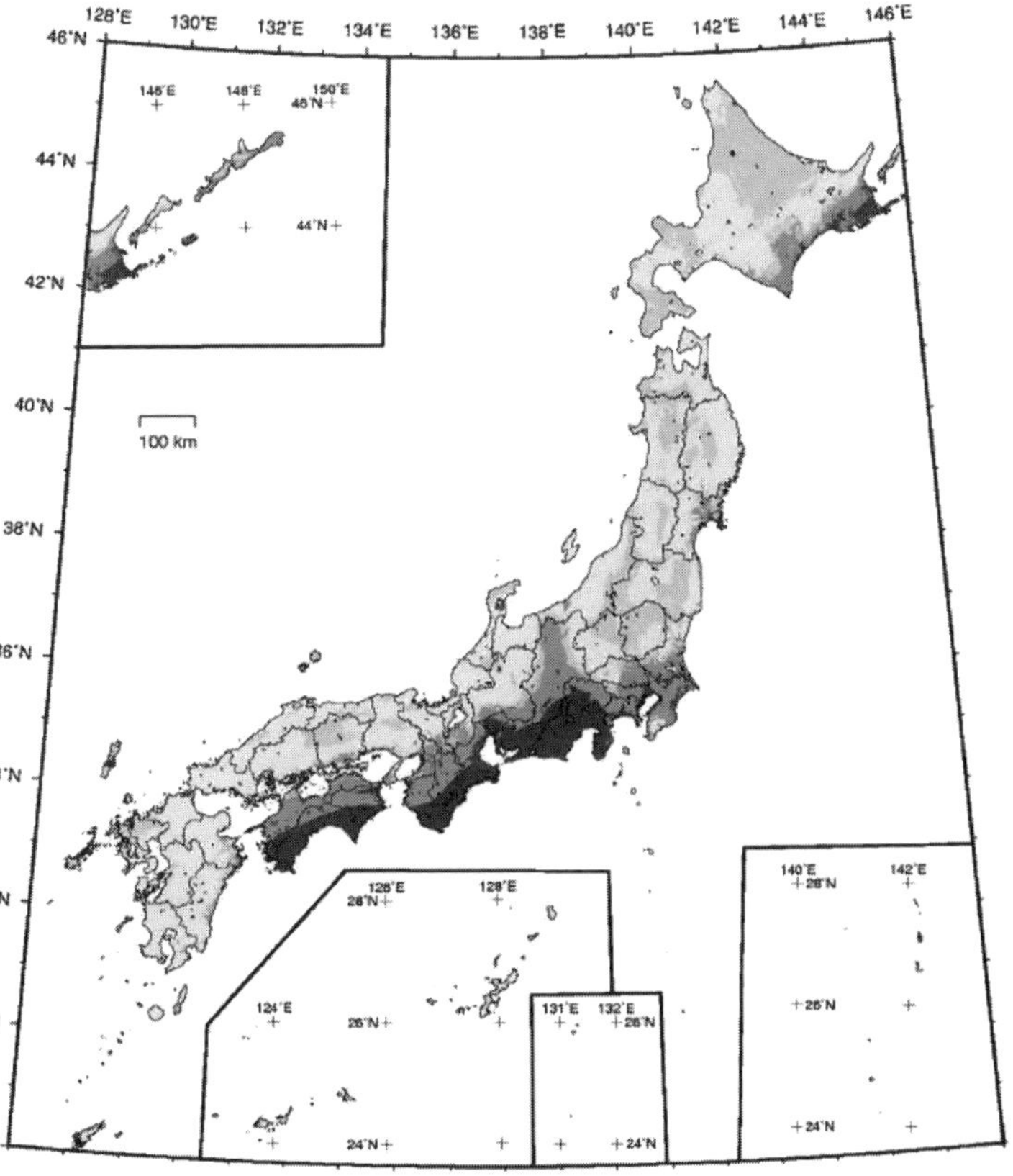

図9　確率論的地震動予測地図（今後30年以内に震度6弱以上となる確率を示したもの）

（出典：地震調査研究推進本部 http://www.jishin.go.jp/main/chousa/06_yosokuchizu/index.htm）

いて、これから少し説明していく。まず、ハザード（＝地震の揺れ）に関わる要因としては、地震の震源に近いということ、その震源の活動が活発だということ、埋立地や低地など地盤が軟らかいということ、液状化が起きやすいゆるい砂質地盤、最後に崖崩れなどの土砂災害が起きやすい、といった要因がある場合に、ハザードが大きくなる要因があるということである。

もう一つ、リスク（＝損失）が大きくなる要因としては、これは建物側の条件である。建築基準が古い、後でお話しするが筋かいという斜めの材料が入っていない、あるいは建物が老朽化している場合が、あてはまる。火気を使う業種である料理店などは、出火の恐れが高いということである。それから家が密集している場合、これは火災延焼が広がる恐れがある。それから家具の固定をしていないというのも損失を大きくする、リスクを大きくする要因として、あげられている。

以上、リスクについて見てきたが、上手くマネジメント、処理をするには、どうしたら良いか。これには、リスクマネジメントという方法がある。リスクマネジメントとは、各種の危険による不測の損害を、最小の費用で効果的に処理するための経営管理手法である。これについては、以下の四つの方法がある。

①リスクの低減
②リスクの移転
③リスクの回避
④リスクの保有

最初にあげられるのが、リスクの低減で、リスクそのものを小さくするように対策を立てることである。建物の耐震補強や家具の固定など、リスクそのものを小さくしてしまうということである。それから二番目として、リスクの移転、つまりリスクが起こった場合に補償してもらえるように対策をしておくということである。例えば、保険の購入やリスクの証券化などが、ここであげられる。三番目は、リスクの回避で、リスクから遠ざかる、自分のところでリスクが高い物件を持っていたら、それを手放してしまうということである。四番目としては、リスクの保有、つまりリスクをそのまま保有する、これはリスクの低い物件は、自分のところでそのままずっと持っていても良いということである。

ここで取り上げるのは、上の二つ、つまり「リスクの低減」と「リスクの移転」についてである。一番目のリスクの低減は、英語でリスクコントロールという。リスクそのものを小さくしたり、コントロールするので、そのように呼ばれる。二番目のリスクの移転は、保険の購入やリスクの証券化など、どちらかと言うと金融的な手当てなので、リスクファイナンスと呼ばれることが多い。

まず、一番目のリスクの低減について。これは、リスクそのものを小さくするよう対策を立てること、例えば、建物の耐震補強や家具の固定などがあげられる。

揺れによる建物被害について、リスクの低減を考える時に、二つ考えることがある。建物の被害は、「揺れの大きさ」と「建物の耐震性」で決まる。地震の揺れが大きいと、被害が大きくなる。また、建物耐震性が低いと、被害が大きくなる。つまり、揺れによる建物被害というのは、地震の揺れが大きい場合と、建物の耐震性が低い場合に大きくなる。逆に言うと、地震の揺れが小さかったり、建物の耐震性が高かったりすると、揺れによる建物被害は、小さくて済むということである。この地震の揺れと建物の耐震性という二つの要素で、地震の揺れによる建物被害が決まるということを、まず押さえておいてほしい。

一つめの、揺れの大きさについて見ていく。揺れの大きさは、震源の条件と地盤の良し悪しによって、決まる。昔の理科の授業で、地震の規模は、マグニチュードが大きいほど、また震源に近いほど、揺れが大きくなるということは、習ったと思う。それから、揺れの大きさは、地盤の良し悪しで、変わってくる。柔らかい地盤の方が、硬い地盤に比べ、地表の近くで急に揺れが大きくなる。それでは、柔らかい地盤は、どういうところにあるかというと、これは地形と関係している。揺れやすく柔らかい地盤は、川が氾濫して出来た低地や、埋立地に多い。一方、揺れにくく硬い地盤は、山地や丘陵地、台地に多い。

二つめの、建物の耐震性について見ていく。建物の耐震性は、建物構造や建築年代によって異なる。一般に、鉄筋コンクリートのようなコンクリート造や、鉄骨造の建物の方が、木造建物よりも、耐震性は高いとされている。もちろん、木造建物でも、耐震性に配慮し、しっかり建てれば、十分な耐震性を持つことは出来る。また建築基準法という、建物は守るべき最低の基準を定めた法律がある。それが改正されるたびに、最低基準がどんどんあげられているので、改正になる前と後で、耐震性が変わるということが言われている。近年、一番大きな改正は、一九八一（昭和五六）年の改正であった。それ以前と以降で、耐震性に差があり、それ以降の建物は、耐震性がより高いことは、過去の地震の被害データからも明らかである。それでは、古い建築基準で建てられた建物に住む人は、もうこれは危ないんだと思って諦めるしかないのか。決して、そんなことはない。耐震補強という工事をすれば、たとえ古い基準で建てられた建物であっても、十分な耐震性を持つことができる。なぜ、古い基準で建てられた建物は、耐震性が低いかと言うと、地震に抵抗する壁、つまり耐力壁が少ないことにより、耐震性が低いものが多く見られる。だから、その耐力壁に当たるものを、多く配置すれば良いということである。耐力壁や、柱や梁に対して斜めの部材である筋《すじ》かいを、しっかり入れるということである。あとは、基礎と土台の固定、基礎はコンクリートの部分で、土台は木で出来た一番下の材料であるが、これをしっかり固定することが大事である。このような耐震補強を行うことにより、耐震性の低い建物を、地震に強い建物にすることが出来る。

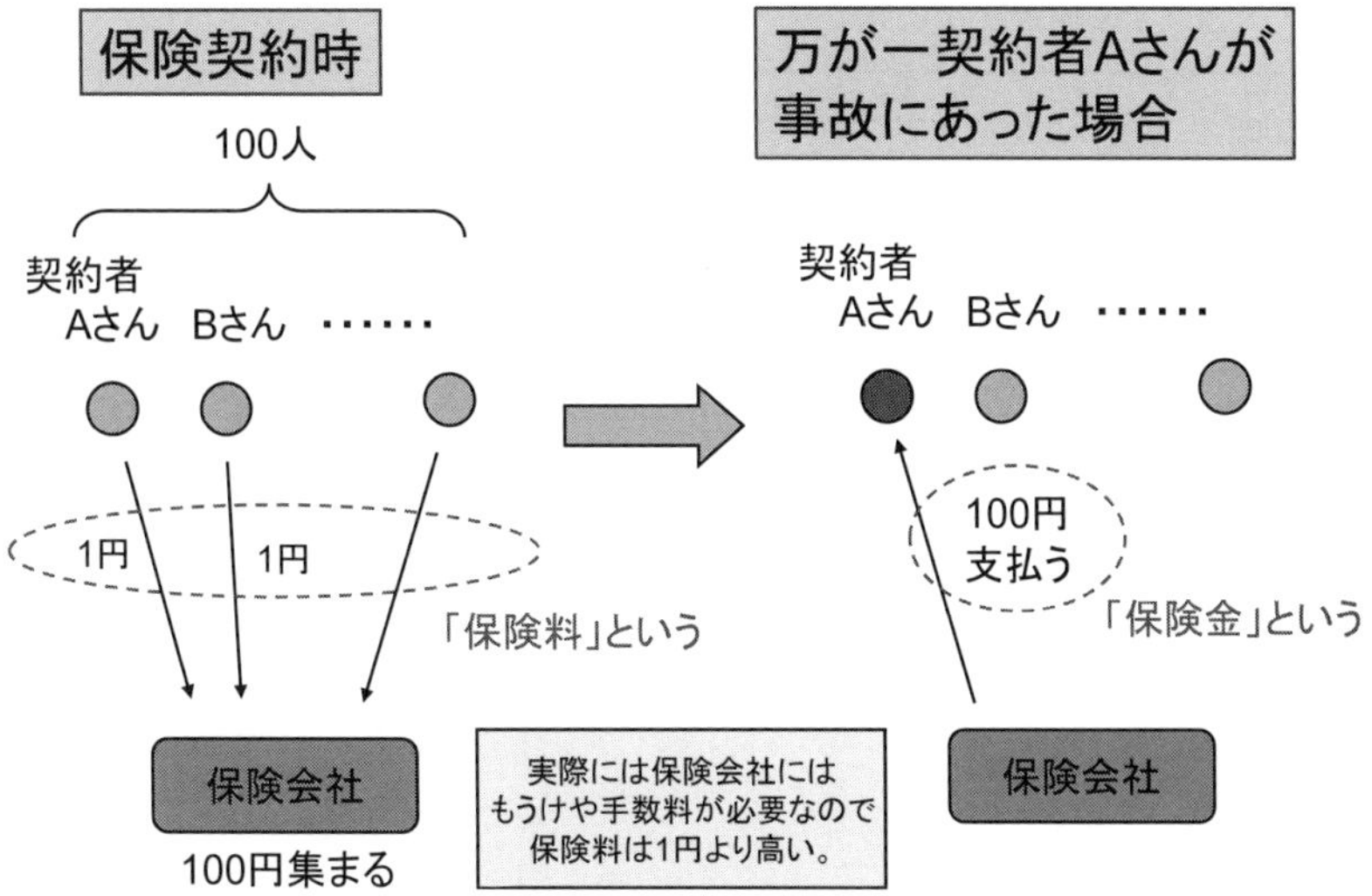

図 10　保険の仕組み（筆者作図）

ここから先は、リスクの移転について見ていきたいと思う。リスクの移転とは、リスクが起こった場合に補償してもらえるように対策をしておくことである。例えば、保険の購入やリスクの証券化などが、これにあたる。まず、保険の仕組みについて、簡単に説明する（図10）。

まず保険を契約する時、契約者がAさんBさんをはじめ一〇〇人いることを仮定する。これに対して、保険会社が存在して、AさんBさんなど一〇〇人から一円ずつ集めるとすると、保険会社に一〇〇円集まる。この状態から、万が一契約者のうちの一人のAさんに事故があった場合を考えてみよう。保険会社は、先ほど一〇〇人から一円ずつ集めて一〇〇円集めているが、この一〇〇円をAさんに支払う。Aさんは、事故があっても一〇〇円もらえて、事故に対して対策は出来たということである。この場合のAさんBさんたち一〇〇人から保険会社が一円ずつ集めた、この一円のことを「保険料」と言う。一方、万が一Aさんに事故があった場合に、保険会社からAさんに支払う一〇〇円のことを「保険金」と言う。「保険料」と「保険金」、言葉が似ているが、内容が違うこ

表2　保険会社から見てリスク分散が出来ている場合（筆者作図）

年	契約者1	契約者2	契約者3	・・・	契約者100	損害保険会社
1年目	100	0	0	・・・	0	100
2年目	0	0	100	・・・	0	100
3年目	0	0	0	・・・	100	100
・・・	・・・	・・・	・・・	・・・	・・・	100
X年目	0	100	0		0	100
・・・	・・・	・・・	・・・	・・・	・・・	100
100年目	0	0	0	・・・	0	100
合　計	100	100	100	100	100	10,000

とが分かってもらえると思う。ただし、保険会社は一〇〇円集めて一〇〇円支払ったら、儲けや手数料がなく存続できないので、実際には保険会社は保険料を一円より高く集めている。

保険会社は、毎年一〇〇人の契約者から一の保険料を徴収すれば、毎年生じる一〇〇の保険金支払いに対応することは出来るという状態が、保険が成立する条件で、リスクの分散がされているという状態である。表2を見ていただくと、一年目に契約者1の人に事故が起こって、X年目に契約者2の人が事故に、二年目に契約者3の人に事故が起こっている、というように、契約者によって、事故が起こる年が異なるというようなことが出来ている場合は、リスクの分散が出来ているということである。保険会社から見た場合、火災事故や自動車事故というのは、このような状態になっている。火災事故や自動車事故は、件数的に多数発生しており、契約者に事故が起こる時期も、保険会社から見ると、だいぶ分散しているということである。これが、保険が成立する条件として挙げられている、リスクの分散というものである。

一方、表3に示した大規模地震のように、ある日突然に全ての契約者に損害が発生し、保険会社に10000の巨額な保険金支払いが生じる場合がある。大規模地震の場合には、契約者1の人、2の人も、3の人も、100の人も、X年目に皆100のお金が必要になるということで、100×100で10000のお金がX年目に、支払いのために損害保険会社に必要になる。

表3　巨大災害など、保険会社から見てリスク分散が出来ていない場合（筆者作図）

年	契約者1	契約者2	契約者3	…	契約者100	損害保険会社
1年目	0	0	0	…	0	0
2年目	0	0	0	…	0	0
3年目	0	0	0	…	0	0
…	…	…	…	…	…	0
X年目	**100**	**100**	**100**		**100**	**10,000**
…	…	…	…	…	…	0
100年目	0	0	0	…	0	0
合　計	100	100	100	100	100	10,000

先ほどのように、一年に一〇〇ずつ集めていたのでは、足りないということになる。このように、保険原理が成り立たない巨額の保険金支払いがある場合が、大規模地震の場合には考えられるということである。このように、大規模地震など巨大災害のリスクは、保険制度にはなじまない扱いづらいものである。

大規模地震などの巨大災害リスクは、保険制度にはなじまない、と言ったが、日本では、一九六六（昭和四一）年より住宅向けの地震保険の制度が始まっている。そこでは、この巨額な保険金支払いと保険原理が成り立たないという点を克服するために、いくつかの工夫をしている。まず日本の住宅向け地震保険では、政府によるバックアップ、保険用語でいうと再保険と呼ばれるものでバックアップをしている。次に、個々の契約の補償額に限度をかけないと、巨額の保険金支払いになってしまうということで、補償内容に制限をかけている。さらに先ほど、保険会社は保険料に儲けを見込んでいると言ったが、なるべく地震保険の保険料を安くするために、最低限の事務経費だけを集めて、儲けは見込まない、ノーロス・ノープロフィットの考え方に基づいている。このような工夫をして初めて、日本の住宅向け地震保険は成り立っている。日本の住宅向け地震保険の補償内容は、表４に示した通りだが、一つ一つ説明していく。

対象となる物件は、居住用および併用住宅である。つまり店舗や工場と併用している住宅なども含んでいる。そういった建物、居住用建物およびその中に収容されている家財である。

表4　日本の住宅向け地震保険の補償内容

〈対象となる物件〉
居住用建物（併用住宅を含む）および家財
〈補償される損害〉
地震、噴火またはこれらによる津波を直接・間接の原因とする火災、損壊、埋没、流失によって、保険の目的（保険をつけた居住用建物または家財）が一部損以上の損害を被った場合
→地震による火災は、火災保険でなく地震保険に入っていないと補償されない！
〈契約方法〉
住まいの火災保険に付帯して契約
〈地震保険の保険金額〉
火災保険の保険金額の 30 ～ 50％の範囲（創設時は 30％のみ）で設定。
ただし建物 5,000 万円（創設時は 90 万円）、家財 1,000 万円（同 60 万円）が限度。

補償される損害は、地震、噴火またはこれによる津波を直接・間接の原因とする火災、損壊、埋没、流失によって、保険の目的（保険をつけた居住用建物また家財のこと）に、一部損以上の損害を被った場合に補償されるということである。ここでよく間違いやすいのが、地震による火災は、地震を原因としている火災であるから、通常の火災保険ではなく、地震保険に入っていないと補償されないということに、ぜひ注意してほしい。

それから契約方法と地震保険の保険金額であるが、先ほど地震保険は、巨額の保険金支払いになるということで、保険の契約に制限をつけるという話をした。契約方法としては、住宅向け火災保険に付帯して契約することによって、地震保険の補償だけが大きくなることを防いでいる。それと保険金額は、火災保険の契約金額の三〇～五〇％の範囲で設定するということである。さらに建物は五〇〇〇万円、家財は一〇〇〇万円と上限額に制限がついている。そういう制限をつけないと、地震保険の支払いが大きくなりすぎて、制度は破綻してしまう。なお、ここで言う地震保険は、住宅向けの地震保険のことで、企業物件については、また別に保険がある。

住宅向け地震保険については、保険料率と言って、契約する保険金額にこの保険料率を乗じることによって、地震保険の掛け金が計算される。前述した、確率論的地震動予測地図を覚えているであろうか。あの地図に見るように、地域によって地震のハザードが異なる。また、建物の耐震性によっても、地震に

表５　2022 年 10 月現在の住宅向け地震保険の保険料率の例

2022 年 10 月 1 日以降の始期契約における年間保険料例：地震保険契約金額 1000 万円あたり

建物の所在地（都道府県）	主として鉄骨・コンクリート造の建物	主として木造の建物
兵庫県	7,300円	11,200円
大阪府	11,600円	19,500円
東京都	27,500円	41,100円

割引制度として、次のものがある。
①免震建築物割引（50%）、
②住宅性能表示制度による耐震等級割引（等級１：10%、等級２：30%、等級３：50%）、
③耐震診断割引（10%）、④建築年割引（10%）

（出典：一般社団法人日本損害保険協会 https://www.jishin-hoken.jp/price/ に加筆）

より被害を受けるリスクが異なる。そういったことを反映して、地震保険の料率が決められている。具体的には、保険料は、住まいのある都道府県と建物の構造によって決まる。表５に、その例を示す。

表５によると、例えば兵庫県では、鉄筋コンクリート造や鉄骨造の建物では、地震保険の保険金額が一〇〇〇万円の補償をつけると、一年間でどのぐらいの保険料がかかるかと言うと七三〇〇円必要である。これに対して、木造の建物の場合はどうかと言うと、一万一二〇〇円である。木造の建物の中には、耐震性がちょっと弱いものがあるということや、地震による火災が起こった時に延焼しやすいということを考慮して、木造建物の保険料が若干高くなっているということである。それから大阪府は、鉄筋コンクリート造や鉄骨造の建物は、一〇〇〇万円の補償を得ようとすると年間一万一六〇〇円、木造建物だと一万九五〇〇円必要になる。地震の活動度が高い東京都では、地震の揺れが起きやすいので、鉄筋コンクリート造や鉄骨造の建物では、一〇〇〇万円の補償を得ようとすると年間二万七五〇〇円、木造建物で四万一一〇〇円の保険料が必要ということである。建物の構造については、鉄筋コンクリート造や鉄骨造の建物と木造の建物だけで分類していたのが、免震建物とかで耐震性が高い建物については、耐震性をもっと考慮したほうが良いということで、割引制度がある。免震建

	全損	大半損	小半損	一部損
損害の状況 建物	基礎・柱・壁・屋根など[*1]の損害額が建物の時価の50%以上[*2]	基礎・柱・壁・屋根など[*1]の損害額が建物の時価40〜50%未満[*2]	基礎・柱・壁・屋根など[*1]の損害額が建物の時価の20〜40%未満[*2]	基礎・柱・壁・屋根など[*1]の損害額が建物の時価の3〜20%未満[*2]
	焼失・流出した部分の床面積が建物の延床面積の70%以上	焼失・流出した部分の床面積が建物の延床面積の50〜70%未満	焼失・流出した部分の床面積が建物の延床面積の20〜50%未満	全損・大半損・小半損・一部損に至らない建物が床上浸水または地盤面から45cmを超える浸水
家財	家財の損害額が家財の時価の80%以上	家財の損害額が家財の時価の60〜80%未満	家財の損害額が家財の時価の30〜60%未満[*2]	家財の損害額が家財の時価の10〜30%未満[*2]
支払われる保険金	契約金額の100%（時価が限度）	契約金額の60%（時価の60%が限度）	契約金額の30%（時価の30%が限度）	契約金額の5%（時価の5%が限度）

図 11　住宅向け地震保険の保険金支払いについて
（出典：一般社団法人日本損害保険協会　https://www.jishin-hoken.jp/price/ より作成）

物割引のほか、住宅性能表示制度という住宅の性能がこれだけあるというのを保証する制度を利用して、耐震等級を取得した場合、地震保険の保険料率が割り引かれる。あと、耐震診断して、現行の建築基準と同等の耐震性を持つと証明された場合や、一九八一（昭和五六）年以降の建築基準法に沿って建てられているということが証明された場合にも、割引がある。

　それから、住宅向け地震保険の保険金支払いの場合に、どのように保険金が支払われるかということであるが、これは最近制度が変わった。昔は、「全損」、「半損」、「一部損」の三段階だったが、半損の部分をもう少しきめ細かく分類しようということで、半損が「大半損」と「小半損」に分かれた。

　今まで、地震保険について見てきたが、

	火災	落雷	ガス爆発などの破裂・爆発	風災・ひょう災・雪災	水災	自動車の飛込み等による飛来・落下・衝突	給排水設備の事故等による水濡れ	騒じょう等による暴行・破壊	盗難
住宅総合保険	○	○	○	○ ＊一部自己負担額がある場合もあります。	○ ＊一部自己負担額がある場合もあります。	○	○	○	○
住宅火災保険	○	○	○	○ ＊一部自己負担額がある場合もあります。	×	×	×	×	×

図 12　住宅総合保険、住宅火災保険の補償内容
（出典：一般社団法人日本損害保険協会　http://www.sonpo.or.jp/insurance/kasai/ より作成）

地震保険は火災保険に付帯して（くっつけて）契約するということで、火災保険についても少し説明する。火災保険は、住宅を取り巻くさまざまなリスクを総合的に補償するタイプである「住宅総合保険」とベーシックな保証のタイプである「住宅火災保険」に大きく分かれる。

火災保険という名前がついているが、火災だけを補償しているのではない。特に、総合的に補償するタイプである住宅総合保険については、かなり広い範囲を補償している。図12を見てわかるように、火災、落雷、ガス爆発などの破裂・爆発、風災・ひょう災・雪災については、どちらも補償する。そのうち住宅総合保険だけが補償するのは、水災より右側である。つまり、水災のほか、自動車の飛び込み等による飛来・落下・衝突、給排水設備の事故等による水漏れ、騒じょう等による暴行・破壊、盗難などは、住宅総合保険でしか補償されない。あと現在は、住宅総合保険や住宅火災保険という名前で販売されていない場合がある。例えば、筆者が契約している保険は、ホームライフ総合保険と言う名前がついている火災保険である。これは、住宅総合保険が発展したものだと思うが、皆さんが契約されている火災保険が、どのような補償内容をカバーしているかということを、是非確認していただければと思う。

地震保険の方に話が戻るが、地震保険の保険金支払いでワースト一〇の支払いはどうなっているかを表6に示した。二〇一一（平成二三）年の東北地方太

表6　住宅向け地震保険による保険金の支払い事例

地震保険金支払額順

	地震等	発生日	マグニチュード	支払契約件数（件）	支払再保険金（百万円）
1	平成23年東北地方太平洋沖地震	2011年3月11日	9.0	825,637	1,289,128
2	平成28年熊本地震	2016年4月14日	7.3	215,208	390,612
3	福島県沖を震源とする地震	2021年2月13日	7.3	239,599	246,766
4	大阪府北部を震源とする地震	2018年6月18日	6.1	158,148	124,168
5	平成7年兵庫県南部地震	1995年1月17日	7.3	65,427	78,346
6	平成30年北海道胆振東部地震	2018年9月6日	6.7	73,041	53,181
7	宮城県沖を震源とする地震	2011年4月7日	7.2	31,018	32,414
8	宮城県沖を震源とする地震	2021年3月20日	6.9	22,995	18,626
9	福岡県西方沖を震源とする地震	2005年3月20日	7.0	22,066	16,973
10	平成13年芸予地震	2001年3月24日	6.7	24,453	16,942

※日本地震再保険株式会社（2022年3月31日時点）。

（出典：日本地震再保険株式会社 https://nihonjishin.co.jp/data/payment-status.html より作成）

平洋沖地震、東日本大震災のことであるが、これは支払い保険金一兆二〇〇〇億円以上である。ただ注目して見ていただきたいのは、第四位の一九九五（平成七）年兵庫県南部地震、阪神・淡路大震災が、どうして四位かということであるが、これは一九九五（平成七）年の阪神・淡路大震災が発生した当時は、地震保険に入っている人がとても少なく、当時の兵庫県の地震保険の加入率は三％程度だったと言われている。であるから被害としては、とても大きかったが、保険に入っている人が少なかったので、保険金の支払いが少なかった。今、地震保険にどれぐらいの人が入っているかと言うと、大体三〇％から四〇％の人が、全国で入っていると言われているので、もし阪神・淡路大震災が、今の契約状況で起こったとしたら、だいたい支払い保険金は、この一〇倍あるいはそれ以上になるのではないかと想像される。

地震保険と火災保険についていろいろ述べてきたが、ポイントを最後に表7にまとめる。

一番目として、地震保険は火災保険に入っていな

表7　地震保険と火災保険のポイント（筆者作成）

1. 地震保険は、火災保険に入っていないと入れない。
2. 地震保険には、建物や家財の価値の30～50％しか補償されないなどの制限がある。
3. 地震による火災は、火災保険でなく地震保険に入っていないと補償されない。
4. 火災保険は、火災だけでなく、落雷、爆発、雪、ひょう、風などによる損害も補償する。
5. 水害が補償されるかどうかは、入っている火災保険の内容によるので、確認しよう！

いと入れない。これは、地震保険単独で商品にしてしまうと、地震保険の契約だけ膨らんで、いざという時に支払いが大きくなって、地震保険の制度が破綻してしまうから、火災保険にくっつけて、つまり付帯して売るという形になっている。地震保険に入りたい人は、火災保険をまず契約して、それから「地震保険に加入します」というところをチェックして、地震保険に入るということである。二番目、地震保険には建物や家財の価値の三〇％から五〇％しか補償されないなどの制限がある。これは、無尽蔵に地震保険の契約を引き受けてしまうと、いざという時、保険金を支払えなくて、地震保険の制度が破綻してしまうためで、一番目と二番目は、地震保険が巨額の支払いになることを懸念して、先に制限を設けているということである。それから三番目が少し大事なのだが、地震による火災は、火災保険ではなくて地震保険に入っていないと補償されない。これは、阪神・淡路大震災の時、このことが周知されていなかったので、かなり裁判で問題になったのであるが、約款という契約書にこのことが明記されていたので、やはり保険会社側のほうが勝っている。地震による火災は、火災保険ではなく地震保険に入っていないと補償されない、ということはぜひ覚えておいてほしい。

四番目は火災保険の話であるが、火災保険は火災という名前がついているが、火災だけではなく落雷、爆発、雪、ひょう、風などによる損害も補償される。筆者も自宅で大雪が降ったときに、雨樋が壊れたが、先ほどのホームライフ総合保険で、雪の被害も補償してもらって、三〇万円ぐらい保険金をもらったということがある。であるので、雪でも風でも、火災保険で補償されるのだということを覚えておくと、そういう時に保険金がもらえるということである。最後五番目に、火災保険で水害が補償されるかどうかは、入っている火災保険の内容によるので確認しよう。水害が補償されるかどうかだけは、家の火災保険の保険証券をよく見て、チェックしておいてほしい。

【参考文献】

・佐伯琢磨『はじめての災害学』神戸学院大学出版会　二〇二三年
・大崎順彦『地震と建築』岩波新書　一九八三年

第３章

防災と情報
―少しだけ見えて来た「災害情報」の本質

安富　信

はじめに

神戸学院大学現代社会学部社会防災学科が発足して一〇年。筆者がこの学科の教壇に立った一〇年前、「災害情報とは命を守るための重要な情報である」と声高に論じても、ほとんどの学生たちは理解してくれなかった。所属していた災害情報学会でも、様々な災害情報の理解の仕方やツールを示してはいても、究極的に「命を守る大切な情報である」と主張する研究者は少なかった。筆者はそのことが歯がゆくてならなかった。なぜもっと、命を守るための情報だということを前面に出さないのだろうか？　と。

それがこの一〇年、毎年のように相次ぐ大水害や地震で逃げ遅れて亡くなる人が続出したことによって変化してきた。市町村から避難の情報はほぼ的確に発信されているにも関わらず、逃げない人が多く、犠牲になった。それは、災害情報が正しく発信されても、人々にその危機感が届かず、逃げない、もしくは逃げ遅れた、という結果になっている。それがようやく理解され始めてきたのではないだろうか。言葉は悪いが、この一〇年で大きな災害が頻発し、亡くなる人が跡を絶たなかったことが、災害情報の「本質を」見せてくれたとも言える。

ここで、結論を示そう。「はじめに」の項に結論を出してしまうことは、論文の作法に背くことになるかもしれないが、敢えて結論を書く。それは、筆者が一〇年の時間の中で、経験したり、調査・研究したりしたことで、ようやく少しだけ明かりのようなものが見えて来たことだ。災害情報にとって極めて重要なことは、自治体側が情報を正しく発信することはもちろん大切なことではあるが、受け手、つまり住民側がその情報を正しく理解し、さらに危機感を持って行動してもらうことが必要だ。だが、それだけでは、避難行動にはつながらない。高齢者や体の不自由な方たちにとって、避難の必要性は理解してもその時になって体が動かない、動けないという実態がある。それが、二〇二二年夏に安富ゼミナールで行った岩手県岩泉町の調査の結果、少しだけ見えて来た。二〇一六年八月に同町を襲った台風一〇号で、老人施設のお年寄り九人が亡くなったいわゆる「楽《ら》ん楽《ら》んの悲劇」を教訓に同町が取り組んでいる試みだ。情報を流すだけでは逃げてくれない。逃げられない人たちをまちぐるみで助けようという取り組みだ。この点については、後に詳しく述べるが、要するに、情報を出して受け取ってもらっても、実際に避難行動につながらない人たちがこの国には多く存在する。高齢化が進むこの国で、社会として、動ける人が動けない人を助ける。そういった取り組みだ。筆者はこれを仮に「岩泉メソッド」と名付けた。災害情報の本質が少しだけ見えて来たと確信しているが、この点を中心に以降、社会防災学科のあゆみと共に述べてゆく。

このシン防災の企画では、阪神・淡路大震災と東日本大震災を経験し、その後、この社会防災学科という日本で唯一、「防災」を名乗る学科が発足し、多くの被災地を学生たちとボランティアで訪れた数々の体験、講義やゼミ活動を通じて得た新たな知見、さらに学科の先生方や研究者仲間と培ってきた成果なども改めて検証してみたいと思う。この一〇年だけでなく、この学科に所属することになった経緯、遠くは、二八年前の阪神・淡路大震災から、一二年前の東日本大震災との関連も示したい。

[1] 阪神・淡路大震災から人と防災未来センター研究調査員に

一九九五年一月一七日未明に発生した阪神・淡路大震災は多くの人の人生を変えた。筆者もその一人だ。その前日までは、読売新聞大阪本社社会部の記者だった。しかし、一夜明けて、記者であると同時に、神戸で生まれ育った者にとっては、被災者の一人となった。生まれ育った神戸市灘区の街は、跡形もなく、両親や親せきに地

写真１　阪神・淡路大震災当時の様子（写真提供：神戸市）

震の犠牲者はなかったが、高校の先輩夫妻は倒壊した家の下敷きになって死亡した。この日から、未曽有の大地震を後世に伝える作業に没頭した。読売新聞大阪本社阪神支局次席として、若い記者たちを指導しながら、この地震の恐ろしさ、教訓などを伝えるべく、連載記事などのデスク作業に徹した。初めは主に軟派記事と呼ばれる震災で犠牲となった子どもたちや、様々な人生を追う記事を重ねた。次いで、硬派記事と呼ばれる地震のメカニズムや震災による社会の変化などを伝える連載なども掲載した。

もちろん、新聞社のデスクとして、震災の悲劇を伝える仕事として続けていた。阪神支局次席から神戸総局次席、一年間の松江支局長を挟んで、本社地方部の次長として一〇年近く、新聞記事を書くことによって、震災を伝え続けた。

転機が訪れたのは、震災から一〇年経った二〇〇五年春のことだ。当時の読売新聞大阪本社の編集局長に「どこかで一年間、地震や防災のことを勉強してこないか」と言われ、人と防災未来センター（以下、人防とする）の門を叩いた。論文と面接を経て、研究調査員になったのが、二〇〇五年七月だった。この時から、研究テーマが「災害情報、もしくは防災報道の問題点」となった。研究者になることなど、新聞記者になった身としては、全く予想されたものではなく、謂わば〝青天の霹靂〟だった。人防では、次代の防災研究者を育てるという理念の元に三〇歳代の博士課程を終えた研究者らが一〇人程度いた。そこに五〇歳の筆者が混じって研究や発表、公務員への研修などをこなした。論文を書くのも初めてで、当時世に流行り始めたPowerPointでのプレゼンテーションも初体験で戸惑いの日々だった。

ただ、全国の防災研究者らが毎日のように訪れるこのセンターは、非常に知的好奇心をくすぐられ、大いに勉強となった。もちろん、災害情報を調査研究することが主だったが、その他、地震や防災にとっての基本的な知識や知見を基礎から学ぶことが出来た。さらに、研修に全国から参加する地方公務員との交流も「災害情報の発信」に関して極めて有用だった。マスコミの立場から見ていた公務員の姿は、研究者の立場に立ってみれば、また違った風に見えることも知った。ここで、地方公務員対象に行われている講座で、教員役を務め、特に、図上訓練という、災害が発生したと仮定し、架空の市の災害対策本部で、災害対応を実践したり、マスコミ取材を受けたり、記者会見を開いたりする訓練は、教える側にとっても非常に重要な訓練となった。

ここで学んだことは、多くの基礎自治体の職員はマスコミを異常に恐れており、新聞やテレビの記者たちが取材に来るだけで、嫌悪感を抱く職員がほとんどだということだ。そこで、人防の図上訓練の大きな目標は、「災害時に効果的な情報発信をするためには」となり、マスコミの取材を受動的に受けるのではなく、「能動的な情報発信」を出来るようになることが、研究の主体となった。毎年一度、冬に行われるこの図上訓練は、災害情報の発信の研究にとって極めて有意義なものとなった。その根本は、まず、自治体側が情報を発信する相手は住民であり、災害時に押しかけるマスコミは、この住民へ効果的な情報を発信するための〝ツール〟として利用するということだ。そのための記者対応の鉄則や記者会見の運営方法など、ノウハウ的なものから理念的なものまでを研究対象とした。その成果を今、全国の自治体職員などの研修機関に赴いて、研修の中で教えている。

さらに、人防では、災害が発生すると、その自治体への助言活動をしており、人防に在籍した一年間だけでなく、その後も多くの被災地を訪れ、災害対策本部での災害対応などの現実も見られたことも大きい。また、過去の地震、噴火、水害の被災地を訪れることも多く、この一年間に、噴火災害の三宅島、雲仙普賢岳、有珠山、さ

写真2　人と防災未来センターで行われた災害時の図上訓練（2005年12月）

らにハリケーン・カトリーナが襲った米ニューオーリンズへも調査に赴いた。地震だけでなく、噴火や水害など、ハザードの違った災害からの復興ぶりを調査することで、共通すること、しないことなどを分析することが出来た。また、それぞれの被災地には、この災害の教訓を伝えようと努力する人たちや、復興に尽力する人たち、様々な被災地交流も生まれ、筆者の大切な人脈となっていることも事実である。

そんな一年だったが、この社会防災学科が誕生するうえで、極めて重要な出来事もあった。それは、前林清和・現代社会学部長（現職）が突然、筆者の研究室に現れたことである。二〇〇五年九月か一〇月の夕刻だった。要件は、神戸学院大学防災ユニットで災害情報の授業をし、客員教授になることだった。研究者になって間もなく、大学で授業をした経験はほとんどなく（マスコミ論的な授業を学外でしたことはあったが）、PowerPointの習熟もままならない状態だったので、とにかくお断りした。しかし、前林氏は諦める様子もなく、「とにかく模擬授業を設定しているので、試しにやってほしい」と言われたので、仕方なく引き受けた。防災ユニットで学ぶ学生が二〇〇人近く受講していたように記憶しているが、大汗をかきながらの講義で、何を話したかも覚えていない。

翌年から少しずつ、講義を行ったが、この強引とも言える勧誘がその後の人生を変えた。九年後に、神戸学院大学に九番目の学部・現代社会学部社会防災学科が発足し、災害情報を専門とする教授として就任した。

［2］本社災害担当編集委員〜東日本大震災〜開学科へ

二〇〇六年七月に本社に戻り、読売新聞史上初の災害担当の編集委員になった。阪神・淡路大震災の発生から一一年。念願の防災の専門記者だ。他人の原稿をチェックするデスク稼業を一〇年近くやってきたが、防災の専門記者になることは一種の夢だった。当時東京本社に航空機事故を専門とする編集委員がおられ、憧れだった。各地の被災地に飛んで行き、過去の被災地も精力的に訪れた。能登半島地震（二〇〇七年三月二五日）、新潟県中越沖地震（二〇〇七年七月一六日）、岩手宮城内陸地震（二〇〇八年六月一四日）などなどだ。多くの地震被災地での教訓を全国版の解説面に掲載した。

また、その頃に大きな課題となっていた、被災者生活再建支援法の成立についても何度も全国版紙面を割いた。地震や水害、噴火などの災害で自宅を失った被災者のための支援制度で、現在では全壊世帯に最大三〇〇万円を支給されるものだが、当時の政府は財務省を中心に「私有財産の形成につながる」との理由で難色を示していたが、防災研究者や弁護士らの声が国に届き、ようやく二〇〇八年五月に成立した。防災の専門記者として面目躍如たる記事だった。

しかし、五五歳になる二〇一〇年春に、部長職である編集委員の職を解かれ、関連会社に出向となった。その翌年の三月一一日、東日本大震災が発生した。関連会社員としては、被災地に行けない。切歯扼腕していたある日、前林学部長と舩木伸江・現代社会学部社会防災学科教授（現職）から「東北に行かないですか」と誘われた。三月末の四泊五日の調査だった。有休を取って行った。宮城県南部の名取市閖上からタクシーで北へ、仙台市荒

写真3　東日本大震災での現地調査（2011年3月末）

浜、石巻市、気仙沼市、女川町、大船渡市。今までに見たことのない壮絶な被災地の姿だった。何もない被災地で立ち尽くした。その時、決めた。その頃、神戸学院大学社会防災学科の設立が申請されていたので、この学科で防災を教えたい！多少の紆余曲折はあったが、論文を重ね、単著の本も書き、大学教授になった。二〇一四年四月、全国でも珍しい防災学科が誕生した。

［3］社会防災学科開学

新聞記者から大学教授へ。全く違う世界で戸惑いの連続だった。授業を始める前に、様々な準備が必要だった。新しく始める授業ばかりなので、シラバス構成はもちろんのこと、実習に重きを置く学科だけに、様々な実習先との調整が必要だが、なかなか骨の折れる仕事だった。特に、初年度からそれまでのユニット時代と中身を大幅に変更することにした、防災実習Ⅰは大変だった。前年度までの担当教員の協力を全く得られずに困った。安富と中田敬司教授、伊藤亜都子教授の三人が担当することになったため、それぞれの教員が得意とする出先と交渉することにした。安富は、人防と神戸新聞、医療関係とＤＭＡＴが専門の中田先生は兵庫県立災害医療センターなど、被災地の復興を研究している伊藤先生は灘区六甲道や長田区野田町などと折衝した。結果的に、神戸市内にある被災地や研究機関、自治体が含まれており、防災入門の見学施設としてうってつけだった。

座学では、新聞記者の経験からマスコミ論、災害情報論Ⅰ、Ⅱなどを専門科目とした。さて、その災害情報だが、冒頭にも書いたように、「命を守る大切な情報である」と声を大にして言っても、学生たちの反応はもう一つだった。そもそも、災害情報という学問は歴史が浅く、わが国では、そんなに多くの研究者が研究対象とはしていない。学問ではなく、まだ、論の段階であると筆者は理解している。災害情報を広く深く研究したのは、故廣井脩・元東京大学大学院教授だ。廣井先生は、阪神・淡路大震災以前から、災害時のマスコミ報道や、自治体の情報発信についての研究を続けており、特に阪神・淡路大震災以降は、一九九九年に災害情報学会を発足させ、初代会長になり、災害情報の課題に取り組んできた第一人者だ。残念ながら二〇〇六年四月に五九歳の若さで亡くなられたが、筆者は人防調査研究員時代に一度だけお会いし、話を伺ったことがある。廣井先生の災害情報論は市井の住民にも非常に的確でかつわかりやすい論調だった。東京大学大学院情報学環を中心にお弟子さんたちが今も廣井イズムを受け継いでいる。東京大学新聞研究所助手から助教授、さらに同大学社会情報研究所に改組された後は教授、所長も歴任されたように、新聞、テレビなどのマスコミ関係者との親交も深かった。

とは言っても、当時の災害情報学会はまだ、災害情報をどのようなツールで発信すべきか、とかマスコミ報道の弊害とかの議論が主だったように記憶する。筆者は人防に所属した二〇〇五年に同学会に入会し、人防の研究仲間と合同で「自治体における能動的な広報とは」などといった学会発表をした記憶がある。前述したように、まだ学会が発足して数年の歴史だったから致し方ないのもしれないが、まだまだ、災害情報の本質には迫っていなかったように感じていた。そういった意味では、災害情報が「学」ではなく、「論」にとどまっているのはその辺りに理由があるのかもしれない。で、座学の災害情報論Ⅰこそ、履修必修で防災学科の一年生は全員が受講していたが、災害情報論Ⅱとなると、履修者はわずか二〇人程度と不人気だった。筆者の教え方が確立していなかったこともあるが、災害情報そのものの重要性が学生たちに理解されていなかったのだろう。そんな切歯扼腕時代から少しずつ視界が広がったのは、次に述べるボランティア活動と海外実習だ。

［4］災害ボランティア活動と海外実習への参加

神戸学院大学は、現代社会学部社会防災学科が発足する以前から、防災・社会貢献ユニットという各学部から選出された防災を学ぶコースがあり、二〇一一年三月に起きた東日本大震災では、ユニットの学生を中心に何度も東北の地にボランティアに行った。宮城県石巻市や松島町など、今も長期ボランティア活動が続いている。筆者も客員教授の時から何度もボランティアバスに揺られて、東北の地を訪れ、微力ながら活動をした。大学側がバスをチャーターし、だいたい一度に四〇～五〇人の学生を被災地に派遣し、金曜夜に出て日曜夜に帰る一泊三日とかの日程で現地活動をするパターンだった。そうした伝統が防災学科発足後も受け継がれた。学科開学の二〇一四年八月一六日から一七日にかけて発生した兵庫県丹波市の豪雨水害や、その三日後に七七人が犠牲になった広島市の土砂災害で、神戸学院大学はボランティアバスを派遣した。特に丹波市には、大学が派遣したバス以降も、社会連携部と協力して九月～一一月の週末に五回ほどのボランティア活動を実施した。

その後、二〇一六年四月の熊本地震、二〇一七年七月の九州北部豪雨、二〇一八年七月の西日本豪雨、二〇一九年一〇月の台風一九号被害の宮城県丸森町と毎年のように被災地支援に行った。西日本豪雨では、地元の神戸市灘区篠原台の被害も酷く、日本避難所支援機構の金田真須美・事務局長（現職）と一緒に安富ゼミ生らを中心に一〇人程度で三日間、ボランティア活動をした。

災害情報とボランティア活動はあまり関係ないように思われるかもしれないが、筆者にとっては非常に関係性が深い。というのも、ボランティア活動は比較的災害の発生直後に行われるために、学生たちがボランティア活動をしているのを横目に、被災した方々のつぶやきを聞くことができるからだ。もちろん、ボランティアに行って、被災者から根掘り葉掘り聞くことは許されないし、非常識だ。しかし、ボランティアに行った人なら理解されると思うが、被災した方の傍にいると、聞くともなく聞こえてくるつぶやきがある。誰かに聞いてほしいという心理だ。たいていが、「突然、水が家の中に流れ込んできた。びっくりして慌てて逃げた」とか「まだ大丈夫だと思っていたら、役所の人が回って来て、避難するよう促された。良かったよ、逃げた直後に濁流が入って来たよ。命拾いしたよ」。災害直後の様子が手に取るように聞ける。遠慮がちに質問をすると、多くの方が丁寧に説明してくれる。なぜ逃げたのか？　逃げなかったのか？　どうやって逃げた？　だれに避難を促されたか？などなど。貴重な情報がボランティアの傍ら聞けるのだ。

後に、この体験が本格的な調査に役立つことも多い。すなわち、ボランティアで訪れたことを縁にして、ゼミの学生たちと一緒に後に訪れて、災害情報、例えば「人はなぜ逃げないか？」という調査が出来たのも、ボランティア活動がきっかけだった。その調査・研究については後に詳報する。

社会防災学科のもう一つの大きな特徴は、海外実習である。この三年間はコロナ禍で中断しているが、ユニット時代から、カンボジア、フィリピン、インドネシアに一〇人から数十人を夏休みや春休みに実習として一週間程度、訪れる。防災というより、国際貢献を学ぶのが目的だが、これも、カンボジアやインドネシアは世界でも

写真 4　2016 年 5 月熊本地震でのボランティア活動

写真 5　2018 年 7 月　神戸市灘区篠原台での活動

写真 6　各地を訪れた神戸学院大学のボランティア活動

写真 7　インドネシア・メラピ山の火山活動を調査する海外実習

有数の災害国であるから、海外における災害情報の実態や方法なども学ぶことが出来る。カンボジアにも何度か参加したが、筆者は三年生以上が参加できるインドネシアジョグジャカルタでの海外実習を引率している。二〇一九年九月にメラピ山という噴火火山の地を訪れて、火山災害の予知、住民への情報発信などを学ぶもので、「ケントンガン」と呼ばれる打楽器のようなもので、火山噴火の急を知らせることを知った。

［5］ボランティアインターンシップとさんだ防災リーダーの会――

実習科目と同様に、この学科にはユニークな科目がある。それは、ボランティアインターンシップというものである。これもほぼ履修必修の科目で、要は、神戸市やその周辺市でＮＰＯやボランティア活動をしている団体の活動に一定期間参加して、ボランティアの重要性を学び、単位を取得できるシステムである。教員が知り合いの団体を紹介するのだが、筆者は三田市の防災士が市内の防災活動や避難訓練などを支援する「さんだ防災リーダーの会」の現相談役で元会長であった縁で、この団体を紹介している。毎年五人程度を受け入れてくれ、学生たちは生のボランティア活動を体験することができる。

実は、さんだ防災リーダーの会では、災害情報の面でも有意義な活動をしている。筆者が会長を務めていた一〇年ほど前、三田市から業務提携を提案された。それは、関西学院大学三田キャンパスの総合政策学部にいた関係で三田市の防災アドバイザーを務めていた室崎益輝・神戸大学名誉教授が、三田市にとって重要な三つの防災対策を提案したが、その一つが、住民が自分たちの町を歩いて危険個所などを点検し、それを防災マップに落とし込むという提案だ。その活動に協力する業務提携だった。以来一〇年、市内三〇か所以上で住民独自のわが町の防災マップが出来上がっているが、さんだ防災リーダーの会が全面的に協力している。その活動に学生たち

写真８　さんだ防災リーダーの会の活動に参加するボランティア・インターンシップ

が参加している。防災の知識に疎い住民たちにわかりやすく防災マップ作りを教えることは、同時にそれぞれの地域の置かれている防災面の課題を知ることができ、さらに各地区の住民たちが災害情報に対して、どう理解しているかも調査できる。実際にほとんどの住民が被災した際にどこの避難所に行けばよいのか知らないという実態が一〇年前には明らかになっている。最近では、各地の水害被害を見知った住民たちに、避難情報の重要性への理解が進んできている実態も目の当たりにできる。

［6］ゼミ活動を中心とした学生たちとの研究成果――――

1　ゼミ活動

さて、ここまで書いてきて、ようやく本論に入る。災害情報、筆者が約二〇年前に人防の調査研究員になった時からの研究テーマだ。前述したように、当初は、災害情報を発信する側の自治体の課題、それを世間に知らせるマスコミの災害報道について考えて来た。しかし、大災害の発生が積み重なられるたびに、疑問が出て来た。最近になって基礎自治体の情報発信のスキルは格段に上がってきているのに、逃げない住民が多く、いつまでたっても災害で犠牲になる人が跡を絶たない現状を見て、「なぜ、人々は逃げないのか？」という原点に立ち返ったような疑問に行き着いたのだ。そこでゼミ活動を通じて、ゼミ生の協力を得て、この疑問を晴らすべく調査を始めた。

その前に、本学社会防災学科のゼミについて、少し説明しよう。防災学科の定員は一学年九〇人。それに対して、教員側は学科発足当時一〇人いたが、二〇二三年四月現在、九人となった。毎年この学科に入学する学生は九〇～一〇〇人程度なので、二年の後期から確定するゼミは概ね一学年一〇人前後である。教員陣は、主に防災を専門とする教員が六人で、ボランティアや国際貢献を専門とする教員が三人いる。防災側は、防災教育、災害医療、災害情報、復興のまちづくり、消防と行政、地震学を中心とした理系教員。社会貢献側は、ボランティアと国際貢献の教員で構成している。この多彩な専門を有する教員を見て、学生たちはそれぞれの興味や進路に合わせてゼミを選択する。一年時は、入門ゼミⅠ、Ⅱで、防災学科で何を学ぶのかを学び、研究調査、プレゼンテーションの仕方を勉強する。二年になって志望するゼミを選び、後期から卒業する四年まで同じゼミで学び、調査や研究をする。

安富ゼミでは、二年時には、主に情報とは？　文章を読み、文章を書くこと、さらに、インタビューの仕方、質問の仕方、報告書の書き方などを学び、三年時には具体的な調査場所を選び、全員で調査研究に取り掛かり、報告書をまとめ、三年時の最後に社会に向けて発表する。具体的には、人防が中心となって進めている阪神・淡路大震災やその後の大災害を後世に伝え、教訓とする企画「災害メモリアルアクションＫＯＢＥ」のイベントに参加し、年間少なくとも三回はプレゼンテーションしている。二〇一六年からゼミ生をこの企画に参加させているが、当初は災害情報とは直接関係ない、「阪神・淡路大震災の教訓とは？」をテーマに被災者へのインタビューをしたり、それを新聞にまとめてきたりした。四年間このやり方を繰り返して、二〇一九年から、本格的に「人々はなぜ逃げないか？」に取り組んできた。そこでようやく見え始めたのが、冒頭に述べたことである。以下、詳述する。

2　調査研究の成果

二〇一九年、安富ゼミ五期生に課したテーマは、二〇一四年八月に起きた「丹波水害」だった。第〔5〕節でも書いたように、この水害にゼミ生や希望者を五回、ボランティア活動に連れて行った体験が頭にあった。この水害は三日後に起きた広島市の土砂災害と雨量や土砂崩れの規模などがほぼ同程度だったのに、広島市では七七人が犠牲となり、丹波市では死者は一人だった。もちろん、住宅密集地での土砂災害である広島に比べて、丹波は比較的人口が少ない地域であったという側面もあるが、被害の概要や被災時の住民の行動などが明らかになるに従って、多くの人が避難行動を取ったことがわかった。「なぜ人は逃げない」を解明する前に、この丹波の事例から「なぜ逃げたのか？」を調査・研究することとした。

五期生がまだ二年だった二〇一九年秋から、三年になった二〇二〇年冬にかけて、ゼミ生一二人が丹波市の二地区を訪れ、当時の区長（この地域での自治会長に匹敵する役職）や副区長、実際に猛烈な雨の深夜に逃げた人の話を聞いた。ゼミ生には、災害エスノグラフィーという手法、つまり、被災した人々に予見や偏見を持つことなく、忌憚なく彼らが語る話に耳を傾けるやり方であるが、合計四時間以上のインタビューを実施した。そのテープを起こして、あの日あの時、住民たちがなぜ、どのように逃げたのかを淡々と報告書にまとめる作業を続け、二〇二一年一月九日に人防で開かれた「二〇二〇年度災害メモリアルアクションＫＯＢＥ」で発表した。その一部を紹介する。二〇二二年三月に卒業し、現在兵庫県立大学大学院修士課程に所属する北脇敬吾さんの卒業論文から抜粋する。

災害メモリアルアクション ＫＯＢＥに参画し活動報告をすることを最終の目標とし、丹波豪雨災害について調査してきた。何故この災害を取り上げたか、理由を二点から述べる。

一点目は、人的被害の少なさである。丹波豪雨災害は二〇一四年八月一六日から一七日にかけて発生し家屋等被害一〇二三棟、被害額九四・四億円という甚大な被害をもたらしたが、この災害における死者は一名となっている。一方で七月六日から七日にかけて発生した、平成三〇年七月豪雨での広島市の被害は、同時期に発生した同じ規模の被害があった丹波市での豪雨災害と比べても死者数が多い。一体何故これだけ犠牲者の数に違いがでたのかである。二点目は、この成功事例が全国的に認知されていないということである。広島での豪雨災害の方が、より多く報道され注目されたという事とも関係していると考える。実際に、丹波市と広島市では雨量や被害規模は大きく変わらなかった。それにも関わらず広島市の被害に世間の注目が大きく集まったのは、やはり死者数が広島市の方が多かったからだと思う。それ故に、ほぼ同じ規模の被害があった丹波市の災害は忘れられていた。

以上の二点から、丹波市が被害を抑えることができたのには偶然ではない理由があり、その成功事例をもっと世間に広めることが命を守る情報につながるのではないかということで、災害時の避難のあり方について考えるという主題のもと、現地調査・インタビューを行った。調査の方法としては、現地に出向き、避難の中心となった人達から直接当時の話や成功のターニングポイントとなった場面をインタビュー形式で聴き、そのやり取りをレコーダーで録音した。そして一言一句そのまま文字に起こし、矛盾点や深掘りする内容に焦点を当て、また再度現地を訪れる。これを繰り返し情報の純度をより上げていくことが狙いであった。

写真9　丹波市鴨阪地区自治会の話を聞く（2020年10月）

丹波市は、市から一世帯に一機無償対応で、地区全体的に防災無線が設置されている。そして、新しく転入された方には、防災行政無線を渡されている。また消防団員には別に、消防団員用の無線機がある。さらには屋外用のもあり、災害に遭うのは家の中だけではないため、雨による音の遮断や密集せずに離れている集落に効果的である。

日頃から、緊急時のテストも兼ねて定時放送という形でJアラートなども含め、行政伝達を行っている。緊急放送は復習式で、最大音量で行われている。昔から住民の訃報の知らせとしても用いている。また自治体が災害直後に住民がすぐに避難できるように独自の判断で公民館を開放できるなど、過去の災害を教訓に他の地域と比べ防災意識が高かった。

調査を通じて、被害を最小限に抑えることができた一つの大きなポイントとして地域コミュニティの確立があげられた。丹波市は神戸市とは違った環境が地域の団結に大きく関与した。都会になればなるほどそれがなくなってしまう。例えば丹波市では、昔から毎月一回食事をするような催しがある。「常会」という場を設けて、世帯主の一人が必ず参加し、意見を交換する場である。お祭りや何かの行事をすることもある。お米の収穫時期やお正月などである。その「常会」に来ていない人などが居れば、「今日は来てないな」と心配し、連絡をする。無理にコミュニティを作ろうとはしていない、それがいいのである。都会の環境では滅多にないものであると言える。また、その土地に生まれた人が都会に出ることなく、居心地良く感じることにより住み続けることで昔から付き合いというものが自然にできあがっているそうだ。そうした付き合いの先に、お隣さんのおばあちゃんは一階のこの部屋で寝ているといったより具体的なコミュニティとなっていく。また年配の方が集まり、一〇〇歳まで元気に生きられるようにと、「一〇〇歳体操」という取り組みも行われている。こうして長く根付いた地域のつながりが、確立したコミュニティとなり、避難の際の共助・近助の力がより機能し、避難の成功に大きく作用している。

この地域コミュニティを確立するために日頃から心がけている九つのことは、①顔を合わせたときには挨拶をする②近隣の家族の名前を覚える③何気ない親切を日頃から実行する④ルールを守って秩序ある生活をする⑤噂話には耳を貸さない⑥借りたものは早く返す⑦地域の活動には積極的に参加する⑧共同作業は住民としての義務⑨ペットの飼い主はマナーを守る。

当たり前のことばかりであるが、一〇〇%できているかと思うとできていないことが多い。しかしこの九つのことを日頃から実践し習慣付けることで、地域コミュニティが確立し災害時に大きな力になると考えるとやらない訳にはいかない。

この丹波豪雨災害による死者は一人であった。住民の方へのインタビューによると、「何度も避難を呼びかけたが、行動をしていただけなかった。」とのことであった。被害者宅は敷地山面に擁壁を施しており、裏山は竹藪であったことから、防災に自信を持っていたのではないかと考えられた。竹藪には、昔から「地震の時は竹藪に逃げろ」という諺があるが、今回の豪雨災害ではこの竹藪が崩壊し住宅を押し潰した。

以上のことを踏まえて、避難の呼びかけに対応して頂けていたならば死者はゼロであったと思うと、避難の重要性を身に染みて感じることができる。災害時に近隣間で助け合える「近助」につながる、日頃からのコミュニ

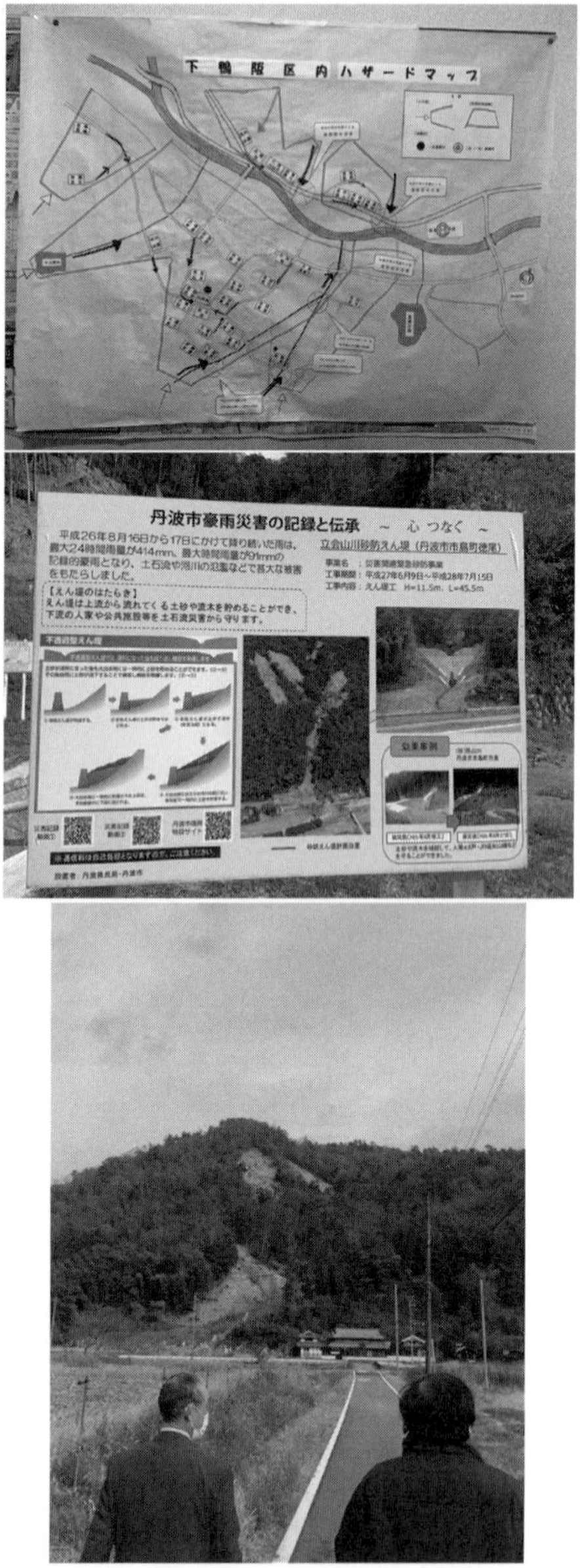

写真10　丹波市での現地調査（2020年10月）

ティを学ぶきっかけとなった。条件などは違うといっても、広島県の災害被害規模が同等であったことから、この丹波地域のコミュニティの結束力の高さが垣間見えた。

ひとは一人では生きていけない。それぞれの存在によって社会が成り立っている。だからこそ「自分でできることは自分で対応」が基本である。しかし、身体が不自由であれば自分でできることに限りがある。誰でも病気になるときがあり、誰でもいつかは歳をとる。しかし、病人・高齢者・障がい者になりたくてなった人は一人もいない。可能な限り自分のことは自分でした上で、それでも対応できないときは隣人や行政に助けを求めていい。いずれ歳を取れば誰でも助けられる人になる。元気なうちは少しでも助ける人になっておこう。

そして、苦しい時、辛い時、困ったときは、一人で悩まないで近くにいる人や行政に相談していい。隣人同士どこかで迷惑をかけあい、助け合いながら生きている。それがお互い様である。べたべたした付合いはせず、プライバシーに深入りせず、普段から気持ちの良い挨拶ができる「ほどよい距離感」で、隣人にも関心を持つことである。困っているな・変だなと思ったら、近くにいる人がためらわずに声をかけ、助ける人になる、傍観者にならない心、それが「近助」である。

防災は「自助」「共助」「公助」が基本といわれてきた。私はそれに「近助」を加えることを提唱したいと思う。「自助」は、自分や家族を自分で守ることである。また、自主防災組織や自治会などみんなで助け合う「共助」、そして自治体・警察・消防・自衛隊などの「公助」も大切である。しかし、大規模災害時は防災関係機関がすぐに全ての被災者宅に駆けつけることはできない。公助には限界がある。またいざという時、不特定多数の「みんな」より、家族、隣人、向こう三軒両隣など、近くにいる人が頼りになる。少子高齢化時代は、みんなで助け合う共助と共に、顔の見える近くにいる人が見守り、近くの人が助ける近助が不可欠である。自治会や自主防災組織の中に向こう三軒両隣の防災隣組をつくるといいと思う。地域だけでなく、学校、職場、出先などその場その場の近助の実践が重要である。学校でも、職場でもいじめをなくすことができるのは、近くにいる人である。見て見ぬ振りをせず、近くにいる人が助け合わなければ、いじめはなくならない。電車の中、コンビニなど出先で困っている人がいたら「お手伝いしましょうか」と声をかけよう。こうした近助という思いやりの心が浸透していけば、これからもずっと住み続けたいまちになる。

続く六期生は、二〇一八年七月の西日本豪雨の被災地で調査、インタビューをした。この時も、以前に赴いたボランティア活動が生きた。選んだ被災地は、岡山県倉敷市真備町と神戸市灘区篠原台。この二つの被災地は、これも前述したが、大学からのボランティアバスが出て、筆者も学生たちと一緒に活動した真備町であり、もう一つは、ゼミ生や学科の有志を連れて入った篠原台だ。真備町は防災研究者仲間である阪本真由美・兵庫県立大学大学院減災復興政策研究科教授が真備町岡田地区で地区防災計画を策定するためのお手伝いをしていると聞き、学生たちを防災訓練やワークショップの手伝いをする傍ら、合間を見て住民の方々にインタビューをさせていただく約束で参加させてもらった。二〇二一年一〇月と一一月の二回、ゼミ生が数人ずつ調査に入った。二〇二二年春に卒業した青野柚花さんの論文から一部引用する。

写真11　丹波市鴨阪地区の聞き取り調査（2020年10月）

平成三〇年六月二八日～七月八日間で起こった西日本豪雨では岡山県では九五人が亡くなり、そのうち倉敷市の被害者は八割ほど占めていた。そこで令和三年一〇月一七日に倉敷市内の岡田地区にある岡田分館で住民の方が集まる「岡田地区防災計画会議」に参加し、インタビューとアンケート調査を行った。

訪れた岡田分館付近では、西日本豪雨の際、二m三cm浸水したそうだ。水害から三年の月日が経った岡田地区の様子は、新しい住宅が並びつつある一方、仮設住宅や更地が残っており復興したとは言い切れない状態であった。

岡田地区が被害にあったのは、七月七日の末政川の決壊がきっかけである。前日の六日午後一〇時に真備町全域に発令された避難勧告で避難所指定されている岡田小学校に二〇〇〇人もの避難者が集まった。予想よりはるかに多い人数の避難であったため、雨の中グラウンドで段ボールを敷いて一夜を過ごす人も多かったそうだ。さらに、避難先へ車で移動する人々が多かったことから道路は大渋滞、別の避難所へ移動する人もいたそうだ。

写真12　真備町岡田地区の防災会議（2021年10月17日）

翌朝六時半に末政川が決壊し、一時間に八cmの単位で水が浸水し始めた。しかし、天気は晴れており、家に帰る人が多かった。帰宅後、水害に気づかず逃げることができず、自衛隊の救助を待つ人が多くいた。岡田地区での死亡者は六人、身体の一部が不自由な人、その補助をしている方で一度家に帰って被災したため命を落としてしまった。被災後、倉敷市の被害がマスメディアに拡散されると多くの大学生が復興の手伝いに来た。被災した九日後に祭りが行えたほど復興が早かったそうだ。

「岡田地区防災計画会議」に参加された住民の方二二人を対象にアンケート調査を行った。まず、西日本豪雨の際、避難をしたかの問いに対

浸水は約１，２００ｈａ（真備地区の約２７％），最大水深は約５．３８ｍ

図１　ハザードマップ（出典：国土交通省国土地理院）

して一七人が避難したと回答した。また、避難したと回答したほとんどの方が岡田小学校や避難所で過ごしていたことが分った。続いて、当時避難情報を聞いていたかの問いに対して、避難していた・避難していなかったに関わらず、何らかの手段で避難情報は得ていた。しかしながら、日常からハザードマップの確認がとれていた方は避難されていた方のみで五人、全体で八人しかいなかった。

　岡田地区まちづくり推進委員副委員長の岡野照美さん（七〇歳）に話を伺った。岡野さんは岡田地区に隣接している辻田区に住み、二ｍ五〇㎝浸水したそうだ。七月六日、岡野さんは母親の看病のため、倉敷市の南側にある小島で一日過ごした。翌朝、テレビを見ると、水に浸かった真備町が映し出され、大変ショックを受けた。「今まで真備町の防災について対策や研修等を四年間行っていたのに何もできなかった。住民の人に指示や一番辛い時になんにもすることができず、ただテレビの前で地団駄を踏むことしかできなかった」と話した。そしてすぐに岡田分館へ向かったが、すでに

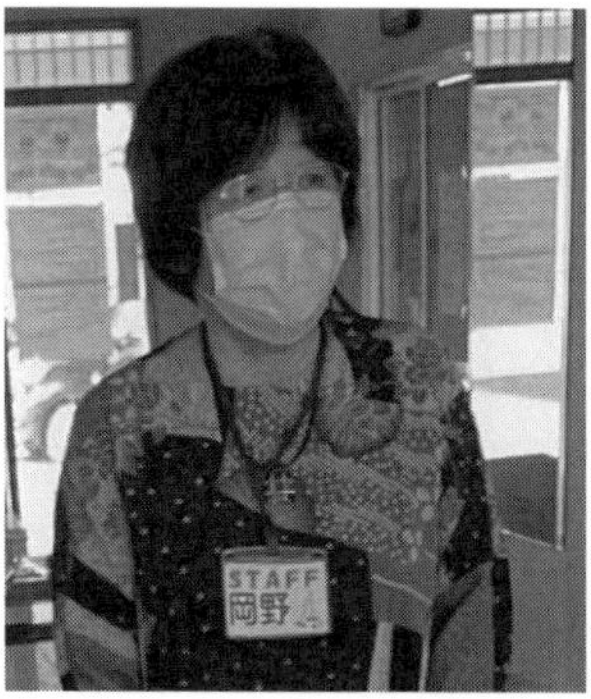
写真 13　岡田地区の岡野さん

末政川が決壊していることに気づかないまま、避難者のために炊き出しや物資の準備を行っていた。そこで、「水がそこまで来ているから逃げろ」と言う声が聞こえたのですぐさま避難したそうだ。

岡野さんは言う。過去に何度か小田川が決壊したことはあったが、末政川の決壊や岡田地区に水害が起こることは今までなかった。日々の研修は避難者の受け入れの研修をしていたため、自分たちが逃げることを想定した研修はしていなかった。まさか自分たちが被災者になるとは思わなかった。今までのような明るい町を絶対取り戻したい、と覚悟を決め復興に臨んでいる。現在、この災害を機に、岡田地区専用の逃げるための資料を製作、地区の集まりを開くなど災害から岡田地区を守るために日々奮闘している。

同じく辻田区に住んでいる川口松紘さん（六〇歳代後半）の話を聞いた。川口さんの自宅も二m五〇cmの浸水被害があったそうだ。

被害前後の様子では、七月六日午後一〇時に真備町全域に発令された避難勧告の情報を川口さんは受け取っておらず、家を訪れた警察官から聞かされ、岡田小学校に徒歩で向かった。災害情報を受け取っていなかったのは、停電していたことや広報車の声が雨音でかき消されていたのが原因だそうだ。避難先では、大勢の人がいたため、一日をどう過ごそうと考えていた。翌朝、昨夜何も持たず慌てて家を飛び出したため、一度荷物を取りに帰宅した。その際、すでに末政川が決壊していたことに気づいていなかったが、幸いすぐに岡田小学校の方へと向かっていたため命に別状はなかった。

川口さんは地区防災計画会議で地域とのつながり、人と情報のやり取りを強調した。そして、インタビュー中でも「今思えば（災害の）情報を自分から取りにいかなかったのがダメだった。自分のことしか考えられなかった。」と繰り返し話してくれたので、後悔や二度と同じ過ちを繰り返さないという強い意志を感じた。

この調査を通して二つのことを実感した。一つ目は、現地調査の重要性についてである。岡田地区を訪れる際、西日本豪雨ではどのような被害が起こっていたのか、当時テレビで流れていた写真や動画などインターネットを通して事前勉強をしていたが、いざ現地に足を運ぶと、インターネットでは載っていなかったことや現地で災害を体験した人たちだけにしかわからないことを聞くことが多かった。このことから、現地の人から直接話を聞くこと、そして声を伝えるということを身を持って実感した。

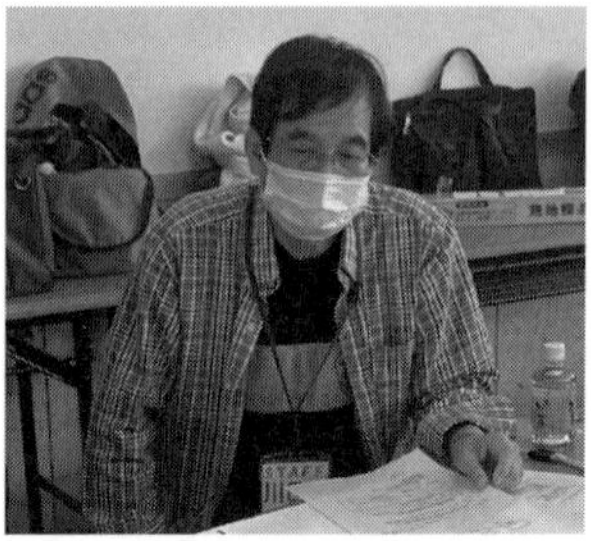
写真 14　岡田地区の川口さん

二つ目は、インタビューの難しさだ。岡田地区防災計画会議に参加している方は、元々地域の役職を持っている方が集まっていたため防災意識の高い方たちが多かった。そのため、インタビューも進めやすく、貴重な体験談を教えていただくことができた。しかしながら、初めての現地調査ということもあり、インタビュー時の聞く側の準備が不足していることが多かった。次回の調査では、現地で臨機応変な対応をとることができるよう指導教員からインタビューの方法について学び、今後、より良いインタビューを実行したい。

岡田地区の調査・インタビューから得られたことは沢山ある。しかし、究極的に言えば、「今後二度とこのような悲劇を起こさないために、何を実行するか？」である。そして、一一月に二度目の調査に訪れた際、一条の光を見た。それは以下に示す、地区で話し合った結果から生まれたものだった。

岡田地区内の五、六地区の代表が地区内で話し合いの内容を報告した。どれも、被災の体験から生まれた反省

写真 15　倉敷市真備町岡田地区での教訓

だった。その中で筆者が一番注目した項目が五番目の☆団地内に防犯組織がなく困ったので、コミュニケーションが日頃大切――だった（写真15）。この地区ではこの反省を基に、隣近所のコミュニケーションづくりを始めたという。簡単なことである。隣近所数軒単位でメールの連絡網を作って、何をするにも連絡を取り合うというものだった。この日の集会にも連絡を取り合って来たので、他の地区よりずっと出席率が高くほぼ全世帯が参加したという。こうした、住民相互の連絡システムは、災害が発生した時、発生しそうな時に、連絡を取り合って「逃げよう」につながるものと確信した。

　篠原台は、当時ボランティアに入った際にお世話になった元自治会長さんに電話して無理を言ってインタビューのお願いをした。同年一〇月の日曜日の朝、ゼミ生一二人が調査に入り一〇〇戸近くあるこの地区の一軒一軒を訪ねて、インタビューに答えてくれる住民を捜し歩く手法を取った。慣れないことながら、事前に知らないお宅を訪ねる作法や、調査の目的を伝える方法、インタビューの際の注意点などをゼミの授業で勉強を重ねたためか、住民たちは概ね快くインタビューに応じてくれた。正直言って、三年前にこのゼミ生たちの先輩たちがボランティア活動してくれたことを元自治会長さんが住民に説明してくれていたことが、快い協力につながったこともあるのだが。ともかく、一時間以上家に招いてもらい、当時のテレビニュースの映像や写真などをみせてもらって説明を受けた三人組や、自宅前で近所の人たちを呼んでもらい、集団インタビューになったケースもあった。

そして、防災聞き書き隊の三年目は、いよいよ東北岩手県岩泉町の「楽ん楽んの悲劇」の現地調査である。まずは、筆者が二〇二二年一二月に神戸学院大学ポートアイランドキャンパスで行われた社会貢献学会で発表した論文から紹介する。

神戸学院大学現代社会学部社会防災学科安富ゼミⅣ（三年生）では毎年一月、神戸市中央区の人防で開かれる「災害メモリアルアクション ＫＯＢＥ」に参加し、神戸市や兵庫県周辺で発生した災害を中心に災害情報論の視点で発表を続けている。今年度はようやくコロナ禍も落ち着いて来たため、二〇一六年八月の台風一〇号による豪雨災害で「楽ん楽んの悲劇」と呼ばれた岩手県岩泉町での現地調査を行った。さらに、二〇一一年三月一一日の東日本大震災で津波の被害を受けた同県大槌町での津波情報と、実際の避難についてインタビュー調査した。二〇二二年八月四日から七日までの三泊四日間の調査旅行である。

ゼミ活動としては、二〇一七年にこの大槌町と釜石市を訪れて現地調査して以来五年ぶりのことである。三年ゼミ生一〇人と二年ゼミ生三人の計一三人が参加。八月四日に神戸空港から仙台空港に降り立ち、ＪＲ東北新幹線、在来線を乗り継いで、釜石市、大槌町を順次訪れる予定だった。しかし、仙台空港に降り、鉄路に乗り換えた瞬間、震度四の地震に襲われた。仙台からの新幹線が大幅に遅れたため、釜石市での調査は断念し、初日はとりあえず、宿泊先である大槌町内のホテルにたどり着くのが精一杯だった。

調査初日の八月五日は、まず、岩泉町に向かった。借り上げのバスで宿舎から約二時間、町役場に着き、同町

写真 16　岩手県岩泉町で 2016 年台風 10 号の被害を聞くゼミ生

危機管理課総括室長兼防災対策室長の佐々木久幸さんと、同室主任の立花宗佳さんから、当時の状況と役場の対応を午前中いっぱい、聞いた。佐々木さんのＰＰＴを使ったきめ細かい説明に十分納得した。その中でも老人グループホーム「楽《ら》ん楽《ら》ん」への情報発信について質問したが、佐々木さんがまさにその時、「避難準備情報」を発信したご本人だったと聞き、頭の下がる思いだった。佐々木さんは「結果的に避難の情報が正確に届かなかったのは非常に残念。多くの命を救えなかった。その教訓もあって、その後の情報発信の改善と共に、情報は発して終わりでなく、きちんと届いているのかも確かめなければならないことがわかった」と話し、情報発信と共に、情報を受けた側がどんな行動を起こすかまで、注視しなければならないと強調した。具体的には、避難情報などを発信した後、地域の人たちがどのように、力を貸すのかなど計画を作ったり、訓練したりすることが重要と、毎年訓練を重ねていることも説明してくれた。

　佐々木さんと立花さんは午後から、実際に「楽ん楽ん」が濁流に呑まれた現場に学生たちを連れて行き、臨場感溢れる説明をしてくれた。

　この佐々木さんの説明を聞いて、「岩泉メソッド（方式）」という命名が頭に浮かんだ。そうなのだ。基礎自治体が住民に対して、避難情報を的確に発信しても、その情報が意味することを住民が正しく理解しても、その時、その場で避難しなければ、まさに絵に描いた餅になる。岩泉町では、沈痛なる悲劇を体験したからこそ、「二度とあってはならない」と痛感したのである。そこから生まれたのが、町ぐるみの避難行動である。

具体的には、「楽ん楽ん」のあった場所の向かいにある介護老人保健施設「ふれんどりー岩泉」と、すぐ近くにある「岩泉ヨーグルト」を製造販売している「岩泉ホールディングス」(株)が災害時の協定を結び、いざという時には、ホールディングスの従業員がお年寄りの救助、誘導に駆け付けるシステムを構築しており、毎年、訓練を実施していることである。これについては、二〇二三年八月にも二、三年生のゼミ生と共に現地を訪れ、さらに詳しく調査・インタビューする方針だ。

〔7〕課外活動と市民講座、公務員研修

少し脇に逸れるが、社会防災学科では、課外活動が盛んだ。一期生時代から始まった「防災女子」は発足当時から注目を浴び、新聞やテレビなどのマスコミで何度も紹介されている。女子の視線で防災に取り組むサークルで、備蓄食料を上手く料理に取り入れる「ローリング・ストック法」や避難所でのプライバシーなどについて社会に発信している。次いで発足した「シーガルレスキュー隊」は主に消防士を目指す学生たちのサークルで、これも学外に飛び出して積極的に社会に防災・救命救急の大切さを発信している。

筆者は、自身の経歴を活かして、マスコミや社会を研究するサークルを作りたいと念願していたが、なかなか実現しなかった。二〇二一年、マスコミ論の授業を受けた二年生三人が教壇に歩み寄り、「この授業はとても面白いので、もう一時間聞きたいです」と嬉しい申し出があった。「それなら、社会研究会みたいなものを作ろうよ」と提案し、この三人で「クローズアップ社会研究会」が発足した。現代社会に潜む課題を勉強したり、裁判所で

公判を見学したり、選挙の取材をして、新聞を作り込んだりしてきた。新聞や地元のテレビ局に取材されている。二〇二二年一〇月に神戸で開かれた「防災国体」にも積極的に参加し、「選挙と防災」をテーマに発表した。

こうした課外活動は、筆者の災害情報研究にも非常に示唆に富むことを教えてくれている。学生たちの忌憚のない新鮮なアイデアや発見が、富に硬直化している頭脳にヒントをくれていることも記しておこう。

また、全国各地の基礎自治体や防災団体などからの講演依頼は年に一〇回以上あり、講演を重ねるたびに、刺激を与えられ、新しい発見に繋がっている。基礎自治体での公務員研修は東京にある自治大学などで、「住民に効果的な情報発信とは」などをテーマに年に四回ほど講演しているが、生の公務員たちと接し、悩みを聞く事は非常に参考になる。彼らには、マスコミ取材などで、受動的に取材を受けるのではなく、取材を通して住民に情報発信する能動的な広報を提案している。最近では、前述した「岩泉メソッド」を紹介している。また、防災に興味を持ってもらいたいので、市民向けの講演会も時間が許す限り、受けている。ここ数年では、兵庫県立宝塚東高校が積極的に防災を学びたいとの要請を受けて、定期的に高校生を相手に「防災・減災」の重要性を話している。

もう一つ、大切な活動があった。それは、総務省消防庁が進めている年度ごとの「災害を中心とした事例集」つくりでの取材だ。前年度に大きな災害を経験した市町村を訪れ、首長にインタビューして、教訓を聞き出す試みだ。地震、水害、雪害などを対象とする。二〇二一年度から「社境なき記者団」という風変わりなグループに所属し、取材活動している。大雪で高速道路が大渋滞した新潟県南魚沼市や、水害の佐賀県武雄市、フンガトンガの火山噴火に伴う津波が来た奄美大島などを訪れたが、これも、「災害情報の発信」についての筆者の研究テーマにも即しており、大いに参考となっている。

まとめに代えて

ここまで、災害情報を中心に、神戸学院大学現代社会学部社会防災学科の一〇年の歩みと共に、研究テーマの進化というか、ようやく見えてきた「仄かな光」について述べてきた。一〇年前ごろは、災害情報にとって大切なことは、「発信する側が、しっかりとした分析や判断を基に、住民に対して的確に発すること」とされてきたが、発信側のスキルや考え方が改善され、比較的正しく情報が発信されたとしても、その後の水害などでは必ずしも命を救えなかった例が積み重ねられた。それは、日本人の文化的な性格によるものなのか、はたまたよく言われる「正常性の偏見（バイアス）」なのか。

筆者は、決してそうではない、とおぼろげながらの仮説を持っていた。それが、ここ数年の研究調査で少しだけだが、「見えてきた」と確信している。発信する側のスキルや考え方はもちろん非常に大切なことは言うまでもない。そのための情報発信の改善は緩むことなく続けられるべきだ。様々なツールを駆使することも大切だ。だが、それ以上に重要なことは逃げる気持ちになってもらうこと。さらに逃げたくても逃げられない人たちをどう救うかだ。逃げられない人を救う力はコミュニティーの力だ、と二〇一四年八月の兵庫県丹波市水害や、二〇一八年西日本豪雨の岡山県倉敷市真備町岡田地区の調査でわかった。特に、岡田地区は豪雨災害の教訓から「まず、隣近所のコミュニティを強くするために、携帯電話でのメールや会話のやり取りに取り組んできた。その結果、防災の集まりなどへの参加も携帯で連絡を取り合って参加するため参加率がグッとアップした」という。コミュニティ強化の第一歩であり、減災への第一歩である。

そして、岩泉メソッド（方式）だ。小さな町での小さな取り組みかもしれないが、防災・減災の究極の選択はここにあると信じる。正しい情報発信に従って、体が元気で動ける人たちが、動けない人たちを救う。もちろん、時間的にもタイムライン的にも余裕があることが必須ではあるが、そのためにも「避難準備情報（現在は高齢者等避難情報）」などの精度は極めて重要だ。

情報を正しく発信するための自治体側のスキルアップに加えて、その情報の意味するところを正しく判断できる防災教育も大切だ。そして、地域ぐるみのコミュニティ力を発揮した減災活動。それが、来るべく南海トラフの巨大地震や首都圏直下型地震などの国難に対して、大きな力になると信じている。

もう二度と阪神・淡路大震災や東日本大震災で多くの命を失った経験は繰り返したくない。

第４章

防災と災害医療
――これまでとこれからを考える

中田敬司

はじめに

災害医療分野では災害発生時に「防ぎえた災害死」を減らすことを目標に、体制の整備に取り組んできた。特に阪神・淡路大震災や東日本大震災も踏まえ近年では、災害医療分野における体制はＤＭＡＴ（急性期災害派遣医療チーム）の発足とその整備や災害基幹・拠点病院、広域医療搬送体制、ＥＭＩＳ（広域災害救急医療情報システム）など医療情報の共有システムの構築など実災害の体験の積み重ねと共に急速に進歩してきたと言える。

しかし、今後発生が予測されている東海・東南海地震や首都直下地震に対して十分な体制が取れているのか、と問われると自信をもってＹＥＳとは言い難いのが現状でもある。

災害医療の概念が誕生した阪神・淡路大震災の課題は災害急性期の医療体制の整備だった。これによりクラッシュシンドローム等をはじめとする急性期外傷患者に対応するＤＭＡＴや災害拠点病院・広域医療搬送ＥＭＩＳなどの発足・整備につながった。

特に注目されているＤＭＡＴの創設は前述の阪神・淡路大震災によるものである。

図1は、一九五九年の伊勢湾台風までと、伊勢湾台風から阪神・淡路大震災までの自然災害で被害を受けた人の数を示したものである。伊勢湾台風から阪神・淡路大震災までの三六年間一〇〇〇人を超える被害者はいなかったのである。それが原因とは言えないまでも我が国の災害対応は鈍化していたのではないかと考える。そうした中、阪神・淡路大震災が発生した。

その概要は、一九九五年一月一七日午前五時四六分、阪神・淡路大震災は発生。マグニチュード七・二を記録した。兵庫県南部地震は、神戸、阪神間、淡路島、大阪府内の一部に大きな爪跡を残し、死者六四三四人、重軽傷者

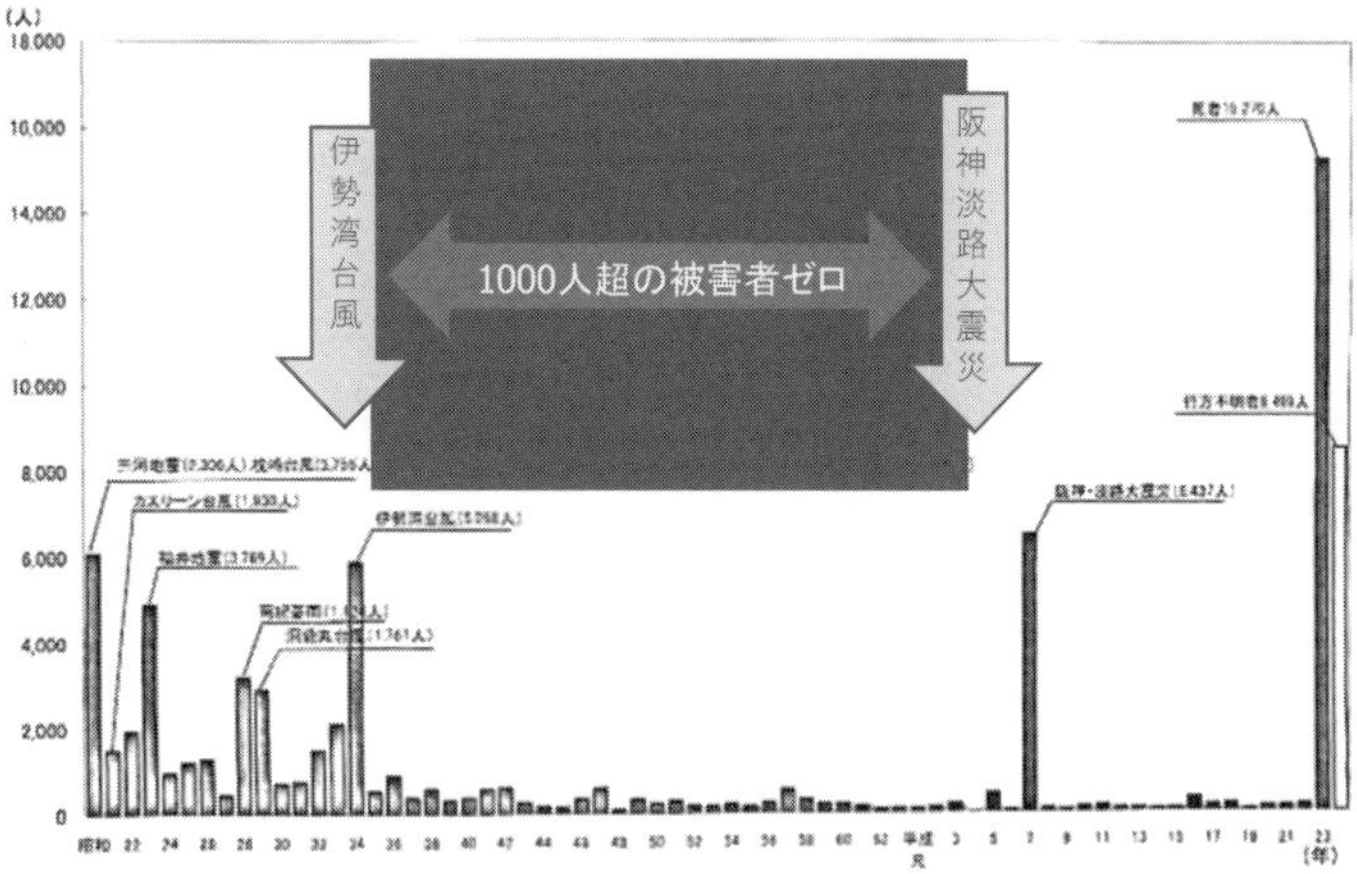

図１　自然災害による死者・行方不明者

（平成22年版防災白書（内閣府）図１－２－１　https://www.bousai.go.jp/kaigirep/hakusho/h22/bousai2010/html/zu/zu004.htm を一部加筆修正）

四万三七九二人、最大の避難者数三一万九三六八人、全壊住宅一八万六一七五世帯、半壊・半焼二七万四一八二世帯、一部損壊三九万五〇六棟を記録し、経済的な被害額は実に九兆円を超すものとなった。

そして、これを機に災害時の医療のあり方が検討されるようになり、そうした研究会から、日本集団災害医学会を発足し、数年後名称を変更し、現在の日本災害医学会に至ることとなったことを付け加えておきたい。

その当時の災害時の医療対応は初期救急医療体制の組織的な立ち後れがあり、大規模災害が発生した場合、急性期に対応できる医療体制の必要性が問われることとなる。そして以下の四つの体制が整備されていった。

ａ）急性期における災害医療体制
ｂ）広域医療搬送体制（ＳＣＵ）
ｃ）災害基幹・拠点病院制度
ｄ）広域災害救急医療情報システム（ＥＭＩＳ）

その中の一つとして、急性期における災害医療体制整備を目的に創設したのが、前述の急性期災害派遣医療チーム（Disaster Medical Assistance Team）で、「災害急性期（四八時間以内）に活動できる機動性を持ったトレーニングを受けた医療チーム」として位置付けた。

図2の大規模災害時の医療体系に示すように七二時間の超急性期を含む発災直後から支援活動に入り、防ぎえた災害死を減らすことを目的に派遣される医療チームである。

二〇二一年三月末現在、全国で約一七五〇チーム、約一万六〇〇〇人のＤＭＡＴ隊員が登録され災害に備えており、その待機基準は以下の通り定められている。

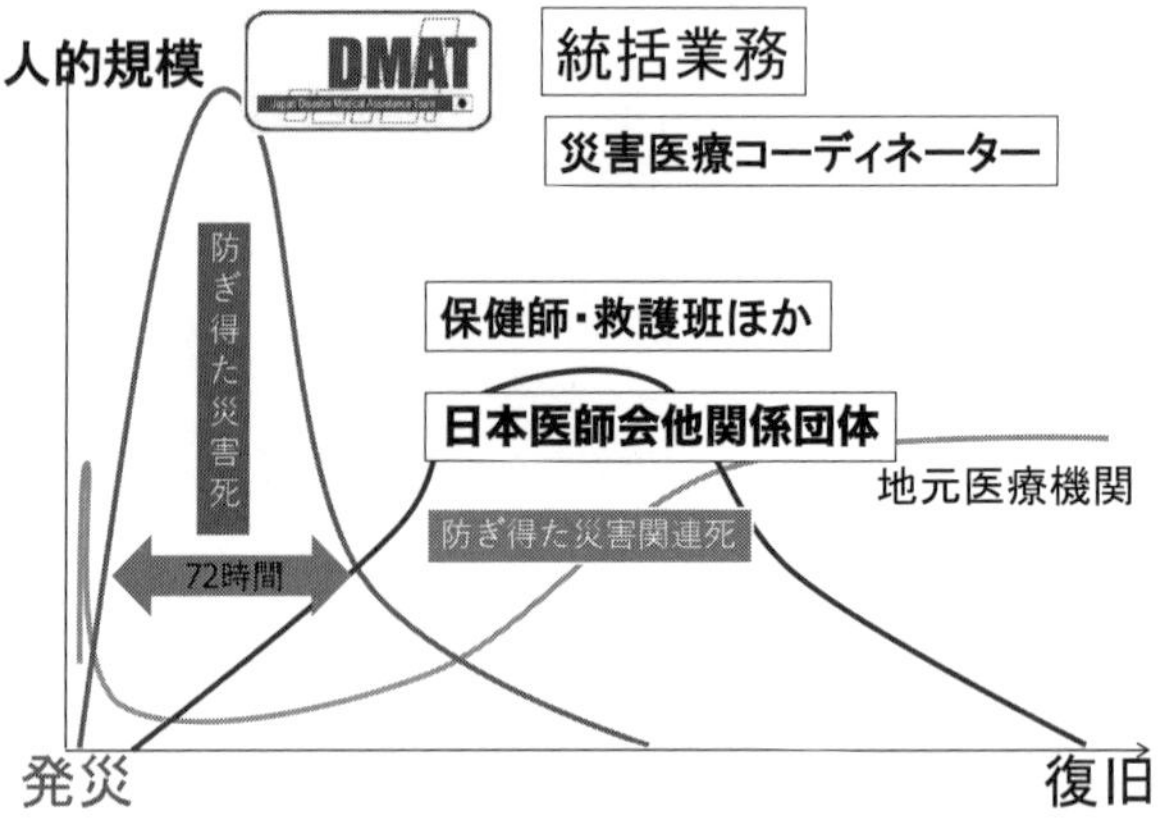

図２　大規模災害時の医療体系

◇ＤＭＡＴ自動待機基準

・次の場合には、該当するＤＭＡＴ指定医療機関は、被災の状況にかかわらず、都道府県、厚生労働省等からの要請を待たずに、ＤＭＡＴ派遣のための待機を行う。下記の基準について、以下「ＤＭＡＴ自動待機基準」という。

① 東京都二三区で震度五強以上の地震が発生した場合、その他の地域で震度六弱の地震が発生した場合、特別警報が発出された場合

→該当する都道府県並びに該当する都道府県に隣接する都道府県及び該当する都道府県が属する地方ブロック管内のＤＭＡＴ指定医療機関

② 震度六強の地震が発生した場合

↓該当する都道府県並びに該当する都道府県に隣接する都道府県、該当する都道府県が属する地方ブロック及び該当する都道府県が属する地方ブロックに隣接する地方ブロック管内のＤＭＡＴ指定医療機関

③　震度七の地震が発生した場合、大津波警報が発表された場合

↓全国のＤＭＡＴ指定医療機関

多くの医療従事者が日本ＤＭＡＴ隊員登録研修を受講し、試験を受け合格したもののみ隊員となり、その後もブラッシュアップ研修・訓練を積み重ね有事に備えるといった体制が整った。

次に東日本大震災では、津波と原発事故による放射能漏れという災害に直面した。熊本地震、西日本豪雨、熊本豪雨（複合災害）等災害対応を重ね、それらの貴重な体験から急性期から亜急性期、慢性期へとシームレスかつスムーズな支援、ロジスティクス及び本部機能強化、医療搬送、避難所ニーズ対応等の課題や今後の対応の必要性が示され、様々な課題解決へ努力を積み重ねてきた。

そして近年、災害医療分野が直面したのは、世界的パンデミックと言われる「新型コロナウイルス感染症」の対応である。はたして感染症対応は災害医療対応なのか、つまり感染症は災害なのか、といった議論もあった。ＤＭＡＴの多くのメンバーは、ニーズが資源を大幅に上回り医療崩壊が発生しそうな現状はまさに災害であるとの認識を持ち、ダイヤモンド・プリンセス号をはじめとして様々な地域、機関に赴き支援活動を実施した。

そして熊本豪雨は、先に述べたようにコロナ禍での豪雨災害、つまり複合災害である。感染対策を実施しながらの支援活動とともに、避難所等では今までになくしっかりとした感染対策が実施されていた。ＩＣＴラウンドが実施され、避難所の感染対策の客観的評価・指導もあり大きく感染が拡大することはなかった。そうした中、地域医療施設の開院支援・大規模転院搬送・電話再診、処方薬配達システム構築・継続した避難所感染対策等を

実施した。
今後は、感染症を含めたこれらの課題克服に向けて整備をすすめ、東海・東南海地震や首都直下地震に際して「防ぎえた災害死」を無くすために努力を積み重ねていくことが重要である。

[1]「防ぎえた災害死」とこれからについて

世界的視点で災害を観ていくと、人口の都市集中化や人口増加に対する都市基盤整備の遅れによる都市のインフラの脆弱化、また大量・高速の交通手段、化学物質・核物質の使用、地球温暖化による異常気象、冷戦終了による民族独立意識の高まりなどが影響し、災害規模、その経済的損失、人的被害において年々増加の傾向にあると言える。

災害が発生した場合、その多くは医療や公衆衛生上の需給バランスが崩れ、被災地内の住民が被災者となり最初の対応者となり、被災地外からの応援が必要な状況となる。災害の定義はDMAT標準テキストなどでは「突然発生した異常な自然現象や人為的な原因により人間の社会的生活や生命と健康に受ける被害」と示されている。さらに「災害で生じた対応必要量（needs）の増加が通常の対応能力（resource）を上回った状態である」とも示されている。医療からみた災害は「増大した医療需要に対し平時の医療レベルを維持するための医療資源（医療従事者、医薬品、資機材など）の供給が不足し、preventable death を少なくするためには、迅速な調整（coordination）と非被災地からの支援が必要な状態である」とも言える。また、WADEM（World Association for Disaster and Emergency Medicine）の名誉会長 William Gunn は災害の定義を「人と環境との生態学的な関係における広範な破壊の結果、被災社会がそれに対応するのに非常な努力を要し、非被災地域からの援助を必要とするほどの規模で生じた深刻かつ急激な出来事」としている。

いずれにせよここで我々が認識すべきは、我々の力で自然災害の発生自体を無にすることはできないということである。関東大震災当時、東京帝国大学の地震学者今村明恒氏は「地震と震災は全く別のものです。地震は私たちの手で防ぐことはできませんが、震災は私たちの手で最小にすることができます」と述べている。つまり「災害の発生は防止できないが備えがあれば減災は可能である」といった考え方を基本に準備や対策を進めるべきであろう。ここで医療の視点から考えれば、平時の救急医療はすべての医療資源を個人に供給可能と言えるが（best for the individual）、災害時は圧倒的需要の前に需給バランスは著しく崩壊してしまい、通常医療の提供は困難を極める。こうした災害発生時に我々の目指すべきは、医療の需給バランスが崩壊している中、限られた医療資源を用いて多くの傷病者にとって最良の医療を提供することが鍵であり、「防ぎえた災害死」を最大限減らしていくことであると言える。そしてこのことは我が国が直面した、新型コロナウイルス感染症対応も同様のことが言えるのではないだろうか（To do the greatest good for the greatest number of the victims）。

今回、「防ぎえた災害死」を医学的観点から「医療が適切に介入すれば避けられた可能性がある災害死」（preventable disaster death: PDD）として検討していく。なぜなら「防ぎえた災害死」の考え方の幅を広げた場合、阪神・淡路大震災、東日本大震災の犠牲者のほぼ全員が「防ぎえた災害死」だったともいえることになるからである。阪神・淡路大震災の場合、すべての建造物が震度七にあっても崩壊せず、家具の転倒・落下や火災の発生を止めることができたなら、また東日本大震災の場合、住宅が浸水域外の高台にあり、速やかに津波から避難ができれば多くの死は避けられたはずだからである。

今回は東日本大震災以降に発生した、熊本地震での活動、また災害医療分野が初めて直面した、「新型コロナウイルス感染症」の対応及びコロナ禍下の豪雨災害だった熊本豪雨災害（複合災害）について「防ぎえた災害死」

を減らすため、といった観点からこれらの対応の概要について述べ考えて行くことにする。

[2] 災害医療 課題解決へのチャレンジ・急性期から亜急性期へ向けて ―二〇一六熊本地震における災害医療活動

先に述べておくが、熊本地震は兼ねてから課題となっていた、急性期から亜急性期へのスムーズな移行についてチャレンジした一つのモデル事例として紹介しておきたい。

1 地震の概要

二〇一六年四月一四日午後九時二六分、熊本県熊本地方を震央とする、震源の深さ一一km、気象庁マグニチュード六・五の地震（前震）が発生し、熊本県益城町で震度七を観測した。その二八時間後の四月一六日午前一時二五分には、同じく熊本県熊本地方を震央とする、震源の深さ一二km、気象庁マグニチュード七・三の地震（本震）が発生し、熊本県西原村と益城町で震度七を観測した。五月一四日九時までに最大震度が六強の地震が二件、六弱の地震が三件発生した。

その特徴は、震度の強い地震が連続して発生し、そして余震も多いことから、家屋が無事でも、避難所に避難する被災者が多かったのが一つの特徴であった。

（1） 人的被害

一連の地震で、倒壊した住宅の下敷きになったり、土砂崩れに巻き込まれたりして、熊本県であわせて四九人の死亡が確認され、一人が安否不明となっている。このうち、四月一四日の前震から一五日夜までには、益城町と熊本市で計九人の死亡が確認された。死者四九人のうち、三七人は家屋の倒壊、九人は土砂災害による死亡だった。阿蘇市では死者はなかった。負傷者は一四九六人に上り、熊本県・大分県内だけでなく、佐賀県、福岡県、宮崎県でも出た。阿蘇市では倒れてきた家具に足を挟まれた人が数人いた。二〇一六年五月一〇日現在、避難生活によるストレスや病気などの震災関連死により亡くなったとみられる人は一九人に上っている。阿蘇市の避難所で四月一七日七七歳の女性が死亡したが、ストレス等による災害関連死とみられる。避難所の外で車中泊していた五〇～六〇代の女性三人が静脈血栓塞栓症（エコノミークラス症候群）で意識不明の重体となり救急搬送され、他六人が同症候群と診断された。四月一八日車中泊をしていた五〇代の女性一人がエコノミークラス症候群で死亡し、五月一五日までに同症候群に罹ったとみられるのは五一人となった。

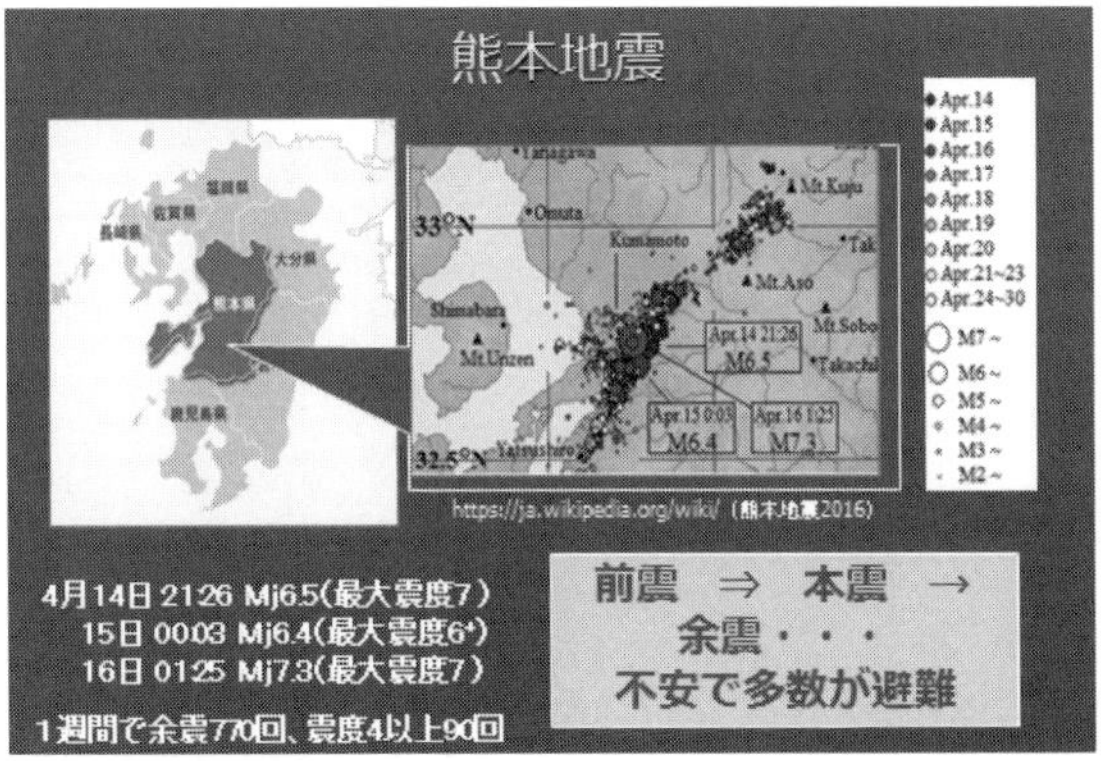

図３　熊本地震について　第22回日本集団災害医学会
大阪医療センター　若井聡智氏発表スライドから

（２）家屋の被害

消防庁発表によると、五月六日七時三〇分時点で住宅の全壊が二四八七棟、半壊が三四八三棟、一部破損が二万二八五五棟のほか、被害分類が未確定の住宅被害が三万一二七五棟ある。また公共建物の被害が二三二棟確認されている。被災後の建物の危険性を調べる応急危険度判定は、五月一日までに当初予定分を終え、判定を行った四万六九六六棟のうち一万三一一三棟の建物が倒壊するおそれのある「危険」判定を受けた。

（3）急性期災害派遣医療チーム（DMAT）およびDMATロジスティクスチームの派遣概要

今回の熊本地震で厚生労働省DMAT事務局は、日本DMAT自動待機基準に従って全国のDMATに待機要請と共に九州地区のDMATに続いて、全国のDMATに派遣要請を行った。さらに今回初となるDMATロジスティクスチームを派遣し災害急性期から亜急性期へと医療支援を展開した。

2 DMATおよびDMATロジスティクスチームの派遣と活動について

（1）地震発生から日本DMAT派遣について

四月一四日、いわゆる前震の震度七を記録した後、被災地域のDMAT関係職員は大分県庁、熊本県庁にDMAT調整本部を設置し活動を展開した。ただし大分県では竹田医師会にDMAT活動拠点本部を設置したが被害程度が比較的少ないことから、熊本県に医療資源を集中させることとし図4のような急性期組織図の体制で活動を展開することとなる。

（2）日本DMATの活動概要について

図4のように熊本県内三か所にDMAT活動拠点本部を設置した。①熊本赤十字病院DMAT活動拠点本部②川口病院DMAT活動拠点本部③阿蘇医療センターDMAT活動拠点本部である。主な活動は本部運営、EMIS（災害医療情報システム）による病院及び避難所のスクリーニング、情報共有、病院支援、病院避難、避難所診療、救助現場活動、ロジスティクスサポートである。

特に阿蘇地域においては国道三二五号線　阿蘇大橋が崩落し、また地域医療を担っていた阿蘇立野病院に被害が甚大であり、入院患者、医療従事者における人的被害の可能性が大であることから病院避難を実施したため、阿蘇地域は孤立と共に地域医療力が著しく低下した。

阿蘇医療センターＤＭＡＴ活動拠点本部では阿蘇医療センター、阿蘇温泉病院、大阿蘇病院への病院支援活動を実施し、被災地医療従事者の負担軽減に務めた。また地域避難所のアセスメントを実施すると共に急性期から亜急性期を視野に入れた保健医療に関する会議体発足に向けての準備を実施した。

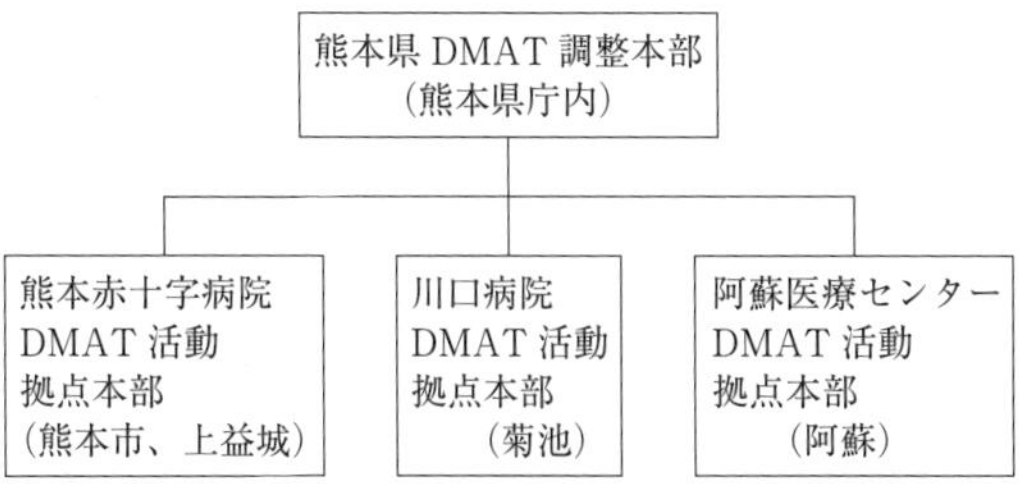

図４　急性期組織図

(3) 亜急性期の活動について

日本ＤＭＡＴの活動は二次隊、三次隊を含めて概ね一週間を目途としているが、被災地では避難生活が本格化するに従い保健医療にニーズが高くなってくる。よって継続した保健・医療支援が必要となるため、熊本県庁を中心に図５のように亜急性期の組織体制を構築し活動を展開した。

(4) ＤＭＡＴロジスティクスチーム派遣について

それと並行して日本ＤＭＡＴ事務局はＤＭＡＴロジスティクスチーム（以下ロジチーム）の派遣に至った。

この派遣は、各拠点での統括者の支援及びスムーズな亜急性期への移行が目的である。このロジチームは四月一六日に一次隊が派遣され、順次四次隊まで合計四四名が派遣された。特に阿蘇地域へは四次隊の内、筆者を含む六名が派遣され、

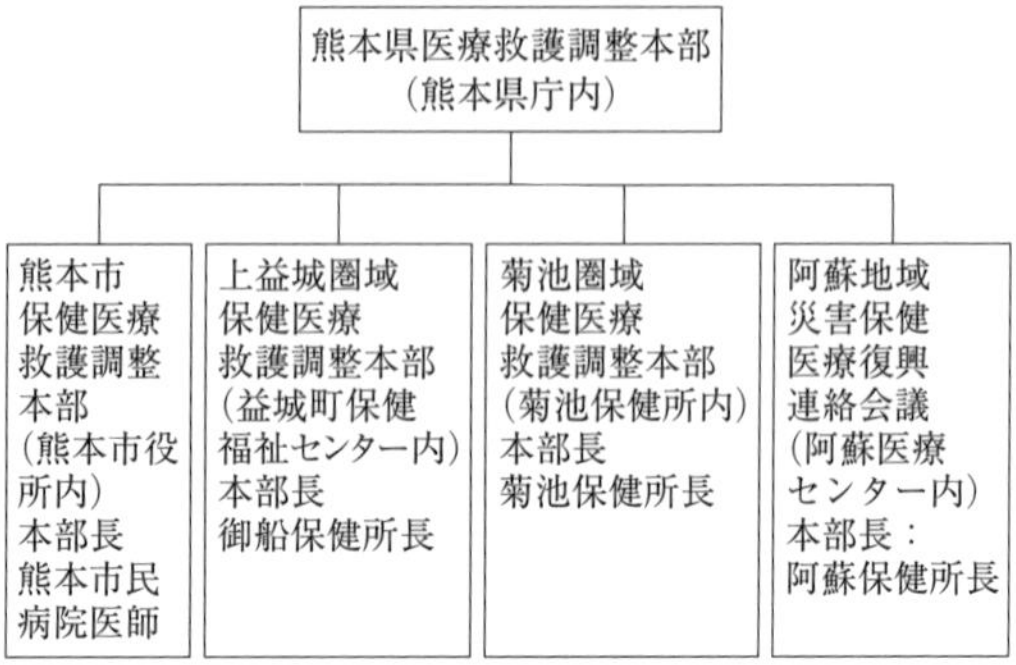

図５　亜急性期組織図

阿蘇医療センターＤＭＡＴ活動拠点本部から引き継ぎ、阿蘇地域災害保健医療復興連絡会議（Aso Disaster Recovery Organization; 以下ＡＤＲＯ）を正式に立ち上げＡＤＲＯ事務局の運営を担い活動した。

具体的な業務は医療活動拠点本部機能としての医療救護班の受付、クロノロジーの記載、本部内外との連絡・調整、ＥＭＩＳ管理などの業務に加え、会議運営の事務作業としての会議書類の管理、会議運営サポートである。

（５）ＤＭＡＴ活動拠点本部からの引き継ぎとＡＤＲＯ正式な立ち上げ

ＤＭＡＴ活動拠点本部（阿蘇医療センター）は四月二二日に引き継ぎを行い、四月二三日からはその前身（仮）として、運営していたＡＤＲＯを正式な形で設置しその事務局運営業務を担当することとなった。停電のみならず、様々な事務機器の使用が制限される中、担当者は自筆で記録を残し我々に引き継いだ。その際の引き継ぎ内容は以下のとおりである。

◇引き継ぎ事項

ａ）現在までの活動概要

病院支援・院内・院外・転院・病院避難・避難所ほか

ｂ）ＤＭＡＴ管理

情報・組織図・記録　ほか

c）阿蘇医療センターの注意事項

トイレ・シャワー・ゴミ　ほか

また、これらを総合的に検討して阿蘇地域災害保健医療復興連絡会議を正式に発足するため、図６のようにＡＤＲＯ設置要綱とＡＤＲＯ運営要領を作成し、熊本県庁に提出した。

ＡＤＲＯ設置要綱には設置目的、関係地域と設置場所（支部）および責任者を保健所長にすること、参加関係機関等を示し、ＡＤＲＯ運営要領には、会議開催日や時間、場所、会議次第、会議内容、参加機関配布希望資料の取り扱い、議事録等の取り扱いについて取り決めを行い運営がやりやすいように記しこれらを熊本県庁に提出し正式にＡＤＲＯを立ち上げた（図７）。

阿蘇地域災害保健医療復興連絡会議（ＡＤＲＯ）設置要綱

１　目　的

急性期後における地域災害保健・医療提供体制を基に、災害発生時の被災地である阿蘇地域における、保健医療救護体制等の復興を目的として、医療救護の現地本部（保健所等）からの医療ニーズ、保健衛生ニーズ等の情報収集及び、情報提供を基に医療救護体制等の調整等を行うこととするために、阿蘇地域災害保健医療復興連絡会議「Aso Disaster Recovery Organization（以下　ＡＤＲＯ）」を設置する。

２　組織構成及び活動内容

（１）急性期後における地域災害保健・医療提供体制を基に、阿蘇地域災害保健医療復興連絡会議事務局（ＡＤＲＯ）を阿蘇医療センターに置き、組織構成の長を保健所長として以下の３地区とする。

・阿蘇市、小国町、南小国町、産山村を管轄する支部を阿蘇医療センターに置く
・南阿蘇村、高森町を管轄する支部を白水庁舎に置く
・西原村を管轄する支部をにしはら保育園に置く

（２）医療チーム等、関係各機関の受付・調整
（３）各地区からの保健医療ニーズへの対応
（４）保健医療支援資源の分配調整
（５）その他

３　会議参加機関

・熊本県、阿蘇保健所、自衛隊、ＤＭＡＴ、日本赤十字社、医師会、薬剤師、歯科医師会看護協会、警察、消防等

※参加機関については、活動内容及び方針により必要とされる機関が参加することとし上記の機関に限らない。

阿蘇地域災害保健医療復興連絡会議事務局（ＡＤＲＯ）
ＴＥＬ　０８０−３５８３−７４６９
０８０−３５８５−７０８６

阿蘇地域災害保健医療復興連絡会議（ＡＤＲＯ）運営要項

１　開催日時　毎日２回　　ＡＭ７：３０〜　　ＰＭ６：３０〜

２　場　　所　ＡＤＲＯ事務局（阿蘇医療センター内１階）。

３　会議次第　事務局にて作成し、会議開催前に配布する。

４　会議内容　当日の報告及び課題、今後の活動方針等。

５　参加機関　熊本県、阿蘇市、阿蘇市保健所、歯科医師会、薬剤師会、自衛隊、警察、消防日本赤十字社、救護班リーダー、DPAT、事務局他関係機関。

６　配布資料　配布資料は参加機関及び、救護班リーダーに配布する。
また、配布が必要な資料がある場合は、会議開始前に原本を持参するか、３０部程度用意して事務局に持参すること。

７　議事録　議事録は事務局で作成し、ＥＭＩＳに掲載し熊本県庁等関係機関に報告するとともに報告後は「Google　ADRO ドライブ」に格納保存する。

８　その他　その他会議に関することは、事務局にて協議し決定する。

阿蘇地域災害保健医療復興連絡会議事務局（ＡＤＲＯ）
ＴＥＬ　０８０−３５８３−７４６９
０８０−３５８５−７０８６

２０１６．４．２３

図６　ＡＤＲＯ設置要綱と運営要領

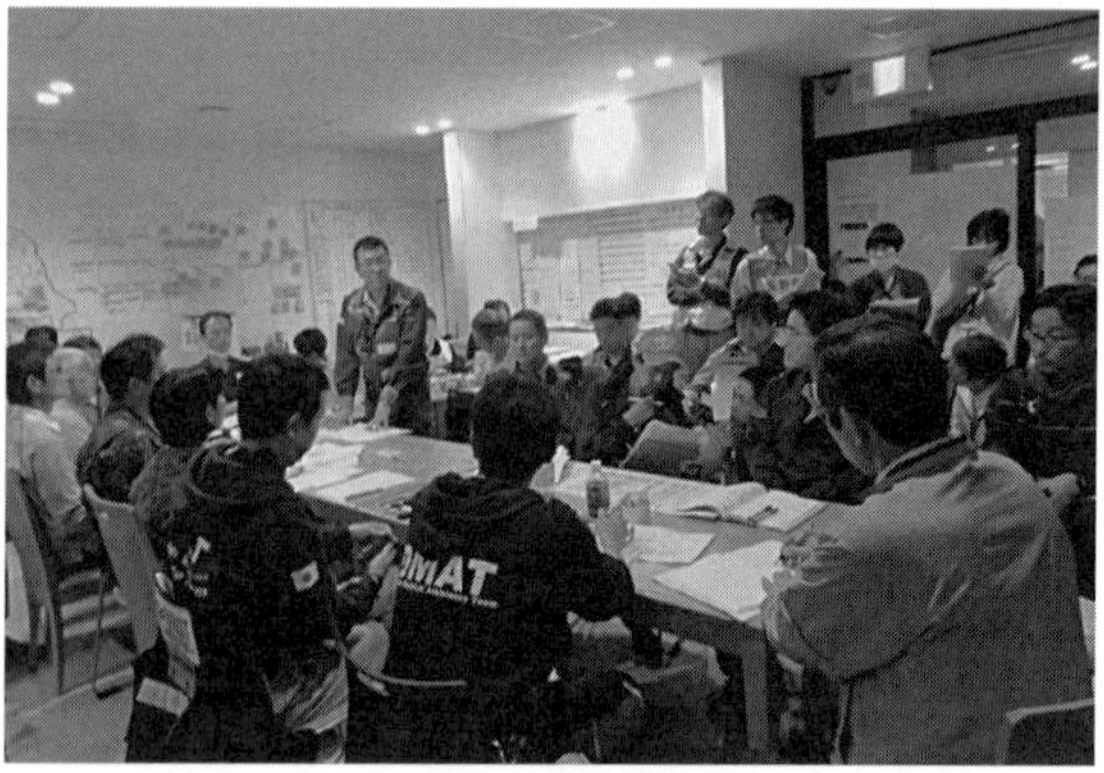

図7　ＡＤＲＯ設置直後のミィーティング

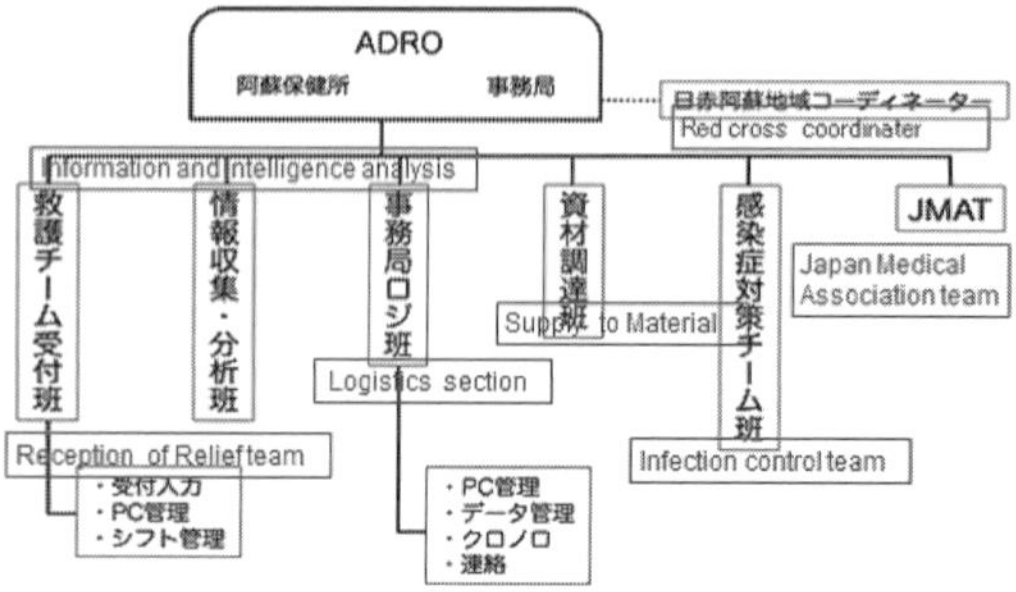

図8　ＡＤＲＯ組織図

図9　ＡＤＲＯ時系列活動記録（クロノロジー）

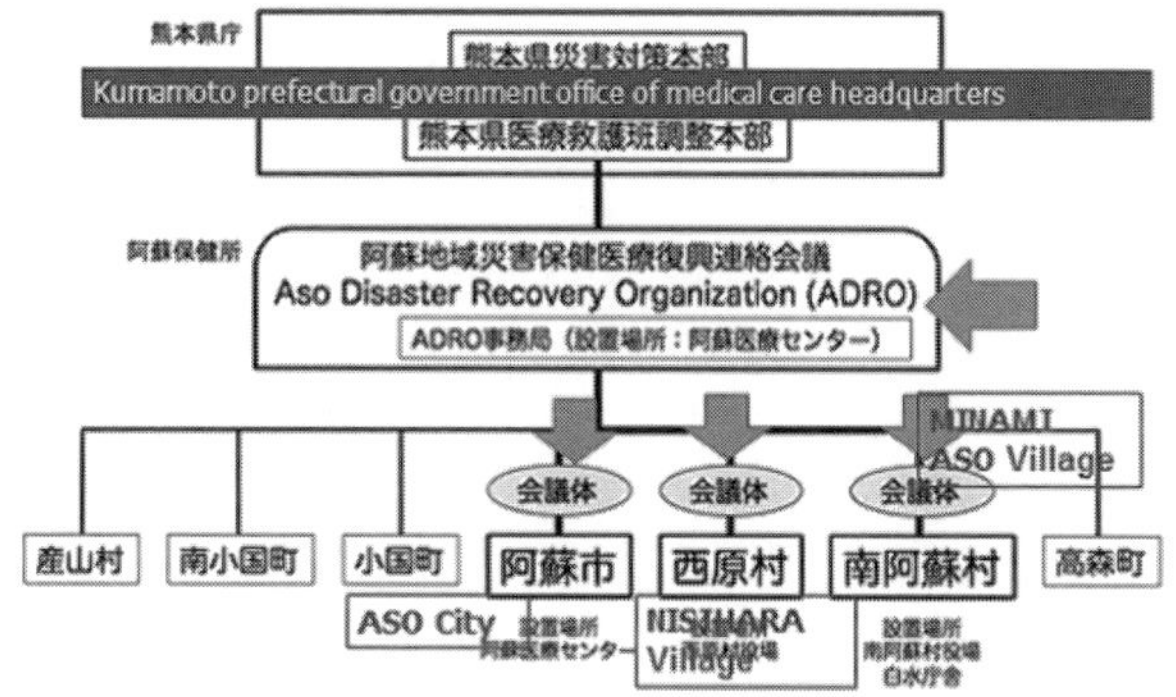

図10　熊本県の中でのＡＤＲＯの位置づけ

(6)　ＡＤＲＯ組織と事務局内組織について

図８に示すようにＡＤＲＯ事務局を運営していく機能を検討して組織体制を構築した。

主な機能は、全国から派遣されてきた救護・医療班に対する受付、情報収集を行い分析評価を実施し活動につなげていく情報収集・分析、事務局本体を運営管理するロジスティクス（ＰＣ・データ管理・クロノロジー・通信連絡ほか図８・９参照）、資機材調達、感染症管理、他の支援民間医療団体等である。

(7)　熊本県の中でのＡＤＲＯの位置づけ

図10に示すように、熊本県災害対策本部の一つのセクションとして熊本県医療救護班調整本部があり、その下部組織としてのＡＤＲＯが位置づけられる。さらに設置当時のＡＤＲＯの課題として、さらに前線の阿蘇市、西原村、南阿蘇村に会議体の発足の必要性があった。ＡＤＲＯから継続した活動が期待される同一都道府県の医療救護班や民間医療団体と協議の上、前線会議体運営の責任団体を指名しその調整に入った。

3　これまでの災害医療分野における課題と熊本地震の活動について

(1) 災害医療分野における従来の課題

災害医療分野において、熊本地震発生前まで以下の点が改善の課題であった。

a) 指揮調整機能の更なる強化
・ＤＭＡＴ事務局の機構拡充
b) 被災地内でインターネットを含む通信体制の確保
・全ＤＭＡＴへの衛星携帯の整備
c) 広域医療搬送戦略の見直し
・ＳＣＵをサポートする近隣病院の指定
・ＳＣＵ、ＤＭＡＴへの高度医療資器材の整備
d) 亜急性期活動戦略の確立
・迅速性を維持しつつ、一～二週間をカバーできる体制の確保
・病院支援戦略の確立
e) ＤＭＡＴ全体としてのロジスティックサポートの充実
・ロジスティクスステーション構想の具現化
・中央直轄ロジ要員の確保

上記の中で今回の熊本地震では特にｄ）ｅ）について改善を図る取り組みができたと言える。

ＤＭＡＴは当初は災害の急性期を担当する医療チームとして整備されたが、東日本大震災の活動の経験から、急性期を含む亜急性期への展開が課題となっていた。ＤＭＡＴ隊員養成研修では、他の医療支援のマネジメントが確立するよう支援すること、と指導している。

また災害支援活動はロジスティクスが極めて重要になるため、ＤＭＡＴロジスティクスチーム研修を実施しており、今回はそのＤＭＡＴロジスティクスチームを派遣しモデル事例として一定の成果を得ることができた。

（２）熊本地震での課題対応について

まず、亜急性期への対応であるが、ＤＭＡＴはもちろん特にＤＭＡＴロジスティクスチームの派遣、さらに日本災害医学会からも人員を派遣し各拠点の統括者の支援、亜急性期の活動支援に入った。同時にＤＭＡＴ活動拠点本部から保健医療分野への移行する際の保健医療に関する情報共有や対策を検討する会議体発足を支援し、その事務局運営に従事した。阿蘇地域では阿蘇地域災害医療保健復興連絡会議（ＡＤＲＯ）を立ち上げその事務局運営を行った。

この活動は熊本地震で初めて実施したもので、急性期医療活動から、亜急性期の医療保健活動へ展開していく一つのモデル事例ができたと考察する。それぞれの場面で反省点はあるものの、医療保健に関するニーズを把握し、資源の再分配を実施していく仕組みの一つの事例としてＡＤＲＯの存在があると言える。今後の活動においてもこのような体制の構築を視野に入れながら、急性期からの医療活動を展開していく必要があると考察する。

次にＤＭＡＴロジスティクスチームを派遣したのも今回の熊本地震が初めてであった。目的は各本部や事務局での統括者（本部長や事務局長等）の支援業務であり、ＡＤＲＯにおいては事務局運営に従事した。このＤＭＡＴロジスティクスチームの派遣は亜急性期組織図で示す各拠点運営に多大な効果があったと考察する。今後も災害時に継続した医療活動が可能になるようＤＭＡＴロジスティクスチームの強化を図っていく必要がある。

（３）今後の課題について

今回の活動から今後の医療活動の課題として以下のことが考えられる。

ａ）指揮系統の課題

・南海トラフを踏まえたＤＭＡＴ事務局等の体制充実
・早期から市町村、保健所にリエゾンを派遣
・ＤＭＡＴロジスティックスチームのさらに迅速な派遣

ｂ）病院避難の課題

・安全管理・安否確認の標準化
・保障、心のケア
・耐震診断との連携
・避難後の病院の観察と支援

ｃ）公衆衛生・福祉分野との連携

・ＤＨＥＡＴとの連携（災害時健康危機管理支援チーム）
・介護保険施設のスクリーニング
・避難所スクリーニングシートの標準化
・電子化と結果の活用

ｄ）早期からの車内泊対策（エコノミー症候群）

熊本地震においては急性期から亜急性期にかけてスムーズな医療支援を実施するため、ＤＭＡＴ活動拠点本部から保健医療支援会議等への移行期にＤＭＡＴロジスティクスチーム、日本災害医学会から人員が派遣された。それにより亜急性期への対応、被災地でのロジスティクス業務の補強につながったと言える。

［３］ＣＯＶＩＤ−19「見えない敵」との戦い―災害医療の新たな局面―

災害医療分野において、感染症はＮＢＣ（放射線・生物・化学物質）災害、いわゆる特殊災害と整理されている。それは、専門的な知識とともに特殊な対応が求められることを意味する。過去、ＤＭＡＴはＮ災害、福島原子力発電所事故発生時に派遣され、一定地域からの患者等避難活動に従事した実績があるものの、Ｂの災害での派遣は具体的事例が無いに等しい。そうした中、災害急性期から活動を実施するＤＭＡＴなどの医療従事者等がダイヤモンド・プリンセス号の対応から始まり、全国各地で新型コロナウイルス感染症に対する支援活動を実施するに至る。

そこで今回は、ダイヤモンド・プリンセス号での活動や各地での新型コロナウイルス感染症に対する災害医療対応、筆者が実際に活動した広島市の事例、そしてこれからの対応について、近藤ら（Japanese Journal of Disaster Medicine 2022; 27 Suppl:3–6）の報告の概要を紹介しながら検討する。

1　ＣＯＶＩＤ－19「見えない敵」との戦いの始まり——ダイヤモンド・プリンセス号での活動概要

(1) ＤＭＡＴ派遣について

日本ＤＭＡＴは、前述のように災害対策基本法に基づくチームである。したがって、当時は感染症に対応する制度は整備されていなかった。このＤＭＡＴが新型コロナ対策に従事することになったきっかけは、二〇二〇年一月三〇日に当時の内閣総理大臣が武漢からのチャーター便で帰国する方々への対応に「災害時の災害派遣医療チームの仕組みも活用し、そのために必要となる医師の派遣も迅速に行う」としたことがきっかけである。そして神奈川ＤＭＡＴ、さらに日本ＤＭＡＴへの派遣要請へと至る。

そしてこのことは、これは過去の福島第一原発事故対応と重なるものである。当初放射線災害という枠組みのため、当初ＤＭＡＴは活動できなかったが、二〇㎞圏内の病院の緊急避難時に四四〇名の入院患者のうち避難途上で四五名以上が亡くなり、発災五日目には三〇㎞圏内が屋内退避となり地域の病院は孤立した。ここで初めてＤＭＡＴは想定外の活動が認められることとなる。その後、当該地域の病院に残った五〇九名の患者の避難搬送は無事に行われたのである。

組織的に動くことができ、一定の訓練を積み重ねてきた医療資源を柔軟に活用することの必要性を再度認識すべきであろう。

(2) ダイヤモンド・プリンセス号と船内活動概要と課題

近藤らの報告によれば、当初、乗客・乗員合計三七一一人が乗船しており、ＰＣＲ陽性者が多数いることが判

図11　ダイヤモンド・プリンセス船内の様子（船内活動関係者からの提供）

明。さらに新規発熱者が発生している中、船内医療関係者や自衛隊組織の懸命の対応が行われていた。医師が船内の発熱患者に接触するのに三日以上を要し、さらに乗客はご高齢の方が多く必要な定期処方薬が配布できないといった圧倒的な対応資源不足の状態であった。そこで医療チームは①乗客乗員への救命医療の提供、②新型コロナウイルス感染症の感染拡大防止の優先順位で活動を行った。具体的には有症状者の診察、救命医療を含めた診療を実施、同時に感染拡大防止のためにも、ＰＣＲ検体採取し、検査陽性者は下船させることとした。

発症ピーク時は、さらに新規の発熱者が多数発生するようになり、診療の応需に一日以上かかること、発熱者のＰＣＲ検査陽性率が五〇％程度あり非常に高いことから、診療応需を優先とした活動の見直しが図られた。救命医療の提供、感染による死亡及び関連死の軽減、感染拡大防止の優先順位を設定し、優先下船者についてそれらのカテゴリーを以下の通り定義した。

そのカテゴリー分類として、Ⅰ-1緊急に医療を要する人、Ⅰ-2医師が船内生活困難と判断した人（有症状者）・リスクが高い基礎疾患を有している人・コロナウイルス感染で重篤となるリスクが高い人、Ⅱ　健康被害のリスクが高い人（無症状者）・八〇歳以上　基礎疾患あり・妊婦・小児等、Ⅲ　新型コロナウイルスＰＣＲ検査陽性の人、としカテゴリーⅠの緊急搬送は、ＤＭＡＴが対応継続、神奈川県を中心に近隣の医療機関へ搬送した。カテゴリーⅡのＰＣＲ陰性者のうち希望者は、下船、宿泊施設（税務大学校）に厚労省が移送した。カテゴリーⅢの搬送は、ＤＭＡＴが対応継続、遠方医療機関も含めて搬送した。カテゴリーⅢの同定のためのハイリスク群を優先した検体採取は、国立国際医療センター、自衛隊が実施した。

患者の病院搬送においては、家族対応が課題となる。搬送活動開始当初は家族同伴での搬送、入院はできなかったため、離散した家族が多かった。隔離中といえども家族離散状態で危篤を迎えることは悲劇である。このような事態を予防・回避するために、当初からできるだけ家族同伴で入院できるよう医療機関、搬送機関に依頼するなどして対応を実施した。

また薬剤についても検疫所と船内薬剤部門の調剤方法が統一を図るとともに、薬剤師の派遣人員の増加を図り、定期処方をほぼ完了することができた。

今回の対応はＤＭＡＴが今まで積み上げた災害の経験やノウハウによるところが大きかった。災害対応の本質は対応体制の確立と運用にある。災害原因によらず様々な災害対応を行う組織が幹となり、その原因の専門家がそれを技術的に支える体制ができることが望ましい。したがって、今後の対応改善のためには、感染症に特化した組織を作るのではなく、災害対応を行う組織の中に感染症対応分野を設置することが必要である。

以上、近藤らの報告からダイヤモンド・プリンセス号での活動概要を紹介した。

2　拡大するＣＯＶＩＤ-19「見えない敵」これは災害なのか？　そして如何に戦うのか？――新型コロナウイルスに対する災害医療分野の対応

新型コロナウイルスの感染症の国内拡大を受けて、厚生労働省は各都道府県に病床など搬送先確保と搬送調整体制を整えるよう通知を発出、その中で、ＤＭＡＴも都道府県の本部に入るなどその体制整備へ貢献することとされ、それを受けて多くの都道府県でＤＭＡＴが本部に入ることとなった。ほとんどの都道府県でＤＭＡＴが参画、二八都道府県においては常駐体制が引かれた。一方、国レベルにおいても、ＤＭＡＴ関係者が厚生労働省新型コロナ感染症対策推進本部（厚労省本部）に厚生労働省参与として入り、最終的には地域支援班の一員として活動することとなる。

死亡者が多い病院や施設では、組織的な支援の効果が出る前に死亡のピークを迎えている。早期介入により、恐怖⇒混乱⇒システム崩壊による平常の医療、介護が提供できないことによる死亡を抑えている可能性があることが示唆された。そして、感染が拡大した病院や施設内での死亡は、「五つのパターン」に分けられると考えられることが明らかになった。

第1が、新型コロナ感染症の恐怖、それによる混乱、これがマネジメントシステム崩壊につながり、平時の医療や介護が全く提供できなくなる。つまり医療・介護崩壊による死亡である。第2は一定のマネジメントはできていても、需給のアンバランス状態が長く続くことで医療・介護の質が落ちてしまうことによる死亡。第3が新型コロナそのものでの死亡。第4は、もともとの状態が非常に悪く、次に何らかのイベントがあれば、亡くなる危険性があった方の、そのイベントが新型コロナ（最後の一滴死亡）であったケース。第5が新型コロナ以外の疾患の発症悪化に伴う死亡であるが、たまたま新型コロナ陽性であったケース。これらの死亡に対し、感染拡大防止による効果は限定的で、第1～3については体制を確立し、資源調整を行う災害医療の対応が必要である。また、いずれにせよ亡くなる方をゼロにすることはできないことを前提に、本人と家族の悲劇を低減するために、尊厳ある死亡を守るための対応が必要であることが明らかとなった。

これらを含めて今までのノウハウや情報整理の統一化を含め、今後全国各地で支援に入る可能性が高くなる中、ＤＭＡＴロジスティクス研修で、新型コロナウイルス感染症におけるクラスター施設対応の講義やシミュレーションを実施した。

次の図12~図14については、DMATロジスティクス研修スライドの一部を示したものである。

そして二〇二〇年六月の北九州市を皮切りに、八月沖縄県、九月青森県、第三波では、札幌市、旭川市、広島市、沖縄県、宮城県、仙台市、第四波では、大阪市、神戸市、札幌市、北海道、沖縄県、第五波では沖縄県、第六波では沖縄県、北海道、函館市、大阪府、大阪市への支援活動を実施した。

<全体のPCR結果が出た時点>

『現状分析』、『活動方針』で検討すべき項目

➢指揮系統
コンタクトリスト、定時ミーティング
常駐支援必要時は指揮所設置

➢感染状況

➢医療提供と健康管理
緊急医療対応、一般医療提供、健康管理

➢感染制御

➢人的資源管理
職員不足の見積、復帰職員の見込整理

➢物的資源管理
PPE在庫状況と消費量の算出、要請方法

➢搬送・戻り搬送
連絡体制、急変時対応、戻り搬送

➢環境整備
給食、廃棄物、リネン、洗濯、清掃

➢職員のケア
職員の宿泊施設確保、ストレスケア

➢その他
リスクコミュニケーション、家族対応

図12　DMATロジスティクス研修スライドから

<全体のPCR結果が出た時点>

感染制御で実施すべき項目

➢ ゾーニング
➢ 隔離状況
➢ 防護服
通常:フェイスシールド、サージカルマスク、ガウン、手袋
エアロゾルが発生する処置を実施する時:N95
患者間の媒介を予防する案:エプロンと手袋を患者毎に変える
➢ 動線
➢ 感染に関する教育

図13　DMATロジスティクス研修スライドから

ゾーニング

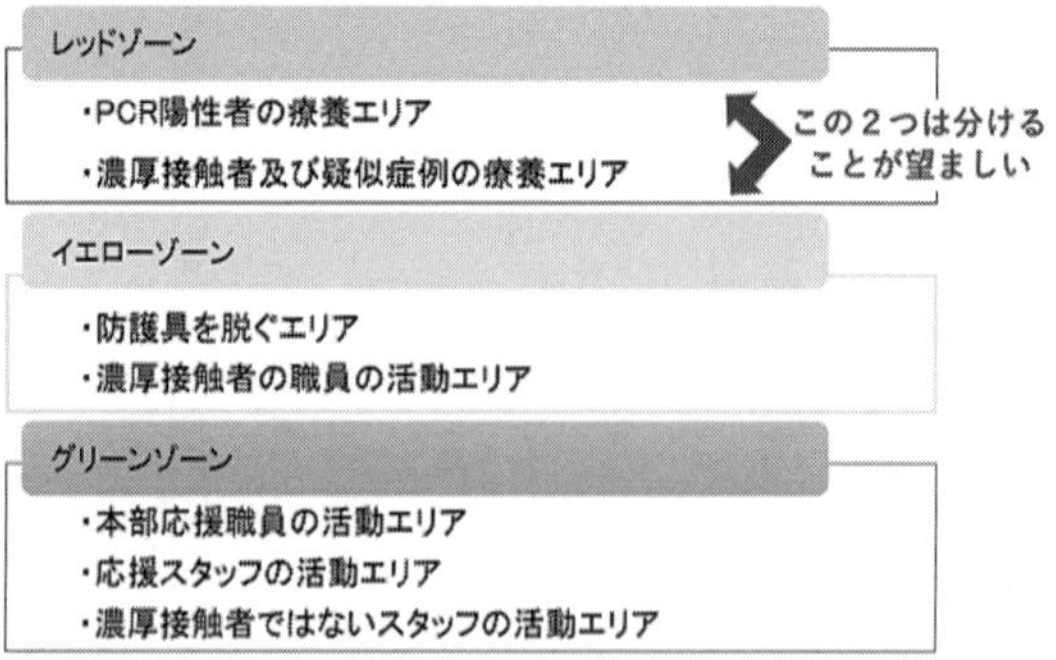

図14　DMATロジスティクス研修スライドから

ＤＭＡＴの活動は、都道府県、災害拠点病院に本部を設置し、医療機関等の被害状況を集約することにより災害医療体制（ＣＳＣＡ）を確立、そして、ＴＴＴ業務として、個々の医療機関・施設支援を訪問し、困りごと（ニーズ）を正確に聞き取り、分析しインフラ・物資が課題であれば、物資支援調整、患者後方搬送が課題であれば搬送支援、診療人員不足が課題であれば診療支援を実施する。ＤＭＡＴは被災地の医療を支援する。これは、被災地の医療従事者を支援することである。被災地では、必ず地元の医療がすでに活動している。つまりは被災地の医療従事者に寄り添い医療機関を支えることを目的とする活動である。

このようなＤＭＡＴの考えや災害医療での経験は今回の新型コロナ対応に極めて有用であった。物資支援として防護服補給体制の確立、搬送支援として搬送体制の確立・支援クラスター発生施設においては、死亡・悲劇を低減し、施設を支えるための病院・施設支援、入院待機者への対応としての大量患者発生対応である。そもそも災害医療とは医療崩壊時の医療、その中で、被害を低減するために最善を尽くす医療である。この災害医療の考えは、新型コロナウイルス感染症対応に大きく寄与してきたと言える。

３　ＣＯＶＩＤ-19「見えない敵」と戦う地域への支援―広島市における「新型コロナウイルス感染症」に対する活動概要

（１）広島市への派遣の経緯と目的及びその課題について

前述のように、各地に支援に入ることになったが広島市も新型コロナウイルスの感染が二〇二〇年一二月以降急速に拡大し、その対策業務が一気に増加したことに伴い、外部支援の必要性が出てきた。

基本的には、本部支援が目的の派遣で、クラスター施設対応は、広島県と協力しながら対応していくこととなった。筆者は厚生労働大臣からの辞令に基づき、厚生労働省新型コロナウイルス感染症対策推進本部事務局参与（地域支援班）として支援に入ることとなった。

いずれにせよ、派遣の可能性があるＤＭＡＴ登録者他関係者には、これまでの対応のノウハウ等を整理したものを前述の研修会を受講し、基本的対応についての知識を持った状態での派遣となる。また実際は他の地域で活動を実施したメンバーも転戦しながらのON The Job体制で相互の対応スキル向上を図りながらの支援活動であった。

当時、先遣として一二月下旬に広島市に入った厚生労働省健康局健康課地域保健室、近藤祐史氏の報告による と以下のような課題が提示されていた（二〇二〇年一二月二八日現在）（近藤祐史氏のスライドから引用）。

本部名がそもそもない。班名と実態が乖離している。

県と情報をやり取りするため、どうしてもタイムラグが生じる。データ入力ができていない。デジタル化人員がいない。この本部の総括班は？　分析や戦略は？「頭脳がほしい！」

受診の優先順位を決めているのは市？　区？　マネジメント側の人数が足りない！

濃厚接触者の認定が甘いのでは？　クラスター対策のスキームは？　クラスター特命班が必要！

リスクコミュニケーション問題。広報班は必須。局長直轄でもよい。

と示されており、まずはこれらの課題解決、および負担のかかる業務責任者の負担を軽減し、本来業務が円滑に実施できるような体制を構築していくこととともに、広島市の感染状況・患者状況等の全体状況を常時確認できるような環境を整備することを目標に、本部業務支援を実施することとした（仮称　戦略特命チームとして活動を開始）。

（2）派遣期間について

二〇二〇年一二月中旬から感染拡大の事態が収束するまでの当面の間で、今回の報告は二〇二〇年一二月二八日～二〇二一年一月一〇日の活動内容を示す。

（3）活動場所

広島市役所　一四階　災害対策本部内（当時）
広島市新型コロナウイルス感染症対策本部内（一二月名称決定）及び市内各所

（4）活動チームメンバー

神戸学院大学 教授　中田敬司
厚生労働省 健康局　守川義信、同 近藤祐史
厚生労働省地域支援班　松田宏樹（DMAT事務局）
Peace winds Japan 会沢裕貴

以上（敬称略）

上記、メンバーで様々な課題に対して協議しながら活動を実施した。

（5）活動内容と現在の状況

まず、活動方針について、チームメンバーと協議して以下の方針を決定し、この内容に沿って活動を実施していくこととした。その結果と評価・課題等について示す。

〈活動方針〉

1指揮統制・組織体制構築
2広島市内感染状況（以下継続）
3広島市内陽性者状況
4入院調整
5情報管理・共有化
6クラスター関連情報の整理
7各班からの報告・依頼・業務上の課題
8ＴＯＤＯリストと課題解決
9その他

1）指揮統制・組織体制構築について

・本部名・組織体制・役割と権限の明確化

まず、本部名が示されていなかったことでこれの設定を実施した。「広島市新型コロナウイルス感染症対策本部」を提案し広島市側の了解が得られた。さらにまずは暫定的でもコマンド・コントロール体制の明確化やそれぞれセクションの役割と指揮命令系統、および戦略特命チームの位置づけを図式化した。当面はこの組織図で対応し、順次必要に応じて再編していくこととした（図15）。

これらを暫定的なものとして広島市側に提示した。うまく機能したか否かについては評価が難しいが、どこかで立ち止まってこうした組織図や役割を見直す必要がある。役割分担・資源の配分等組織改編・情報の流れ等を明確にすることがポイントだった。

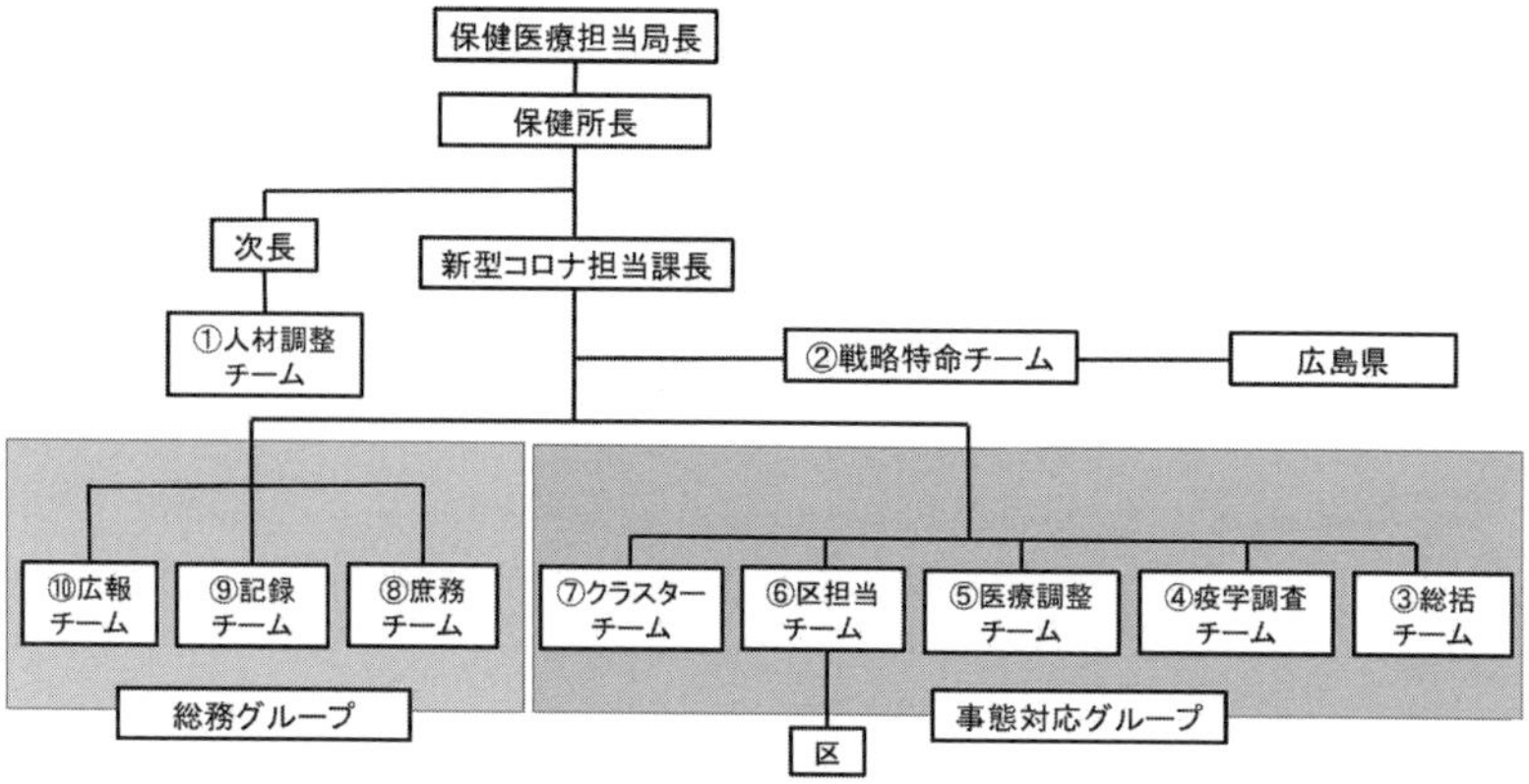

図15　広島市新型コロナウイルス感染症対策本部　体制図

2）会議・ミィーティングについて

会議・ミィーティングの実施及び情報共有化については、県クラスター班とのＺＯＯＭ会議に毎日出席し、施設対応の状況について情報の共有化を実施した。この会議は非常に有意義であるので環境を整え継続していく必要がある。ただ、組織内の情報の共有化や問題の明確化が不十分な状況であるため、朝・夕のミィーティングを提案した。一月五日あたりから定期的に夕刻のミィーティングが開始されるようにはなったが、実務に追われることがあり、二二時を超えて実施されることもあった。本部運営には速やかな組織内課題対応を考えることが必要である。よって班長レベルは忙しくても一旦手を止めてミィーティングを持つべきで、一月五日のミィーティングではかなり具体的な課題の提示があり、その重要性は認識いただいた。また、夜遅くなってのミィーティングについては職員の健康上の観点からできれば改善していくべきで、定時的に一九時三〇分から三〇分以内を提案し、ミィーティングアジェンダは方針に従ってすすめ現状の確認、課題抽出、解決案について検討し、明日すべきことをＴＯＤＯシートに記入し実行に移していく形を推奨した。

3）広島市内感染状況（継続）

日々の感染者数の数値を確認の上、図16のように示すこととした。

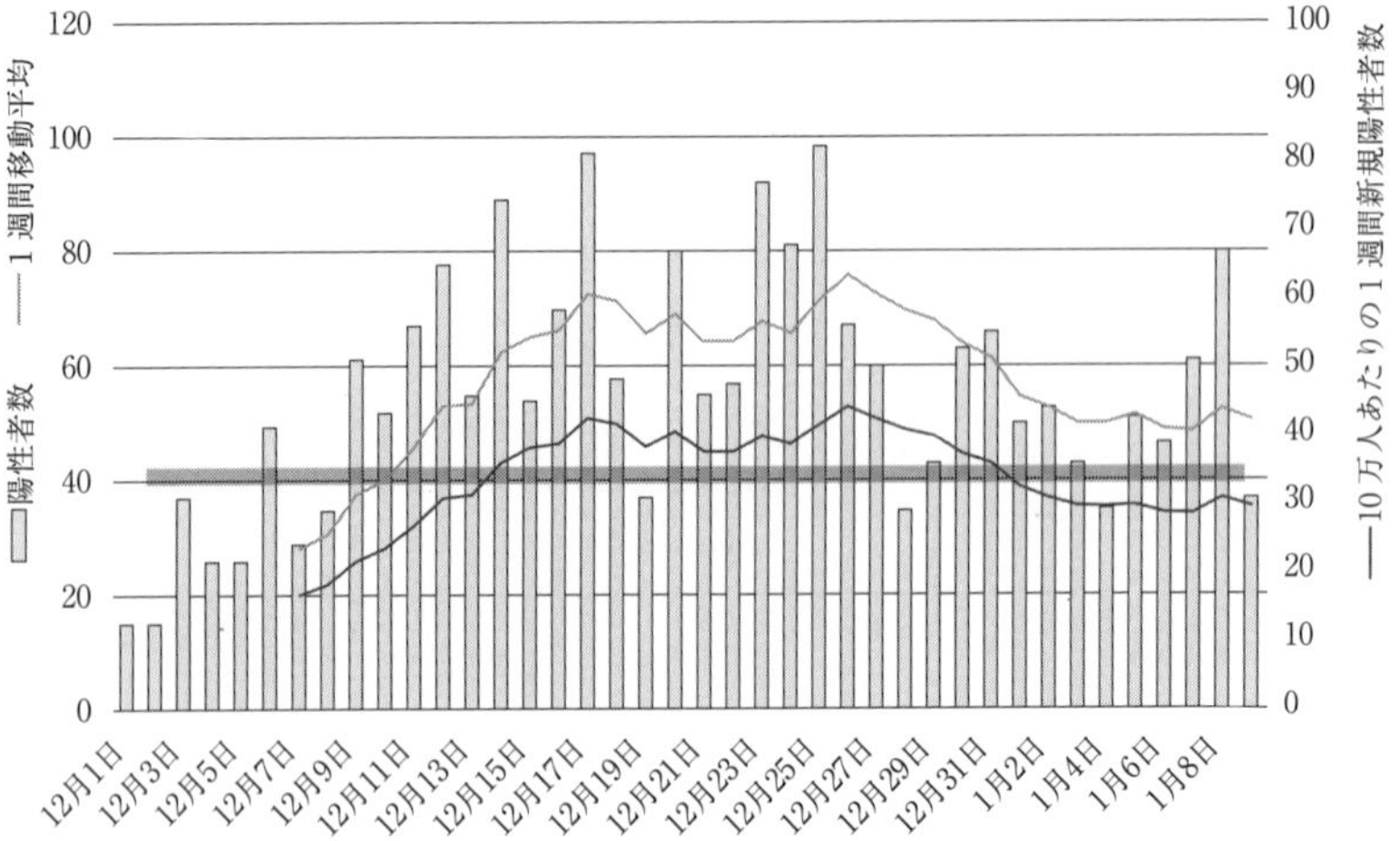

図 16　広島市感染者数の推移

全体状況の理解につながったと考える。今後も継続する。（一月八日現在）

全体としては緩やかな現象傾向にあるものの一月七日には八〇人という数字が記録されていることもあり、予断は許さない状況が継続されていると考えられる。二五／一〇万人（一週間）の観点から言えば、一日あたりの感染者数四〇人を切る状況が一週間以上継続してくればステージⅢ相当にレベルダウンする。まずはここを目標に対策を続けていく必要がある。

4）広島市内陽性者状況（継続）

感染者数と同様に、陽性者数の状況についても日々の状況を示すこととした（一月九日現在）。

全体として、入院数は横ばい、ホテルが増加し、自宅他がやや減少傾向である。また三〇人程度の一定数が退院している。これらから、入院トリアージを実施するなど医療現場は依然として厳しい状態が続いていることが言える。ホテル療養については微増の傾向にあるため家庭内感染拡大防止には一定の効果を期待できる。死者数については、超過死亡について検討したが超過死亡とまでは言えないと評価した。

支援を要する病院	保健所の担当者・Dr.	入院患者							
		陽性者数	死亡者数	死亡率	入院患者総数	RED患者数	陽性寛解日	濃厚接触者数	施設解除日

職員											
平時勤務数	現状勤務数	陽性者数	濃厚接触者数	RED勤務数	Pt/Ns（全体）	Pt/Ns（RED）	REDNs/平時	グループ支援	外部支援	支援要望	自衛隊

感染制御	他波及	医療提供				搬送	戻り	人的資源	物的資源	職員ケア	状況・課題	●月●日の対応
		対応医師	点滴	酸素	Dex							

図17　スプレッドシート

5）入院調整

一月六日実績として、入院一三二名（クラスター施設関連含む）、ホテル二〇〇名であった。

入院の調整状況についても、日々確認し表記した。数字の整理のため日程表記にはタイムラグがある。入院者が多くなると調整が難しくなるが、現在のところ何とか対応できているといえる。これ以上感染者が増えないように努力をしていく必要がある。

6）情報管理

（ア）個票の電子化について

個票が紙媒体となっており、作業が二度手間、転記ミス等の可能性を防止するためエクセルで電子管理に移行させることとした。そのためのツールを作成し三〇日に八区保健センターに説明を実施した。三〇日朝から運用を開始。改善の後一月一日から修正版でスタートした。大きな混乱もなく、それ以降はスムーズに活用できている。

（イ）クラスター関連に関する情報管理について

札幌、旭川等で使用されているスプレッドシートを用いて県のクラスター対策チームとの情報の共有化を図ることにした（図17）。

（ウ）情報の流れについて

対策本部内で聞き取りを行い情報・業務の流れを図18のように見える化

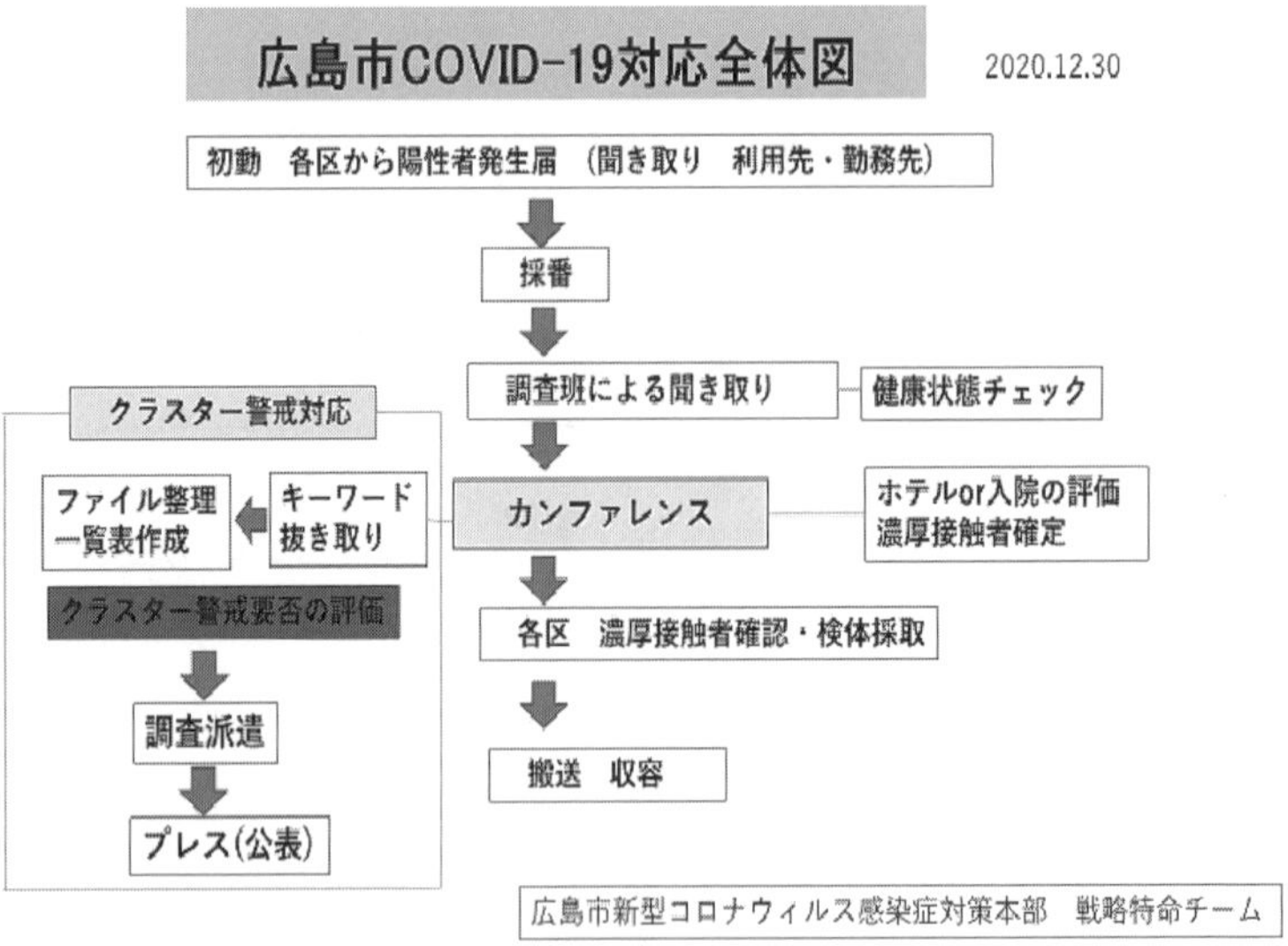

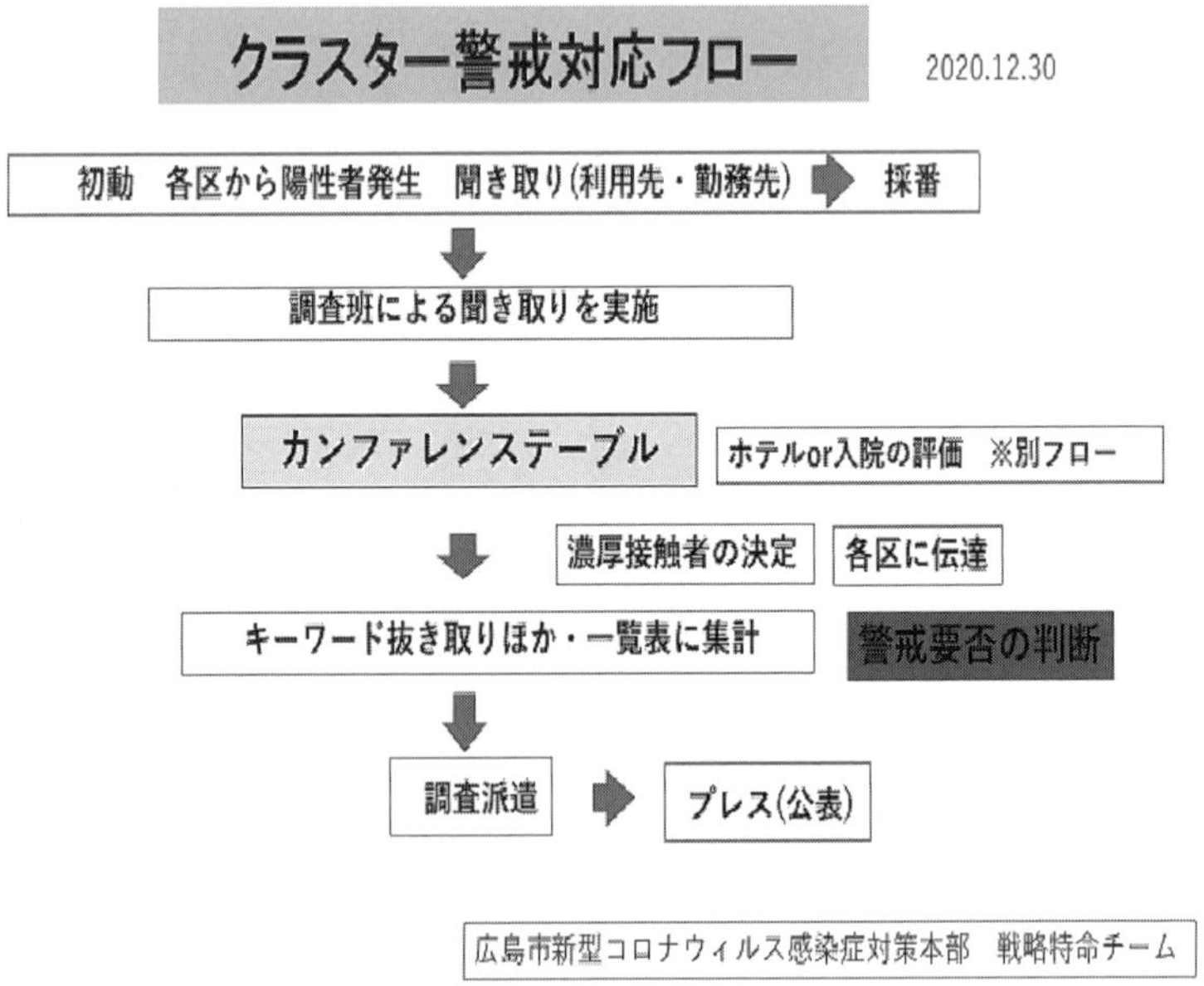

図 18　情報の流れの見える化

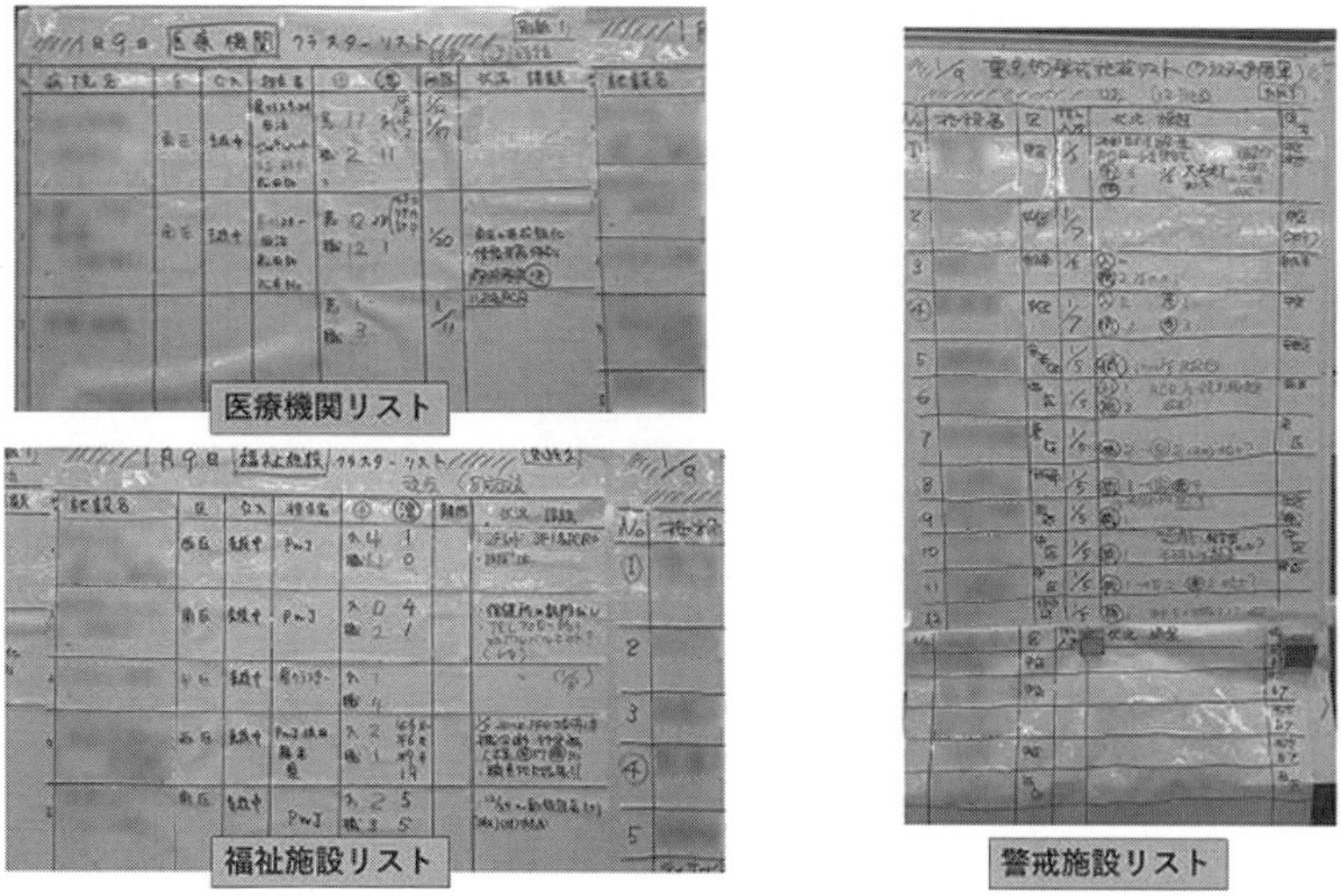

図 19　広島市の状況

を行った。しかしこの内容については本部内での共有化は図られていない。特命チーム内での業務内容認識のためのツールとなった。

（エ）クラスター関連情報について

ホワイトボードを使用し、札幌・旭川で対応していた同じマトリックスを使用し、常時情報の共有と数的管理を実施した（図19）。

情報の流れについては課題を残した。重要な情報の共有化がなされておらず、調査の状況、結果、評価、支援の要否、支援の状況、支援完了等の情報が滞っていた。特に、警戒施設リストの作成については、チームが聞き取りをしながら、重点的警戒施設リストを作成した。しかし、その後の調査結果の状況の入手までには至っていない。今後はこうした重要情報が滞留しないよう再度情報の流れを確認すべきである。

（オ）クラスター関連について（一月八日）

・陽性者のいる施設：五施設（施設名等詳細は割愛）
・支援を要する病院：二病院（施設名等詳細は割愛）
・『新規重点的警戒施設情報』シート記載以外

一五施設

支援の必要な病院は二病院に絞られた。集中的にこの二病院について支援を行い、現在のところ落ち着きつつある状態である。しかし、当面の間は継続して支援を実施する必要があった。福祉施設については陽性の入居者が施設内から転院するなど状況は落ち着いており、電話でのフォロー、時々訪問レベルで大丈夫である。これからは、陽性者が出たことによる職員不足、またクラスター発生リスクの高い施設への支援が必要であると評価する。総合的評価として、あと一息で感染拡大対応も攻めに転じることができそうである。

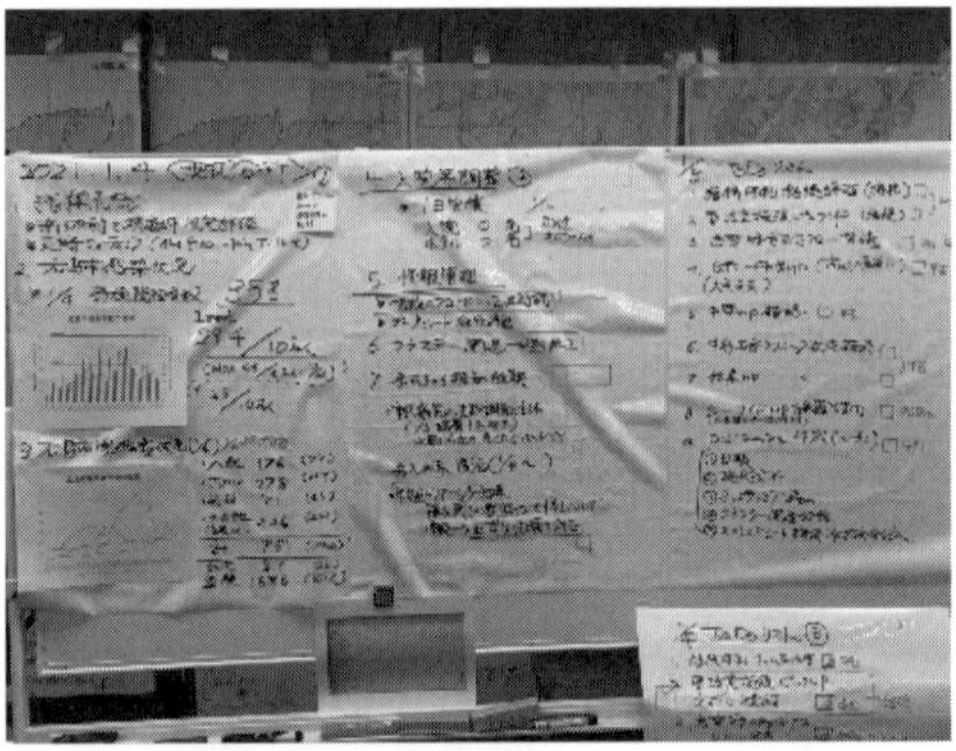

図 20　現状分析とＴＯＤＯリスト

7）各班からの報告・依頼・業務上の課題（ＴＯＤＯリストと課題解決）

班長ミィーティングで業務上の報告と課題が提示された。主な課題（業務日報から）として

・三連休の外来体制について、舟入・安佐市民病院・警察から、死体のＣＯＶＩＤ例はカウントする
・広島薬研堀ＰＣＲセンターの問題
・広島市と広島県とのトリアージ基準の調整協議が必要
・入院調整時のＡＣＰはトリアージセンターに確認済
・現状必須ではないと確認済みだか・・再確認する。

これらはミィーティングによって明らかになったものであるが、それらの解決策や対応についてＴＯＤＯリストに提示するとともに担当者を明確にして具体的に解決に向けて動くように対応した。またリストアップとともに、チェックボックスを設け、課題について解決したか否かをわかるように表示した。これについてはうまく機能したと評価する。

8）その他

保険医療担当の会見PPt案を作成提案した。以下に代表的なPPtを示す（図21）。感染者数の推移、直近一週間の一〇万人あたりの感染者数の推移、実行再生産数等の値を用いて、わかりやすく数的エビデンスやピクトグラムを示しながら見解を述べていただくよう工夫した。

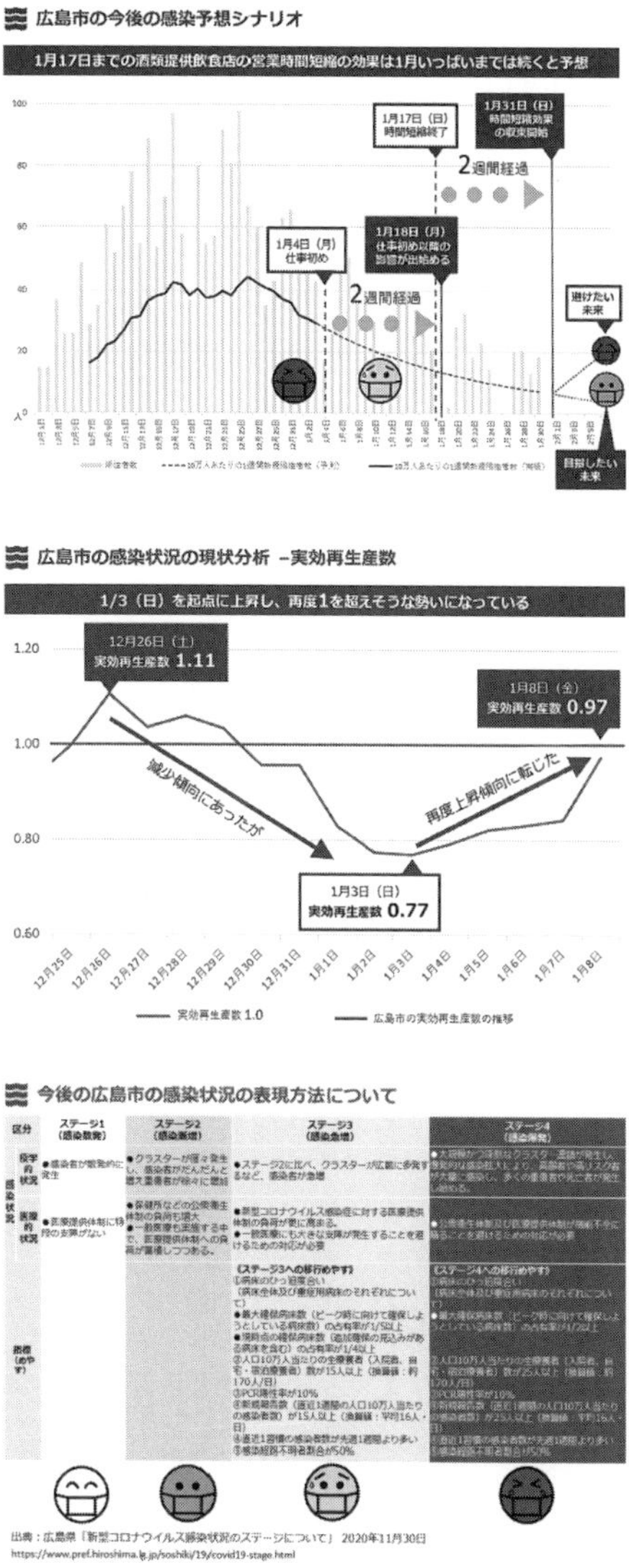

図21　プレゼン資料作成（一部）

（6）活動のまとめ

今回は県の本部業務については、ＤＭＡＴ活動をベースに、ダイヤモンド・プリンセス、コスタアトランチカ、札幌、旭川での活動を参考にし、その一部を加工しながら広島での活動を展開した。本部支援はまさにＣＳＣＡの確立を示すものだったが、このことを理解している職員は少なく、全体の組織構築よりも、目の前の業務に専念されている方が多いと思われた。今後は自分のこの作業がどのような目的で、どのような流れでどのように反映されていくのか理解しながら業務を行うのとでは、組織の生産性に大きく影響すると考えられる。

またミィーティングの開催は、当初はかなり抵抗感があった印象がある。忙しい手を止めてまで・・と思う職員の方もいたかもしれないが、ミィーティングの重要性や必要性の認識は高まったと思う。また県とのＺＯＯＭミィーティングはクラスター施設の情報を共有することができ、かなり有意義なものである。いずれのミィーティングも今後は是非継続して実施してほしい。

情報の流れ（フロー）についても課題を残した。我々も当初、クラスターの対応をしている病院や施設、今後クラスターが発生しそうな重点的警戒施設についての情報を入手するのが困難で現状を把握するのに相当の時間を要した。現在は報告の通り、ある程度の整理はできたものの未だにその詳細はつかみ切れていない。今後は対応を攻めに転じるためにも早急な情報の流れを再構築すべきである。

以上、これらは今回筆者が二〇二一年一月一〇日、広島市新型コロナウイルス感染症対策本部に提出した報告書から抜粋して記したものである。

また、広島市以外では神戸市に派遣されたが、神戸市での活動は主に、クラスター発生施設への支援であった。これも同様に、現状分析等を施設職員と実施し、資源の重点的投入について検討し実施につなげていく業務である。

これらの各地域への支援はこれまでのノウハウやＤＭＡＴロジスティクス研修会等で示されたスタンダードなものがあり非常に有益であった。また、その浸透は外部支援者として入る立場として、相互の信頼関係構築の上に成り立つものである。さらに地域の特殊性の影響もあるため、それらに対して十分な配慮が必要である。そしてこのことは、災害被災地の支援に入る心がけと同様で過去の被災地支援の反省や教訓が生かされたと考える。

［４］ＣＯＶＩＤ-19「見えない敵」との戦いの最中に発生した豪雨災害：如何に戦うのか？―熊本豪雨災害（複合災害）における医療活動―

１　熊本豪雨災害の概要

国内において全国的にコロナ禍の中、二〇二〇年七月四日当時、県南部を流れる球磨川の氾濫や土砂災害が発生し、人吉市や球磨村、芦北町などで六五人が死亡、二人が行方不明となった。熊本県が二〇二〇年八月三日までに把握した被害は、球磨川流域を中心に少なくとも六〇六棟が全半壊、五六八六棟が床上浸水。さらに同日の時点で七二七世帯、一四〇八人が避難所で生活している。車中泊や、損壊した自宅の二階などで暮らす被災者も県が把握しただけで約一〇〇〇人はいることが明らかであった。

発災して四か月を迎える一一月。県が建設を進める仮設住宅は予定の九割が完成する一方、球磨川氾濫による被害が大きかった人吉市、球磨村、あさぎり町では、一四一世帯二三八人（二日現在、前月比四六三人減）が避難所や宿泊施設を利用した「みなし避難所」での生活を余儀なくされている。

県によると、七市町村に仮設住宅計八〇八戸を完成させる計画で、四日時点で完成は九割の七三七戸に達する

図22　熊本豪雨災害　人吉市内の様子

見通し。一〇月二五日現在、五六一世帯一四五四人が入居しており、みなし仮設住宅や公営住宅を含むと、計一三二〇世帯三一九八人が仮住まいでの生活を始めている、と報告されている。

本災害には前述の熊本地震と同様にDMAT並びにDMATロジスティクスチームが派遣され医療支援活動を実施した。今回は、筆者が派遣されたDMATロジスティクスチームの活動を報告し考察する（図22）。

2　DMATロジスティクスチーム派遣時の状況

七月一八日現在の熊本県内の保健医療調整本部の状況は図23に示すとおりである。

熊本県DMAT調整本部、県南保健医療調整本部（熊本労災病院内）、芦水地域保健医療調整本部（芦北地域振興局内）、芦北地区現地活動指揮所、人吉・球磨医療圏保健医療調整本部（人吉保健所内）、球磨村現地指揮所以上、県DMAT調整本部を含め四か所の保健医療調整本部、二か所の現地指揮所が設置され活動を展開していた。組織図は以下の図24のとおりである。

3　七月一八日現在での人吉・球磨医療圏保健医療調整本部管轄管内での課題について

人吉・球磨医療圏保健医療調整本部管轄管内は管轄区域：人吉市、錦町、多良木町、湯前町、水上村、相良村、五木村、山江村、球磨村、あさぎり町である。また人吉保健所および人吉・球磨医療圏保健医療調整本部の設置

圏域名	構成市町村名	面積※（k㎡）	人口※（人）	管轄する保健所
熊本・上益城	熊本市、御船町、嘉島町、益城町、甲佐町、山都町	1,174.3	822,747	熊本市 御船
宇城	宇土市、宇城市、美里町	406.9	105,006	宇城
有明	荒尾市、玉名市、玉東町、和水町、南関町、長洲町	421.4	158,346	有明
鹿本	山鹿市	299.7	51,237	山鹿
菊池	菊池市、合志市、大津町、菊陽町	466.6	183,447	菊池
阿蘇	阿蘇市、南小国町、小国町、産山村、高森町、南阿蘇村、西原村	1,079.6	61,827	阿蘇
八代	八代市、氷川町	714.7	137,589	八代
芦北	水俣市、芦北町、津奈木町	431.4	48,124	水俣
球磨	人吉市、錦町、あさぎり町、多良木町、湯前町、水上村、相良村、五木村、山江村、球磨村	1,536.6	86,261	人吉
天草	天草市、上天草市、苓北町	878.4	112,934	天草
計		7,409.5	1,765,518	

※面積及び人口は、平成29年10月1日現在

図 23　7 月 18 日時点の保健医療調整本部の体制

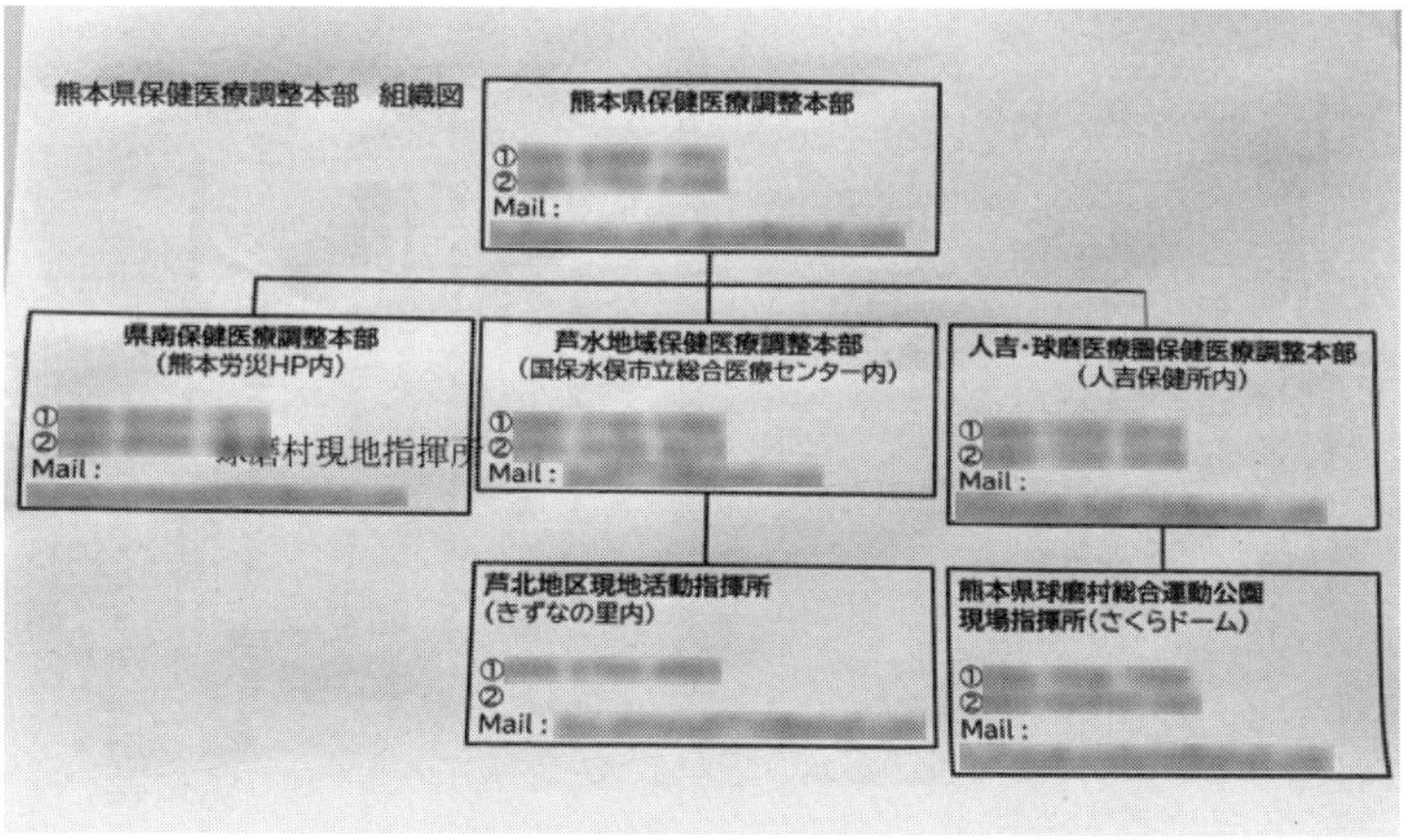

図 24　熊本県保健医療調整本部　組織図

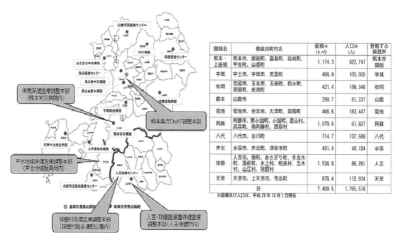

主体は熊本県である。ＤＭＡＴロジスティクスチームは本医療調整本部での業務に従事することとなった。また球磨村は被害が甚大で別途本部を設置し対応している（さくらドーム・現地指揮所）。球磨村内に避難所が十分になく、村外避難所（人吉一中　旧多良木高校）を設置している状況である。その中で確認された課題は以下の通りであった。

◇球磨村診療所支援
◇村外避難所の情報を役場と共有すること
◇村外避難者の受療支援
◇集落の医療支援
◇人吉医療センターのＥＲ支援
◇医療機関再開への支援
◇避難所診療
◇医療機関からの大規模転院
◇電話再診、処方薬配達システム
◇避難所のＣＯＶＩＤ-19対策
◇こころのケア
◇その他、保健師からの依頼他

以上一二項目の課題があり、それらに対応するため役割を分担し活動を展開した。

特に以下の四項目については直接ＤＭＡＴロジスティクスチームメンバーが担当し調整を実施した。以下について報告する。

◇医療機関再開への支援
◇医療機関からの大規模転院
◇電話再診、処方薬配達システム
◇避難所のCOVID-19対策

４　人吉・球磨医療圏保健医療調整本部で実施した課題対応について（四項目）

⑴　医療機関再開への支援

七月一八日調査の結果、現在で少なくとも診療開始までに二週間、もしくは再開の見通しが立たないといった医療機関が八施設存在していた。また、どのような環境を整備すれば開院が可能になるのか聞き取り調査をした。中には通電さえすれば開院可能の病院もあり、これについては県を通して九州電力に働きかけ、速やかに開院可能になった。また、浸水、泥の侵入に伴う清掃不十分が原因での開院の遅れについて社会福祉協議会に依頼し、ボランティアの手配を依頼したが、個人の住宅への派遣が優先されるため、その対応はできなかった。しかし院内職員で順次計画的に清掃を実施することとした。他の病院は機器の問題や医療従事者の疲労の問題があるにしても小さくても診療を始める回答を得られた。また必要があれば医療者の派遣も可能であることを示した。

⑵　医療機関からの大規模転院

発災時に、老人福祉施設他が被災し、二つの医療機関が被災者の受け入れ対応を実施した。医療機関の診療再開や老人福祉施設の状況から転院できる状況へとなったことからその調整の必要性があった。

二つの医療機関は、人吉医療センター二七名、公立多良木病院一四名（七月一八日現在）である。

©Google

図 25　地域医療機関の状況

災害発生時に大量に入院を受け入れた医療機関から他院への転院調整を支援
医療機関、行政、関係施設を有機的につなぎ情報共有できる方策を協議の上提案。

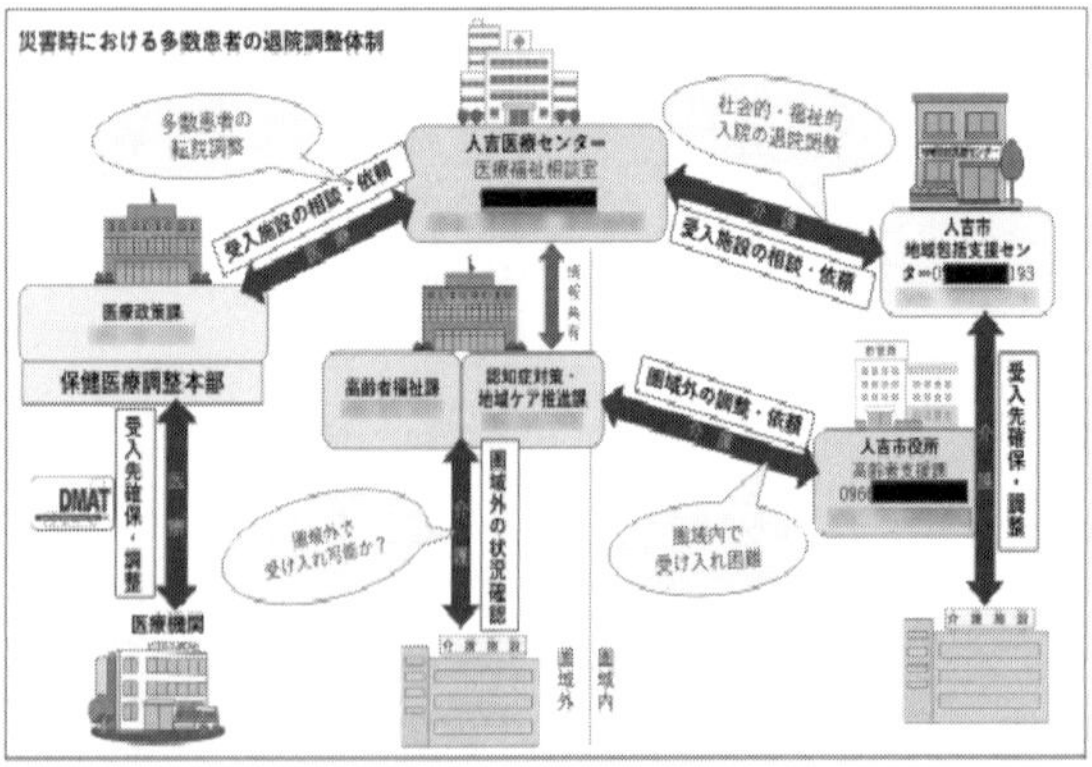

図 26　大規模転院支援

図26は大規模転院支援のイメージ図である。様々な機関との調整を実施し、順次転院を実施し、ひいてはすべての要転院被災者について転院ができる道筋を構築した。

（３）電話再診、処方薬配達システム

多くの被災者が避難している避難所は三か所あった。人吉第一中学校、スポーツパレス、旧多良木高校である。中でも人吉第一中学校から一二名、旧多良木高校から二〇名、医療にアクセスできない被災者がいることが明らかになった。理由は、医療機関が未開院、交通手段他である。ただ数日後、地域の三五の医療機関は順次開院していったことから、この問題は基本的に解決されたが交通手段の確保については何らかの対応が必要だったため、公共バスの運航方法の配慮の提案を実施した。また、人吉市医師会、人吉球磨薬剤師会と調整を行い、電話再診による薬の処方箋発行および配達システムを構築し、その周知を実施した。具体的には電話再診可能病院及び配達可能薬局のリスト整理、システムの図式化、避難所への説明と掲示などである（図27）。

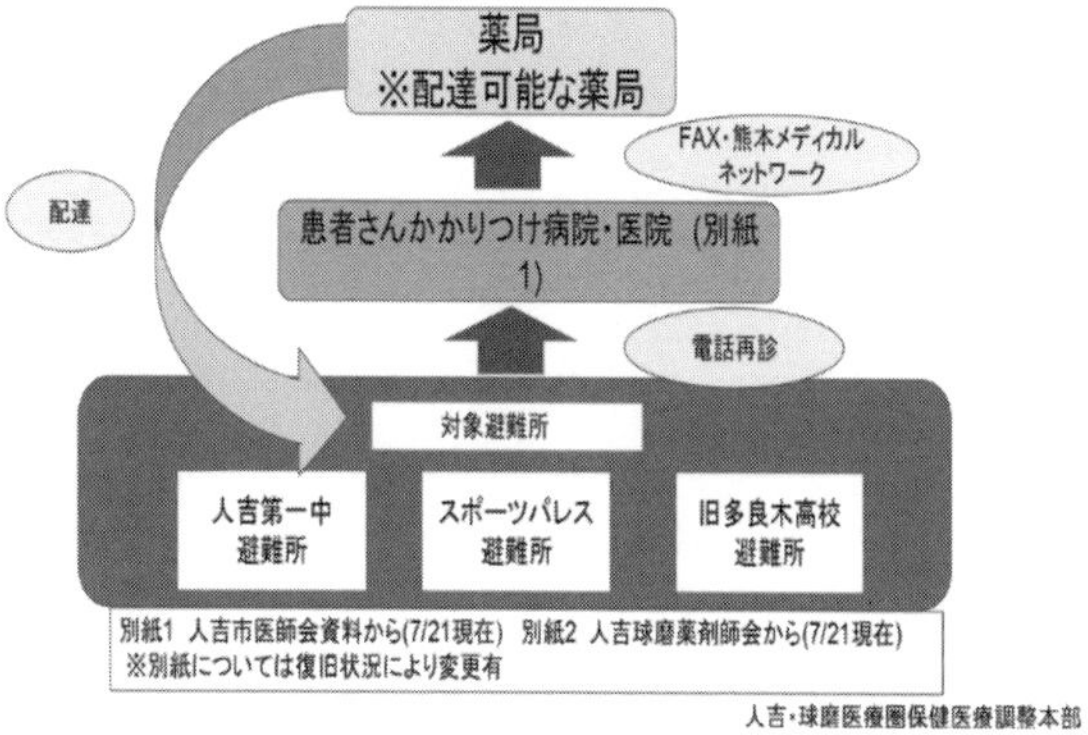

図27　電話再診及び処方薬の配達システム

これは新型コロナウイルス対策として、国によって電話再診が認められたことによるものを災害時に応用した形となった。

表1　避難所におけるＣＯＶＩＤ-19 対策

避難所における新型コロナウィルス感染症対策簡易チェックシート項目

1. 入所時のヒアリング、名簿作成ができている。（帰国者などの把握のため）
2. 入口で検温している。
3. 日々の検温ができるようになっていて、それが周知されている。
4. アルコール消毒液を設置している。
5. 手洗いの環境がある。
6. 配布用マスクがある。
7. 避難者が密になっていない。
8. 換気している。
9. 有症状者用の個室、または区切られた場所があり、動線が分けられている。
10. 内履きと外履きのエリアに区別されている。
11. 感染防止対策に係るポスター等を掲示し周知啓発を行っている。

避難所名	市町村	1	2	3
多良木高校	多良木町	○	○	×
健康の駅（改善セン	山江村	○	○	○
健康の駅（福祉セン	山江村	○	○	○
相良総合体育館	相良村	○	○	○
林業総合センター	相良村	○	○	○
保健センター	人吉市	○	○	○
西瀬小学校	人吉市	○	×	○
人吉第一中学校	人吉市	○	○	○
大畑コミュニティセ	人吉市	○	×	×
スポーツパレス	人吉市	○	×	○
人吉西小学校	人吉市	○	○	○
中原コミュニティセ	人吉市	○	○	○
人吉東小学校	人吉市	○	○	○
人吉第二中学校	人吉市	○	○	○
中原小学校	人吉市	○	○	○

7/20時点評価

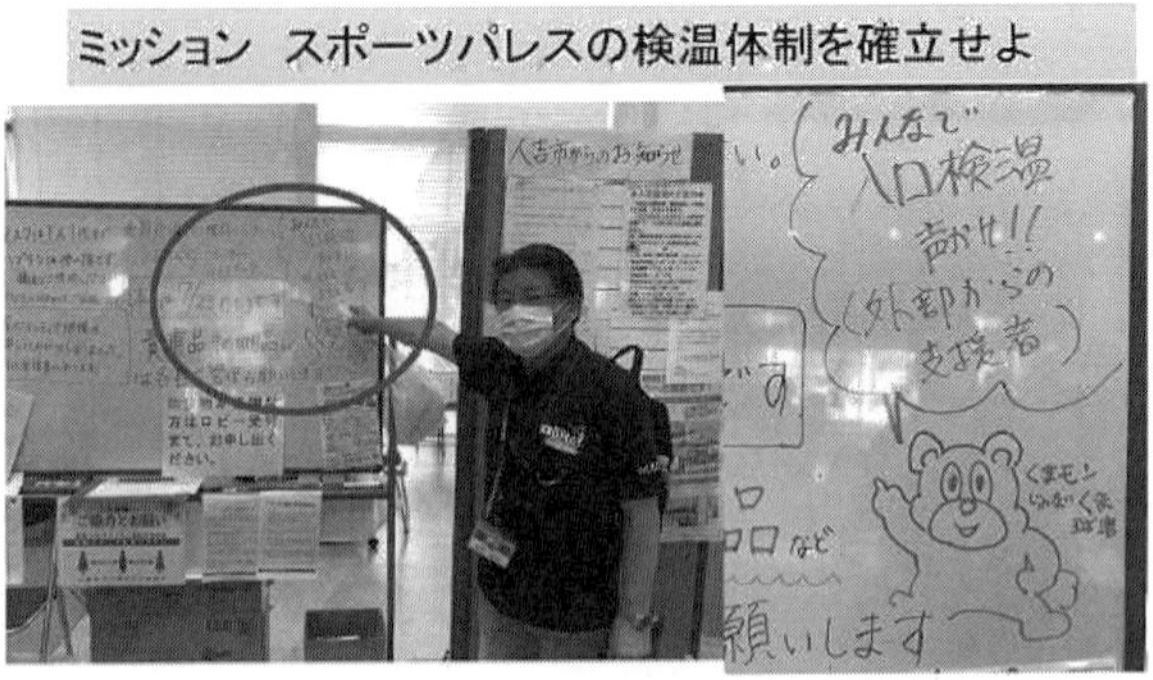

図 28　イラスト表示

図 29　ポスター表示

（４）避難所のＣＯＶＩＤ-19対策

今回の豪雨災害は新型コロナウイルス対策が求められる中での対応であった。熊本ではＩＣＴラウンド（感染制御チームによる巡回）が実施され避難所の感染対策について、その評価を実施していた。

表１は避難所ごとの七月二〇日での評価結果である。特にスポーツパレスの入り口検温体制が不十分だったため、そのイラストの表示やポスター掲示等その改善を実施した（図28、29参照）。

５　熊本豪雨災害（複合災害）の考察

（１）医療機関再開への支援についての考察

医療機関再開の支援については、各医院によってその事情が異なり、細かい調整が必要である。また被災病院へのボランティアの派遣については課題を残した。社会福祉協議会へのボランティアの派遣依頼は、一般住宅等に限られ、地域病院であっても収益事業者としての取り扱いを受け、派遣については制限されている。今後は行政機関の要請に基づいて派遣できるように改善すべきと考察する。

（２）医療機関からの大規模転院についての考察

転院搬送については多くの機関の調整が必要である。今回は時間的余裕のある中での業務だったため比較的にスムーズに進んだと言える。今後は災害拠点病院以外に有事の際に対応できる病院も指定しておく必要があると考察する。

（3）電話再診及び薬の配達システムの考察

このシステムの構築は、地元医師会、薬剤師会他関係機関の協力、調整なしには実現できないシステムだと言える。災害時他の関係機関との情報の共有や連携は重要であると考察する。また今回は新型コロナウイルス対策のシステムを応用したが、それ以外でも本システムは今後の災害時にも有効に機能すると考察する。

（4）避難所のＣＯＶＩＤ-19対策の考察

熊本ではＩＣＴラウンドが実施されており、客観的な評価をするシステムがあり、各避難所ではそれが効果的に機能していたと考察する。

［5］これからの災害医療分野における感染症対応について考える――

1　これからの医療体制について

近藤ら（Japanese Journal of Disaster Medicine 2022; 27 Suppl: 3-6）の報告によると、現状では保健所をはじめとした行政機関がＣＯＶＩＤ-19感染患者への医療提供の全てを調整するシステムとなっている。しかしこれが逆に医療へのフリーアクセスの保証を妨げ、医療機関の診療拒否や偏在の拡大を助長させている。本来であれば、体の具合が悪くなった場合は、まずは主治医に相談をし、そこでの対応が難しければ他の初診の医療機関を受診する。そして、そこでさらなる治療が必要とされれば入院ができるより高度な医療機関を紹介される。ＣＯＶＩＤ-19感染症においても、同様にして、まずはかかりつけ医または発熱外来等の初診医が診察をし、入院を要する場合は病院を紹介されるという、通常の医療体制のあるべき形に戻していくことが求められる。

そのためにまずは自宅療養者、施設療養者が通常通り外来受診できるようにしなければならない。急変時には救急要請できる体制を維持しながらも、基本的にはかかりつけ医や発熱外来等の初診医が診察、治療を行う。どうしてもこれが叶わない場合に備えて保健所で外来・往診医の紹介体制を確立する。必要があれば通常通り入院できるように、重点医療機関・確保病床という考え方からの脱却を図らなければならない。病棟単位にこだわらない受け入れを行い、病棟内でＣＯＶＩＤ-19に感染している患者とそうでない患者が混在できるような形が必要である。

また、必要があれば確保病床以上の受け入れや確保病床内でのＣＯＶＩＤ-19に感染していない患者の診療を行うなど、ニーズに応じた病床運用を検討していかなければならない。このような対応を図っていく中で、通常の感染症では症状が出て初めてその感染症患者と扱うのと同様に、無症状陽性者を陽性者として扱わないことも今後検討に値する。

一見、これらは粗雑な非現実的対応に感じる方もいるかもしれないが、集団感染発生医療機関や福祉介護施設では既にこのような対応を実施してきている。これらの施設を参考にした感染管理体制、人員配置体制が求められている。

一方で保健所では調整業務が縮小されていることが望ましい。方法として発生届処理、健康観察業務の自動化や医療機関等への委託があげられる他、外来受診は患者本人の希望、入院は医療機関の医師の判断に基づくとすることで保健所の診療調整業務が縮小されることが期待される。そして、いずれは全ての医療機関や社会福祉施設でＣＯＶＩＤ-19の患者対応ができるようになるため、これらの施設で平時から実践する感染予防策がＣＯＶＩＤ-19への対応を包含していることが必要となる。全ての患者がＣＯＶＩＤ-19に罹患している可能性があることを前提とした「新たな標準予防策」の提示が求められている。この「新しい標準予防策」が普及し、全ての医療機関や社会福祉施設でそれぞれの特性や役割に応じたＣＯＶＩＤ-19対応が可能となり、通常の医療提供体制の流れにしたがった医療提供が可能となれば、現状のＣＯＶＩＤ-19診療における偏在は解消され、ＣＯＶＩＤ-19パンデミックによる医療崩壊は生じない。と示されている。

2　災害医療・感染症対応のロジスティクスの強化について

田治ら（Japanese Journal of Disaster Medicine 2022; 27 Suppl: 3-6）の報告によれば、自然災害と同様に災害対応の原則であるＣＳＣＡに基づく対応の標準化が必要である。長期にわたる感染症パンデミックで得られた知見は災害長期化への応用が期待できるものであり、例えばオンライン調整会議などバーチャルな本部機能の構築や、集合とオンラインとのハイブリッド形式の本部など、新しい本部形態や連携モデルの試行や訓練等が考えられる。また感染症クラスターを含むオールハザードに対応できる医療機関や社会福祉施設における対応計画や、人材育成に係る災害や感染症など専門家による平時からの支援・協力体制の構築が必要である。特に社会福祉施設に対しては、平時からの連携強化や災害情報共有システムの運用など、これまでの災害医療における取り組みで蓄積された知見を応用していくことが急務である。加えて、すべての健康危機に備えてロジスティック能力の強化が重要である。と示されている。

ロジスティクスは本来業務を下支えする極めて重要な役割を担うことになるが、比較的表面化されないため軽視される傾向がある。ＷＨＯが提唱しているように、今後は災害種別を伴わないオールハザード対応を見据えたロジスティクス担当者を含めた人材育成が必要である。

広島では新型コロナウイルス感染症医療福祉クラスター対応班調整会議が設置された。これはオフィシャルに設置されたわけでなく、緩やかな情報共有会議として設置された経緯がある。これは地域における健康危機管理の拠点である保健所を主体としてあらゆる支援者や関係者が部門や専門性の違いに関係なく横断的に協議や連携ができる体制を構築する契機となった。次の災害対応に備えるため、まさに地域ごとで〝顔のみえる関係〟を継続させることが重要である。そのためには、オールハザードに対応できる地域健康危機管理センター（仮称）と呼べる常設の組織体を設置して、健康危機管理情報の平時監視と有事の迅速把握、被災地域への本部機能の構築支援、研修や訓練等による人材育成と資質の向上、通信確保や災害情報システムの運用管理、災害時資機材や備蓄などの平時からの資源管理、健康危機管理に係る知見の集積と研究の推進など、様々な課題に各専門分野からの協力を集約して一元化に取り組む体制構築が求められる。このオールハザード体制の構築こそがこれからのパンデミック対応の姿と考える。

おわりに

感染症を含め東南海・南海トラフ地震や首都直下地震に医療はどのように備えていくのか、熊本地震、ダイヤモンドプリンセス他新型コロナウイルス感染症対応と熊本豪雨災害を報告し検討した。前述したが、災害発生時に我々の目指すべきは、医療の需給バランスが崩壊している中、限られた医療資源を用いて多くの傷病者にとって最良の医療を提供することが鍵であり、「防ぎえた災害死」つまり「医療が適切に介入すれば避けられた可能性がある災害死」を最大限減らしていくことであることを確認しておきたい。

阪神・淡路大震災の課題のポイントは災害急性期の医療体制の整備である。これによりクラッシュシンドローム等をはじめとする急性期外傷患者に対応するＤＭＡＴや災害拠点病院・広域医療搬送などの発足・整備につながり準備・体制を進めていった。

その一六年後、東日本大震災が発生するが、津波と原発事故による放射能漏れという災害に直面することとなり、また「新たな防ぎえた災害死」の認識が求められる災害となった。そうした中で、ＤＭＡＴが活動する急性期から亜急性期、慢性期へと各医療機関・団体へのシームレスかつスムーズな支援の引き継ぎ、災害拠点病院の施設・設備の強化やＤＭＡＴの配置、ＤＭＡＴロジスティクス及び本部機能強化、広域医療搬送・病院避難体制、避難所でのニーズ対応等といった課題が明らかになり今後の備えをさらに進めていく必要がある。

今回、本文では述べてはいないが、東日本大震災後も、北海道胆振地震、西日本豪雨、そして今回取り上げた複合災害と言える熊本豪雨など、感染症を含む大きな自然災害が発生し、これまでの教訓を活かし対応にあたった。もちろん、それぞれの災害対応では常に新たな課題が発見される。いずれにせよ常に改善・そして強化に努めていくことは言うまでもない。

そして、我々が直面したのは、放射線と同様またもや「眼に見えない敵」新型コロナウイルス感染症である。この三年間、災害医療分野はこの感染症に懸命に対応を実施し、多くの教訓を得ることとなった。「新しい標準予防策」の普及とオールハザード体制の構築を急ぎたい。「喉元過ぎれば・・」といったことのないよう、次の災害、そして感染症に備えていく必要がある。


【参考文献】
（1）日本ＤＭＡＴテキスト編集委員会『日本ＤＭＡＴ標準テキスト 改訂第2版』へるす出版 二〇一五年 一～二四頁
（2）Jones N, Smith G, Wagner R: Morbidity and mortality in the Loma Prieta Earthquake: a review of recentfindings. In: Research accomplishments 1986—1994 National Center for Earthquake EngineeringResearch, Buffalo, New York, 1994,

pp95–106.
（3）呂恒倹、宮城道雄「地震時の人的被害に関するやや詳細な検討」大阪市立大学生活科学部紀要　一九九三年　四一　六七～八〇頁
（4）和藤幸弘「災害医学と関連領域」山本保博、鵜飼卓、杉本勝彦編『災害医学　改訂2版』南山堂　東京　二〇〇九年　一一頁～二一頁
（5）神戸市消防局「雪」編集部、川井龍介編『阪神大震災消防隊員死闘の記』労働旬報社　東京　一九九五年
（6）鵜飼卓「阪神・淡路大震災」鵜飼卓、高橋有二、青野允編『事例から学ぶ災害医療』南江堂　東京　一九九五年　三五～四八頁
（7）吉村高尚、月岡一馬、鍛冶有登他「大阪市総合医療センターの場合」『救急医学』一九九五年　一九　一六八六～一六九二頁
（8）嶋村文彦「ＴＲＩＳＳ」『救急医学』二〇〇七年　三一　三三四頁
（9）西村明儒、上野易弘、龍野嘉昭他「死体検案書より」『救急医学』一九九五年　一九　一七六〇～一七六四頁
（10）吉岡敏治「災害医療の特徴について」吉岡敏治他編著『集団災害医療マニュアル』へるす出版　東京　二〇〇〇年　一～一七頁
（11）田中裕「阪神・淡路大震災時の疾病構造　調査方法および結果の概要」吉岡敏治他編著『集団災害医療マニュアル』へるす出版　東京　二〇〇〇年　一九～二三頁
（12）大友康裕（分担研究）「災害時における広域緊急医療のあり方に関する研究」『平成一五年度厚生労働科学研究費補助金医療技術評価総合研究事業報告書』二〇〇四年
（13）警察庁　平成二三年（二〇一一年）東日本大震災について被害状況と警察措置（二〇一四年一一月一〇日）. http://www.npa.go.jp/archive/keibi/biki/higaijokyo.pdf
（14）平成二一年度に防災に関してとった措置の概況及び平成二三年度の防災に関する計画. 内閣府　平成二三年版　防災白書　二〇一一年
（15）厚生労働省　平成二三年簡易生命表の概況　二〇一二年

（16）国勢調査　各県人口動態統計　二〇一〇年
（17）東北学院大学　東日本大震災・東北の被害状況「東北各地の津波の高さ」東日本大震災東北学院1年の記録 http://www.tohoku-gakuin.ac.jp/about/sinsai/record/chap_7/chap07_07.html（二〇一四年一一月五日アクセス）
（18）Ushizawa H, OtomoY, Shiraishi J, Ueki Y, et al: The Characteristics of the Victims in Great East Japan Earthquake, 2011. Disaster Med Public Health Prep,submitted.
（19）Aoki T, Fukumoto Y, Yasuda S, et al: The GreatEast Japan Earthquake Disaster and cardiovascular diseases. Eur Heart J 2012; 33: 2796–2803.
（20）厚生労働省　災害医療等のあり方に関する検討会報告書　二〇一一年
（21）Yamanouchi S, Sasaki H, Tsuruwa M, et al: Survey of preventable disaster death at medical institutions in areas affected by the Great East Japan Earthquake: findings of a retrospective preliminary investigationof medical institutions in Miyagi Prefecture. Prehospital and Disaster Medicine. submitted.
（22）復興庁　東日本大震災における震災関連死の死者数（平成二六年三月三一日現在調査結果）二〇一四年 http://www.reconstruction.go.jp/topics/main-cat2/sub-cat2-1/20140527_kanrenshi.pdf
（23）震災関連死に関する検討会（復興庁）東日本大震災における震災関連死に関する報告　二〇一二年
（24）「ダイヤモンド・プリンセス号におけるＤＭＡＴ活動」「新型コロナウイルス感染症に対する災害医療対応」「新型コロナウイルス感染症クラスター対応における「広島モデル」の検証」apanese Journal of Disaster Medicine 2022; 27 Suppl: 3-6
（25）WHO: Conducting strategic risk assessment for all hazards in countries. https://www.who.int/activities/ conducting-strategic-risk-assessment-for-all-hazards-incountrie.
（26）厚生労働省　健康危機管理について　地域における健康危機管理について～地域健康危機管理ガイドライン˙ https://www.mhlw.go.jp/general/seido/kousei/kenkou/guideline/dl/211201.pd
（27）中田敬司ほか　現代社会研究 創刊号　現代社会学会　二〇一五年　二〇〜四二頁

第５章

自主防災組織
――阪神・淡路大震災を乗り越えて

松山雅洋

はじめに

東日本大震災以降に日本列島は地震の活動期に入った可能性が高いといわれ、中央防災会議は、南海トラフ巨大地震や首都直下地震、千島海溝沿い地震などが今後三〇年以内に高い確率で発生し甚大な被害が出ると発表している。このような状況を受けて、全国の自治体で建物の耐震化や海岸保全施設等の整備等の津波対策が進められている。また、地震発生後の災害対応能力を向上させるため、震災時等に都道府県単位の消防部隊で編成される緊急消防援助隊等の防災関係機関の全国応援体制が整備され、住民が任意で組織する自主防災組織の組織率も一九九五年の四三・一％から令和四年には、八四・七％と大幅に増加している(1)。市町村が実施する防災訓練についても従来から行われていた予め訓練シナリオが決まっている展示型防災訓練だけでなく図上訓練等が行われ、地域でもゲーム感覚で災害について学べる訓練が行われるなど、官民を挙げて防災・減災の取り組みが行われている。しかし、これらの取り組みは地震による犠牲者を減らす、命を守ることに直結しているのであろうか。災害対策基本法第一条では、その目的を国民の生命、身体及び財産を災害から保護することとしている。防災の第一の目的は、人命を守ることである。阪神・淡路大震災で倒壊家屋に閉じ込められた人のうち、六六・八％が自力または家族により脱出しており、隣人等により救出された人は三〇・七％、救助隊による救出は一・七％に過ぎなかったという日本火災学会の調査結果から、自助と共助の重要性と公助の限界が認識されるようになった(2)。

本稿では、阪神・淡路大震災の発生直後から二四時間の消防機関の活動と住民の活動がどのように行われたかを検証し、その阪神・淡路大震災を経験した住民がどのような防災活動を行っているのか、神戸市の自主防災組織の実態を明らかにする。

［1］阪神・淡路大震災の検証

一九九五年一月一七日五時四六分に発生した阪神・淡路大震災では、兵庫県での死者数六四〇二人で、そのうち、倒壊家屋や火災等により死亡した直接死は五四八三人で、残りの死者九一九人は、自宅が被災して避難所生活を余儀なくされた高齢者等がインフルエンザの蔓延やストレスや生活環境の悪化による疾患の増加等により亡くなっており、震災関連死と呼ばれている。(3)(4)

地震の直接死についての兵庫県監察医務室の調査が神戸市（西区と北区を除く）および西宮市の一部の地域の災害死体を対象に行われている。この調査によると阪神・淡路大震災の死者三六五一人の死因は、窒息五三・九％、圧死一二・五％、焼死・やけど一二・二％、打撲・挫滅等八・四％で、死亡場所は自宅が八六・六％であった。(6)また、死者は地震発生直後から二四時間以内に集中している。(5)

以上から阪神・淡路大震災での直接死の要因は、倒壊家屋等による圧死、外傷等によるものと市街地大火による焼死と推定される。

地震による直接死を防ぐことができなかったのか、何をすればよかったのかについて、市街地大火と倒壊建物からの救出に分けて検証する。

1　市街地大火を防ぐ

全国の消防本部は、国の「消防力の整備指針」（平成一二年消防庁告示第一号）を踏まえて、消防署所及び消防ポンプ自動車を配置している。消防力の整備指針の消防署所の整備目標は、「一戸建ての専用住宅で発生した火

※参考１：国指針で示されている想定モデル

延焼	火災発生地域	市街地
	隣棟間隔	５ｍ未満
	火元建築物の構造	木造・防火造
	火元建築物の用途	一戸建て専用住宅
	火元建築物の階層	２階建て
延焼阻止	出動～放水開始時間	6.5分（うち走行時間4.5分、放水準備時間２分）
	放水口数	２口以上

図１　国基準で示されている想定モデル
（出典：横浜市消防力の整備指針　横浜市消防局　平成24年3月）

災を1棟の独立火災で抑える」こととされている。消防力の整備指針で示されている火災を一棟の独立火災で抑えるための想定モデルでは、火災が発生してから、六・五分以内（一一九番通報の時点からは八分以内）に火災現場に消防ポンプ自動車が到着して放水できるように、消防署所を整備し消防ポンプ自動車を配置することとしている。この基準が日本の市街地大火を防いでいるといえる。

阪神・淡路大震災の同時多発火災のような、この想定モデルがうまく機能しない場合には、市街地大火が発生する都市構造を温存しているといえる。

2　消防の消火活動

阪神淡路大震災当時の神戸市消防局の全職員数は、一三二九人、最大一二八隊の小隊を編成できたが、地震発生直後の神戸市各消防署の警備状況は、警備人員は二九二人で消火活動を行うポンプ車隊のほか、救急隊、救助隊、はしご車隊等の八〇小隊を編成し警備にあたっていた。

地震当日の一七日五時四六分から六時までに神戸市内で建物火災が五一件発生したのに対して、地震直後に出動可能であったポンプ車隊数は四〇隊で、火災の発生件数がポンプ車隊数を大きく上回っていた[(6)(7)(8)]。火災は神戸市内の全地域で発生したが、特に火災が集中したのは東灘区から須磨区の海岸沿いの帯状の市街地部分（激震地と一致している）で、当該地域に配置していたポンプ車隊

写真１　長田区日尾町
（写真提供：神戸市）

写真２　長田区久保町７丁目西側
（写真提供：神戸市）

数二八隊に対して、五時四六分から六時までに発生した建物火災の件数は五〇件であった。単純に五〇件から二八隊を引き算したら二二件の建物火災にポンプ車隊が一隊も出動しないということになる。つまり、放任火災が少なくとも二二件発生したということである。放任火災とは火災初期で消火活動が行われない火災のことで、消火活動が行われないと短時間で火元棟から隣接棟に次々と延焼する。この状態になると飛び火や大きな火炎からの巨大な輻射熱及び強風や火炎流によっての延焼が始まり消火が著しく困難な状態となる。状況によっては火災旋風が発生する場合もあり、住民が火災に巻き込まれる事態も出てくる。一月一七日五時四七分に出火した長田区御蔵通の火災では、出火から二三分後に消防隊が到着した時点で約一〇〇〇㎡が炎上していた。僅か二四分で大規模火災に成長しており、応援ポンプ車隊を投入しても延焼し続け一三時間一四分が経過した一九時〇〇分に鎮圧した。焼損面積は二万五五〇九㎡であった[6]。

このような状況の中、消防力を増強するため、震災直後に甲号非常招集を発令し全職員の招集指令を出した（地震発生後二時間で約五〇％、五時間後に約九〇％以上の職員が参集）。一月一七日九時四〇分に消防庁等に対して広域応援の要請を行った。他都市の応援は、一一時一〇分三田市（一隊）、一三時一〇分大阪市（一〇隊）が到着して、その後続々と到着し一七日二四時で他都市の応援ポンプ車隊は一八二隊となった。一七日の建物火災での焼損面積は七九万九〇〇〇㎡で、火災一件あたり約七八〇〇㎡であったが、応援ポンプ車隊が充足した一八日～二六日の火災一件あたりの焼損面積は約三〇〇㎡と激減する。[6][7][8] 以上から一七日の火災が延焼拡大したのは、地震により消火栓が使用不能になったこと、建物倒壊等により火災現場への駆けつけ時間に長時間要したことも市街地大火が発生した要因であるが、火災発生件数に対して出動可能なポンプ車隊数が不足していたのが最大の要因であった。

3　倒壊家屋での命を助ける

救助現場では災害後三日間が勝負といわれている。神戸市消防局の阪神・淡路大震災での救助記録（図2）でも、二四時間を境に急激に生存救出率が低くなり、七二時間経過後は生存救出率が一桁となっている。

平成一三年度厚生科学特別研究事業「救命救急センターにおける重症外傷患者への対応の充実に向けた研究」では、防ぎ得る外傷死（Preventable Trauma Death: PTD）を回避するためには、重症外傷患者らに対しては、受傷から一時間以内に手術等の決定的治療を実施することが重要であると報告されており、受傷から一時間を重症外傷の治療の golden hour（ゴールデンアワー）と呼び、外傷患者の治療上重要視されている。[9]

また、倒壊した建物などに四肢等の身体の一部が四時間から六時間におよぶ長時間の圧迫（一時間以内の発症例もある）を受けるとクラッシュ症候群（挫滅症候群）を発症し、生命に危険な状態になるといわれている。[10] このことを考えれば倒壊建物からの救出は、早ければ早いほど生存率は向上すると思われる。

写真３　長田区水笠通付近
（写真提供：神戸市）

写真４　東灘区深江南町付近
（写真提供：神戸市）

（１）救助活動

神戸市消防局では、震災発生時には専任救助隊三隊、救助隊兼ポンプ車隊八隊の計一一隊を配置していた。しかし、阪神・淡路大震災時には、神戸市消防局の救助能力を遥かに上回る生き埋め事案が発生し対応しきれなかった。他都市救助隊、自衛隊が到着した一月一八日から消防、警察、自衛隊が合同で組織的な救助活動を行い、一月二〇日からはすべての倒壊家屋を捜査するローラー作戦を実施した。[6]

阪神・淡路大震災で神戸市消防局が行った救助活動の記録（図２）で生存救出率をみると、震災当日の一七日が八〇・五％、一八日二八・五％、一九日二一・八％、二〇日五・九％、二一日五・八％と二四時間を境に急激に生存救出率が低くなり、七二時間経過後は生存救出率が一桁となっている。この救助記録から地震等での倒壊家屋等からの救助は、できるだけ早く少なくとも七二時間以内で行うべきである。

（２）救急活動

震災当日には、二七隊の救急隊が消防署所に配置されていたが、燃え上がる大規模火災への消火活動や倒壊家屋からの生埋め者の救助活動で通常の救急出動は行えず、地震発生直後から多数の負傷者が消防署に駆け込んできたため、消防署に応急救護所を開設し、救急隊員により、応急手当、トリアー

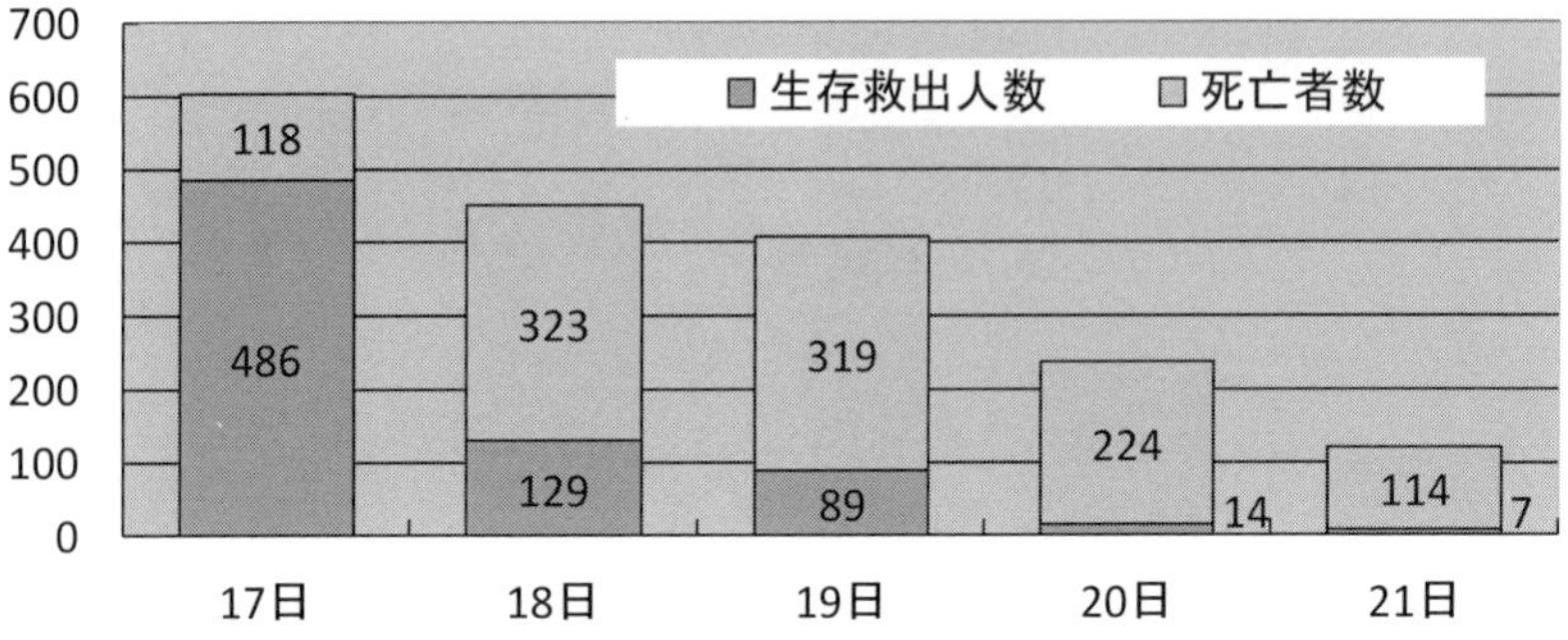

図 2　日別救助人員状況

（出典：「阪神淡路大震災　消防機関の対応」（神戸市）https://www.city.kobe.lg.jp/a21572/bosai/shobo/hanshinawaji/taio.html（令和 5 年 5 月 15 日に利用）

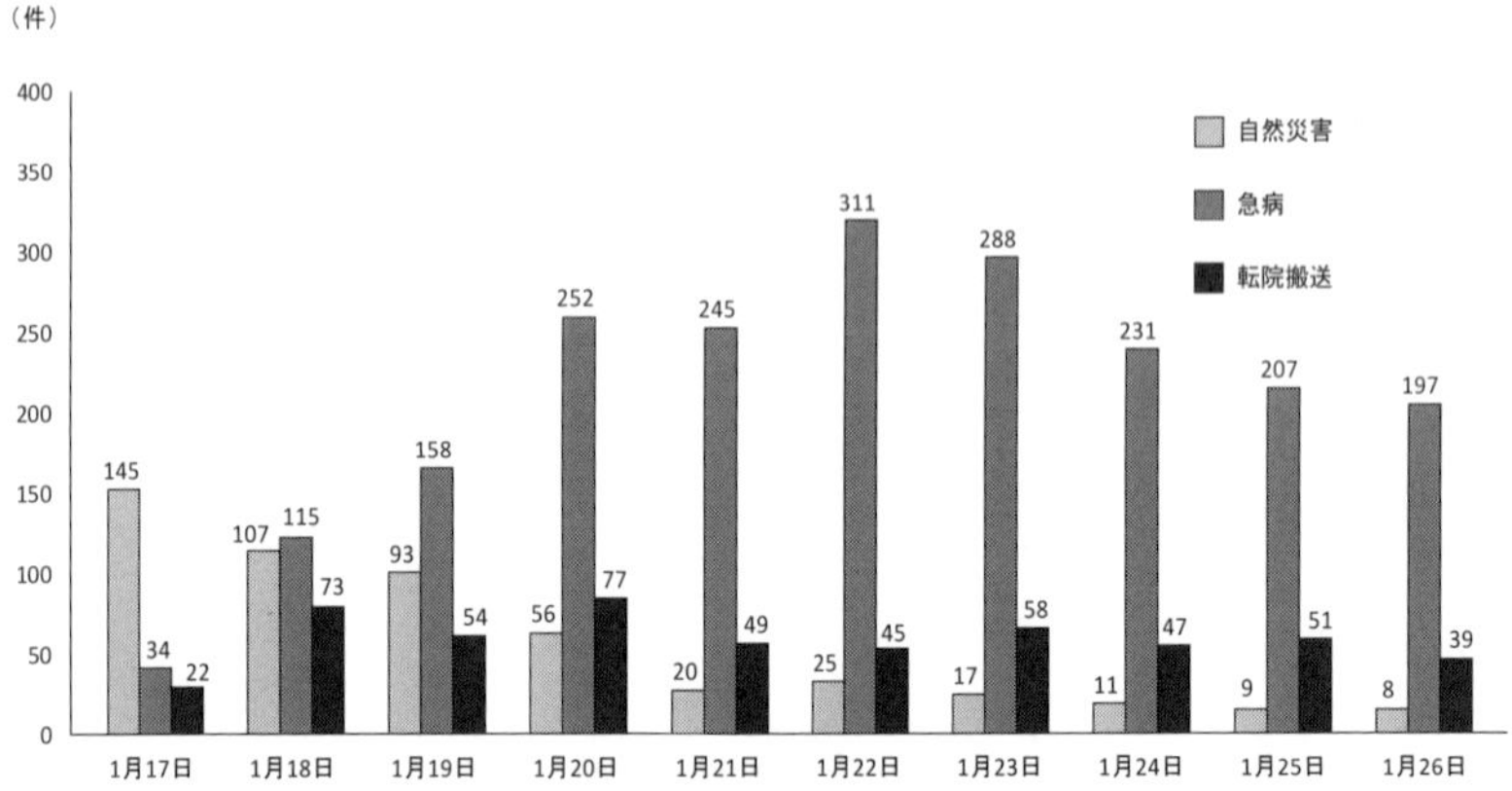

図 3　事故種別救急出動件数

（出典：神戸市消防局「阪神淡路大震災神戸市域における消防活動の記録」平成 7 年 3 月）

ジを実施し重症者を医療機関へ搬送した。しかし、救急隊が搬送した負傷者はごく一部で、大多数の負傷者は住民によって病院に搬送されている。[6]

地震発生直後から四日間は倒壊家屋での挟まれなどの外科系疾患が多く、二日目から医療機関からの転院搬送と二〇数万人を収容している避難所からの急病での救急要請が多くなった（図３）。この避難所からの救急要請は長期にわたって続いている。

阪神・淡路大震災時では、医療機関も地震により病院機能が低下したため、日常の医療需要をはるかに上回る負傷者の治療に対応しきれなかった。このため、平時の救急医療が提供されていれば、救命できたと考えられる「防ぎえた外傷死」が五〇〇名存在した可能性があったとされている。[11]

４　住民の消火、救急救助活動

阪神・淡路大震災での倒壊家屋の生埋め者の救出活動の状況を見てみると、日本火災学会の調査では、自助（自力脱出＋家族）六六・八％、共助（隣人・友人等）三〇・七％、公助（消防、警察等）一・七％と報告されており、大部分が自助、共助によるものであった。[2]

また、神戸市消防局で実施した阪神・淡路大震災の被災者八四〇人へのヒアリング調査（図４）では、八四〇人のうち、三八三人が近所で生き埋めになった人がいると回答し、そのうち七六・五％が救出活動を行われているのを現認している。また、救出活動を現認した人のうち、六〇・五％は近所の人が救出活動に従事していたと証言している。以上の調査結果から、倒壊家屋からの人命救助活動は、隣近所の住民の助け合いとして自然発生的に行われたことがわかる。このように、震災時の倒壊家屋からの救助活動には、近隣住人の地縁関係による共助が大きな力を発揮したことがわかった。また、神戸商船大学の寮生が救出班を編成して約一〇〇人を救出した

1　調査期間　平成7年2月20日～28日	
2　調査対象者　神戸市内に居住する男女840人	
3　調査方法　調査員が避難所等を訪問し面接聴取	
4　調査員　京都産業大学新社会ボランティアサークル	
5　調査項目(抜粋)	
①近所で倒壊家屋の下敷きになった者はいるか(単一回答	はい　383人　いいえ　457人
②救出活動に当たった者はいるか(単一回答)	①で[はい」と回答のうち、76.5%が「はい」と回答
③救出活動にあたったのは誰か（複数回答）	②で[はい」と回答のうち、60.5%が「近所の者」と回答 ②で[はい」と回答のうち、18.9%が「家族」と回答
④近所で火災が発生したか(単一回答)	はい　232人　いいえ　608人
⑤消火活動にあたったものはいるか(単一回答)	④で[はい」と回答のうち、30.6%が「はい」と回答
⑥消火活動にあたったのは誰か（複数回答）	⑤で[はい」と回答のうち、53.5%が「近所の者」と回答 ⑤で[はい」と回答のうち、18.3%が「消防隊」と回答 ⑤で[はい」と回答のうち、5.6%が「家族」と回答

図4　阪神淡路大震災における市民行動調査
（出典：神戸市消防局広報誌「雪」1995年5月）

組織的救助活動の有効性を示す事例(12)があり、救助活動は自主防災組織で組織的に取り組むことの有効性が証明された。

次に図4で市民による火災の消火活動を見ると、八四〇人のうち、二三二人が近所で火災が発生したと回答し、そのうち三〇・六%が消火活動を行われているのを現認している。消火活動は近所の人五三・五%、消防隊一八・三%、家族五・六%と隣近所の消火活動に従事していたと証言している。救助活動と比較して消火活動は、住民の消火活動従事率が大幅に低く、消防隊の消火活動が一八・三%と高くなっている。これは、消防隊が消火に来るものと思い込み初期消火を行わなかった住民が多かったのではないかと思われる。筆者も火災現場の横で近所の住民が数人で話しているのを現認している。出火直後に数か所で住民の初期消火活動で火災を消し止めた事例があるだけに地域の消火体制を整えることで火災による被害を軽減できると思う。

以上から住民の救助活動及び消火活動から、地域の隣近所の共助が大きな力を発揮することがわかった。

［2］自主防災組織の実態

1　公助の限界

通常の火災の消火や交通事故等の救助等の災害については、市町村消防で十分に対応できるが、第〔1〕節「阪神・淡路大震災の検証」で述べたように、大規模災害の場合は、市町村消防の災害対応能力でカバーできる範囲を超えることがわかった。公助の限界である。

阪神・淡路大震災では、地震発生直後の五一件もの同時多発火災に対して、多くの火災現場で消防が到着できなかった放任火災となり、市街地大火となった。このように、災害規模が大きくなればなるほど、行政の対応できる範囲はその災害規模に対して相対的に小さくなる。しかし、大規模災害に対応できる消防力を市町村が日常的に整備することは、コストがかかりすぎて実現性はとても低いといえる。

そこで、被災地の行政だけでは対応できない大規模災害では、消防をはじめ警察、市町村等の行政が全国応援体制を整備しており、全国応援体制は被害の軽減に大きな成果を出している。しかし、全国応援体制の避けることのできない問題点は、応援隊の被災地までの駆けつけに相当の時間を要し、災害発生直後の活動が期待できないことである。距離等の物理的な要因であるので、この点を解決するのは難しいといえる。

2　自助、共助への期待

一方で、阪神・淡路大震災の倒壊家屋からの生埋め者の救出活動は、七割弱が家族も含む「自助」、三割が隣人等の「共助」により救出されており、「公助」である救助隊による救出は数％に過ぎなかったという調査結果がある(10)。

神戸市消防局の震災時の救助活動の記録（図2）で生存救出率を見ると、第〔1〕節の3の消防の救急救助活動で述べたように二四時間を境に急激に生存救出率が低くなり、七二時間経過後は生存救出率が一桁となっている。このことから、震災直後に行われた住民の救出活動が多くの人命を救った事例であり、公助の限界をカバーしたのが、被災地の住民の自助、共助であったといえる。

阪神・淡路大震災の住民による救助事例からも、発災直後数日の間は、被災地の住民が自らの身を自らが守る体制を整備しておくことが重要なのは明らかである。それだけでなく、建物の耐震化や家具の転倒防止、火災予防などの事前対策を住民自らが講ずることも重要であるといえる。

阪神・淡路大震災以降、住民による自主防災組織等の充実強化は、防災行政で大きな注目を集め災害対策の柱の一つとして位置づけられ、市町村や都道府県の手によって自主防災組織の結成が進められている。その結果、自主防災組織の活動カバー率（全国世帯数に対する組織されている地域の世帯数の割合）は一九九五年で四三・八％であったものが、二〇二二年には、八四・七％(1)と年々増加し、住民による自助、共助への期待は高まっている。

3　自主防災組織の実態と課題

全国の自主防災組織の結成状況は、全国一七四一市町村のうち一六九〇市町村で設置(1)されているが、自主防災組織は、どのような組織でどのような活動が行われ、その課題は何かを見ていくことにする。

（１）組織の規模と母体

総務省消防庁は、「自主防災組織の規模については、「自分たちの地域は自分たちで守る」という目的に向かって、自主防災活動を効果的に行うことができる規模が最適であり、地域住民が日常生活上の一体性を感じることのできるような規模が望ましいと考えられる。(1)」としている。令和四年四月一日現在の自主防災組織の規模を見ると、全国平均で一組織当たりおよそ三〇〇世帯であり、町内会単位を基準とする自主防災組織が大部分を占めている（図５参照）。

図５から全国の自主防災組織の九四・八％が町内会を母体として組織されている。町内会単位の自主防災組織が大部分を占めているのは、横田尚俊が「現代都市と地域防災活動」（年報社会学論集一九九二年第五号一一九～一三〇）の中で、「防災という領域は、都市住民のセキュリティの維持にかかわる問題として、地域社会における共同的問題処理機能の重要な一角を占めてきた。それだけに、地域集団と防災活動との間には歴史的に深いかかわりがみられるのも確かである。たとえば、東京における町内会の成立に関して、一九二三年の関東大震災後に各地でつくられた自警団を母胎とするものが少なくない（千代田区編、一九六〇、七五一頁）」とし、さらに、「夜警や物資の配給、震災後の地域復興活動等の必要性から「災害に対する自分達の組織化の重要性を町内住民が自ら痛感することにより、町内会が続々と組織化されていった」と指摘しているように、関東大震災以降に町内会による自主防災活動が定着したと思われる。

次に、全体の二・二％と少数派である小学校区単位の自主防災組織の代表的なものとしては、神戸市の自主防災組織である防災福祉コミュニティがある。倉田和四生は、『防災福祉コミュニティ』（ミネルヴァ書房、一九九九年）において、一九六五年の神戸市総合基本計画にまちづくりの手法として、C．A．ペリーの近隣住区論を取り入れて、既存の小学校区を近隣住区と見なして、コミュニティ行政を進めたことが、全国でも少数派である小

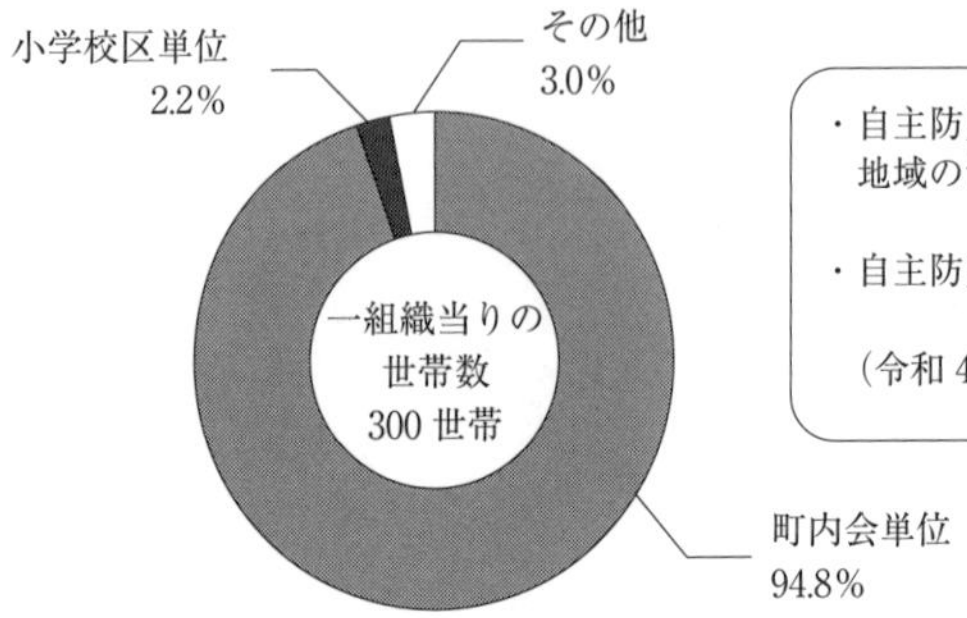

・自主防災組織が活動範囲としている地域の世帯数
50,023,291 世帯
・自主防災組織数
166,833 組織
（令和 4 年 4 月 1 日現在）

※グラフは自主防災組織数の割合

図 5　自主防災組織の規模
（出典：総務省消防庁「自主防災組織の手引き」令和 5 年 3 月）

学校区で自治会、民生委員、PTAなどの各種団体で構成する防災福祉コミュニティの誕生につながった。

（2）自主防災組織の防災計画の策定

「自主防災組織の手引き（総務省消防庁）」では、日頃どのような対策を進め、災害時にどう活動するかを具体的に明記するほか、河川が氾濫しやすい、避難行動要支援者が多い等、地域の実情を踏まえた上で、防災計画に反映することも重要である。防災計画に盛り込むべき項目としては一般的に次のようなものが考えられるとしている。

①　平常時の取り組み
防災知識の普及、地域の災害危険の把握、防災訓練の実施、火気使用設備器具等の点検、防災用資機材の整備等

②　災害時の活動
情報の収集・伝達、出火防止・初期消火、救出・救護、給食・給水

③　他団体と協力して行う活動
避難行動要支援者対策、他組織との連携

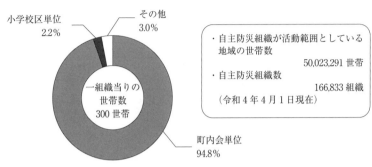

（3）自主防災組織の課題

「自主防災組織の活動体制等の整備に関する調査研究報告書」（総務省消防庁平成八年三月）では、自主防災組織の運営、活動において、高齢化や昼間の活動要員の不足、活動に対する住民意識の不足、リーダーの不足のほか、会議や訓練の準備活動に使う活動拠点の不足、活動のマンネリ化等の課題が指摘されている。

また、総務省消防庁が平成二八年度に行った自主防災組織に対するアンケート調査では、多くの自主防災組織は、リーダー等の人材育成が進んでいないこと、防災活動の参加者が少ないことや、活動費や資機材の不足が課題と感じている（市町村からの経費補助、現物支給の状況は図6、図7を参照）。

総務省消防庁「自主防災組織の手引き」で、「こうした課題は、組織の活動環境や人的・物的資源の不足等、様々な条件が重なって生じているとみられるが、組織が町内会単位を基準に結成されているところが多く、比較的小規模であることもその要因の一つとして挙げられる。」とし、「自主防災組織における今後の展開としては、近隣の自主防災組織が連絡を密にし、課題の解消や大規模災害時への対応に備えるとともに、消防団をはじめとする様々な地域活動団体との連携を図りながら地域のすべての力を集結した取組みを進めることが重要である。また、住民の自主防災組織への参加意識を高めるほか、活動に参加しやすい工夫や新たな切り口による活動の活性化等が必要であると考えられる。」と地域での各種団体との連携を推奨している。

次節は、小学校区をコミュニティの単位としてコミュニティ行政を進めてきた神戸市の自主防災組織を検証する。

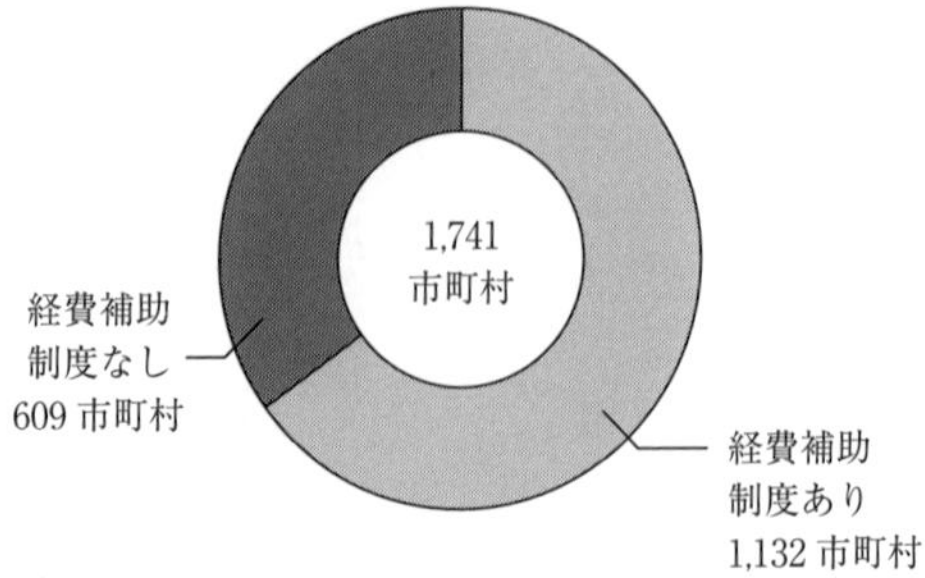

図6　市町村による資機材の現物支給制度の有無
（出典：総務省消防庁「自主防災組織の手引き」令和５年３月改訂）

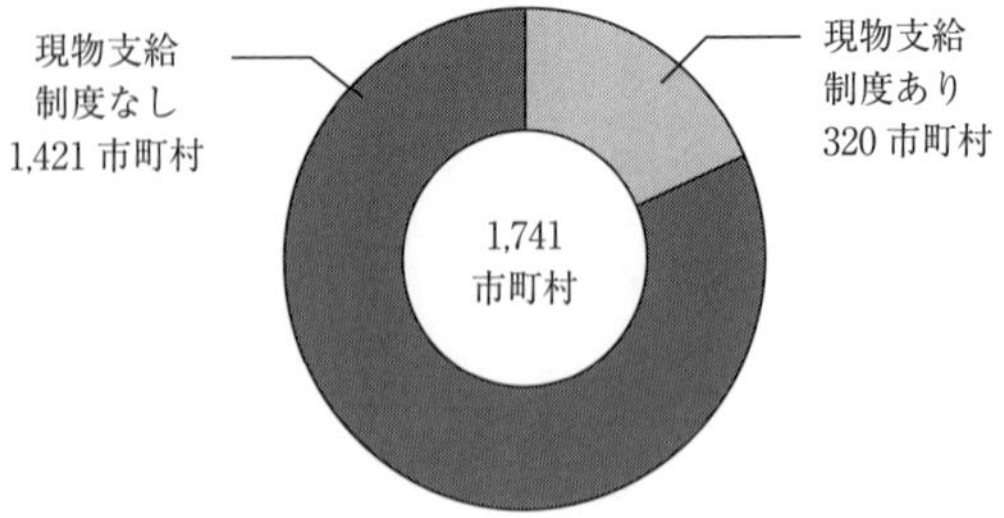

図7　市町村による経費補助制度の有無
（出典：総務省消防庁「自主防災組織の手引き」令和５年３月改訂）

〔3〕神戸市の自主防災組織

神戸市の自主防災組織である防災福祉コミュニティは、小学校区内の自治会、婦人会、民生委員、ＰＴＡ等の各種住民団体が集まり一つの組織として結成されている。全国の自主防災組織を見てみると町内会単位で結成しているものが九四・八％と大部分を占め、小学校区単位で結成されているものは二・二％であり、小学校区単位で結成されている神戸市の防災福祉コミュニティは特異な存在であるといえる。神戸市で小学校区単位の各種住民団体で構成する防災福祉コミュニティがなぜ誕生したのかについて、神戸市のコミュニティ行政の系譜から検証する。

１　神戸市のコミュニティ行政

Ｒ．Ｍ．マッキーバーは、コミュニティとは、その領域の境界が何らかの意味をもち、共同生活にある種の独自の共通の特徴があることとしている。また、アソシエーションは、ある共同の関心または諸関心の追求のために明確に設立された社会生活の組織体であるとしている。神戸市はコミュニティの定義として一九六五年のマスタープランにＣ．Ａ．ペリーの近隣住区論を取り入れ、小学校をコミュニティの核と位置付け、小学校区をコミュニティの一単位の広さとした[13]。

ペリーの近隣住区論は原則として、次の六つの条件を満たすこととしている。①規模は小学校区を単位として八〇〇ｍの方形、人口五〇〇〇人以下、②境界は幹線道路で周囲を囲まれ、景観的特徴と品格を示せる独立性を持つ、③オープンスペースとして小公園、公共広場をつくる、④公共施設として学校、教会等をつくる、⑤商店街をつくる、⑥地域内街路には通過交通を阻止し、歩行者のための循環道路をつくる[14]。

また、元神戸市長宮崎辰雄は、小学校区でのコミュニティを形成することについて、①義務教育で小学校は地域に普遍的に存在する社会資源であること、②一定の校区を形成する実態概念を有すること。また、校区はほぼ近隣住区と一致すること、③各家庭にとって就学は普遍的経験であり、共通経験であり、共通の理解を生みやすいこと、④小学校にはＰＴＡが必ずあり、それは婦人の地域活動の教育訓練の場になり得ること、⑤健全な子供の育成は学校教育だけで完結せず、地域社会の問題に結局は帰着することを理由として挙げている[15]。

同じく一九六五年度から学校公園事業を開始し、一九六九年には学校施設を地域のコミュニティづくりの核とすることを目的に一般市民にも開放した。これは、小学校を放課後や休日に公園、遊び場として開放することで、小学校に住民が集まることで交流が生まれコミュニティの形成につながることを狙ったものである。

このように、神戸市はペリーの近隣住区の考え方を取り入れたコミュニティ行政を推進することになった。

一方、神戸市の住民組織をみると、一九四七年のポツダム政令により解体されていた町内会組織が一九五二年の政令失効後に全国の市町村で急速に再編が行われ、一九六四年には横浜市の自治会加入率は七八％に達していた。神戸市では自治会・町内会の自立性を尊重し、行政主導ではなく地域が自主的に設立・活動することを基本としたこと、及び婦人会が行政協力団体としての役割を果たしていたことから、神戸市の自治会・町内会の再編のテンポは遅く、自治会組織率は一九六六年で四一％と低かった。一九六〇年代に神戸市で産業化、都市化に伴い、大気汚染公害や交通公害への住民運動がおこったが、この地域の課題を解決する住民組織として、自治会が地域を包含する組織でなかったため、丸山地区では、一九六三年に丸山文化防犯振興会、ＰＴＡ、婦人会、消防団ら各種団体が参加した丸山幹線道路促進協議会が組織され、幹線道路の建設のほか、ポンプ場や公共施設の増設等の成果を挙げた(13)(16)。

一九六五年には丸山地区文化防犯協議会に改編され、チビッコ広場づくりや長寿村の建設等の活発な活動が展開された(16)。また、長田区の真野地区でも地域の主要な住民団体で協議会が結成され公害問題に対する住民運動が行われた。この協議会方式での住民運動の成功から地域の主要な住民組織をすべて網羅して協議会を作るという「協議会方式」が神戸市に定着した(13)。

神戸市は一九八五年度に「しあわせのまちづくり事業のモデル地区事業」を開始し、一九九〇年度から「ふれあいのまちづくり事業」として全市展開を始めた。これは小学校区単位に福祉活動の拠点になる地域福祉センターを整備して、その小学校区内の自治会、婦人会、老人会、民生委員などの代表者で構成する「ふれあいのまちづくり協議会」（図８参照）を組織するものである。現在、一九四か所の地域福祉センターが設置され[17]、各地区のふれあいのまちづくり協議会が、一人暮らしの高齢者への給食サービス等の福祉活動が活発に行われている。このように、協議会方式はふれあいのまちづくり協議会やまちづくり協議会等が結成され地域づくりで大きな成果を挙げている。

活動範囲	概ね小学校区
構成員	自治会,婦人会,民生委員児童委員協議会,老人クラブ 子供会、青少年育成協議会　PTA、ボランティアグループ
事　業	①ふれあいまちづくり事業の推進(ふれあい給食,友愛訪問,健康講座,世代間交流,ふれあいサロン,子育てサークル等) ②地域福祉センターの運営・管理 ③住民主体の地域活動
組織図	委員長 副委員長 施設管理部 福祉部 事業交流部 広報部 防災部 会計 書記

図８　岩屋ふれあいのまちづくり協議会の概要・組織図

このように神戸市のコミュニティ行政は、ペリーの近隣住区論の考え方を取り入れ、小学校区単位で様々な地域団体を結びつけるコミュニティの形成を進め、その活動として地域の福祉等の様々な課題を解決するアソシエーションとしてふれあいのまちづくり協議会等が組織化され地域課題に取り組んでいる。

２　阪神・淡路大震災前の神戸市の自主防災組織

一九八〇年六月に消防審議会から「地域の安全防災体制を確保するための方策に関する答申」で住民の自主防災の推進が提言されたことを受けて、神戸市では、実務担当者として筆者が中心となって住民の自主的な防災活動の活性化を図るための方策の検討を始めた。

一九八四年四月に神戸市に「地域自主防災推進方策検討会」を設置し、社会学、都市計画、防災、経済の各分野の学識経験者によって自主防災組織のあり方について検討した。また、自治会、婦人会、

ＰＴＡ、民生児童委員の代表者からのヒアリングを実施した。

検討会では、「自主防災組織の結成を推進するためには、地域社会において自治会が全員参加の原則に立って地域管理の中心的役割を持っており、これを母体とすることが最も適当な組織形態と考えられるが、自治会で防災活動が行われていない等の問題点があるため、自治会を母体とした地域内の消防団、民生委員、婦人会等の組織と相互交流を推進する等の地域の実情にあった運営を図る体制が重要である。」との意見が出た。

地域団体の代表者からのヒアリングでは、神戸市須磨区の自治会で、放火対策のために防災活動が行われているが、その他の自治会では防災活動はほとんど行われていないことがわかった。自治会以外の団体では、婦人会は婦人防災安全委員を中心に家庭の防火対策、民生委員は高齢者の対策として老人非常ベル事業、ＰＴＡは子供の火遊び防止に取り組んでいることがわかった。

これらの検討会の検討結果、および地域団体の代表者からのヒアリングから、住民の全員参加が原則となっている自治会を核にして、婦人会、民生委員、ＰＴＡ等の地域団体で構成する協議会を組織化することとした。

協議会方式の利点としては、各団体の情報交換を行う場を設けることで、それぞれの団体の機能を生かし連携した取り組みができること、自治会の防災面の活性が期待できることが挙げられた。神戸市に小学校単位の各種団体での協議会方式が定着していることも事業化の後押しとなり、一九八五年度から自主防災推進協議会の組織化の事業を開始した。

自主防災推進協議会は、概ね小学校区程度の規模で、自治会長・婦人会長・婦人防災安全委員・民生委員・ＰＴＡ会長・共同住宅の防火管理者・消防団員等を構成員とし、構成員それぞれの機能を生かし連携して、住民の防災意識の向上、防災環境の改善、高齢者等の身体的弱者の扶助体制づくりの推進、救急知識の普及、災害防御・災害復旧体制づくりを活動目標に掲げ、地域防災力の向上を図ることとした。

このように、自主防災推進協議会の特徴は、地域の防災に関する協議機関として位置づけたことにあった。

３　阪神・淡路大震災時の自主防災推進協議会の活動

一九九五年一月一七日の阪神・淡路大震災時には、自主防災推進協議会の協議会数は一六八地区で、行政区の区別世帯数を基にした結成率でみると東灘区八三・九％、灘区七五・五％、中央区三一・六％、兵庫区五六・一％、長田区四〇・六％、須磨区五七・二％であった[13]。

神戸市消防局で行った阪神・淡路大震災時の自主防災推進協議会の防災活動に関する調査では、活動総数は六六件で、最も多かった活動は炊き出し・避難所支援等の五〇％、次に多かった活動はパトロール等情報収集三〇％、三位は消火活動九％、四位救助活動四・五％で、被災者の救援活動やパトロールに重点が置かれ、消火活動や救助活動は少なかったことがわかった[13]。

自主防災推進協議会は地域の各種団体を取りまとめる組織力はあったが、自治会を基盤とした組織ではなかったので、救助活動、消火活動には不向きであったといえる。

４　防災福祉コミュニティ誕生

阪神・淡路大震災では、被災地消防等の公的機関の災害対応能力だけでは、発災直後の同時多発火災や倒壊建物での生き埋め等に対応できなかった。一方で市民の自助、共助が火災の消火や救助・救護等で大きな力を発揮した。このことを前提にして、神戸市消防局では、市民や有識者等の意見を基に自主防災組織のあり方の見直しを行った。

主な意見は、①消火活動は自治会単位で行われ、救急救助等の活動は、近所・個人単位で行われて効果があっ

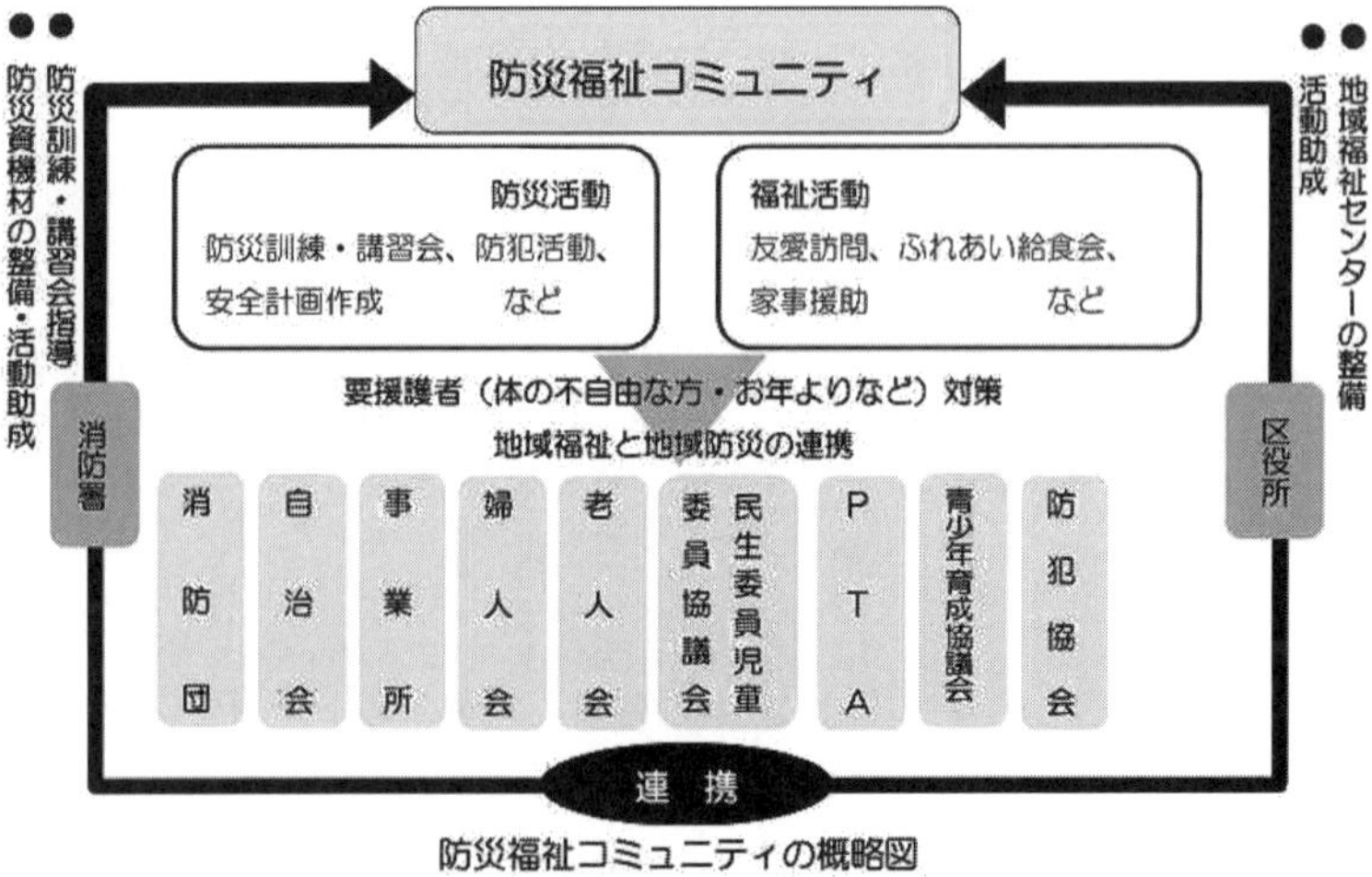

図９　防災福祉コミュニティの概念図

（出典：「神戸市防災コミュニティの概要」（神戸市）https://www.city.kobe.lg.jp/a10878/bosai/shobo/bokomi/about/bokomi3.html）（令和５年５月15日利用）

たことから、単位自治会を基盤とした消火、救助活動ができる組織にすべきだ（市民、有識者や職員の一致した意見であった）。②単位自治会の規模では組織が小規模であることから、会議や訓練等の活動拠点の不足すること、高齢化や昼間人口の減少から活動要員が不足していることから近隣の自治会との連携した活動が必要である。③福祉の面からは、高齢者の火災での犠牲が多いことや高齢者の救急車搬送が多いこと、阪神・淡路大震災で高齢者の犠牲者が多かったことから、防災と福祉との連携が必要だ。という意見があった。

このような意見を踏まえて、自主防災推進協議会を発展的解消して、一九九五年度から新しい自主防災組織として福祉活動を行っていた「ふれあいのまちづくり協議会」に防災を融合した防災福祉コミュニティの結成を推進することとし、平成二〇年度で神戸市内全域の計一九二地区で結成された（図９防災福祉コミュニティの概略図参照）。

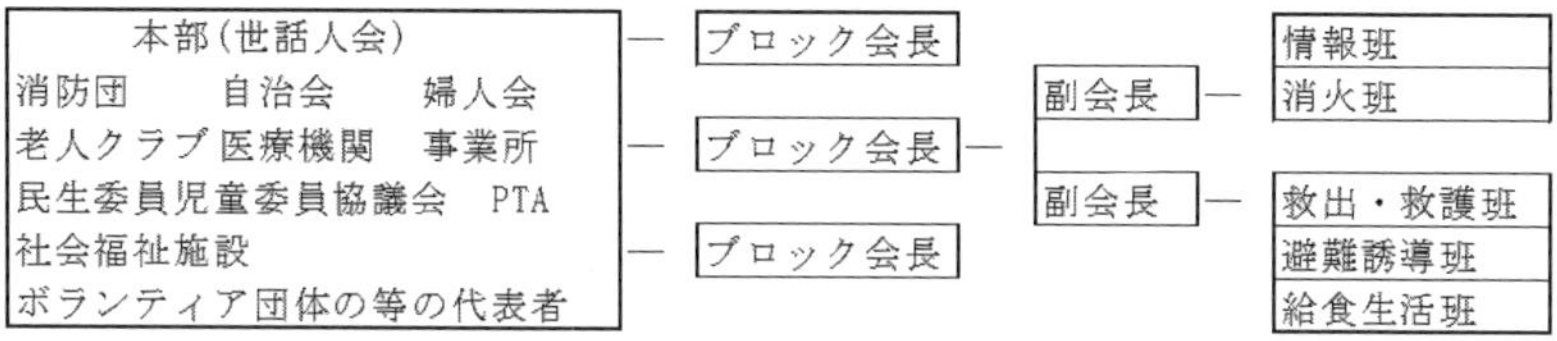

図 10　防災福祉コミュニティの組織体制
（出典：神戸市消防局　地区担当制マニュアル 1998 年 4 月）

5　防災福祉コミュニティの組織

防災福祉コミュニティの組織は、図10のとおり、概ね小学校区単位に、「ふれあいのまちづくり協議会」の構成団体である自治会、婦人会、民生委員・児童委員協議会、PTA等の協議組織の「本部（世話人会）」と単位自治会の「ブロック」で組織した。

本部（世話人会）の役割は、平常時は各団体の情報交換、災害時要援護者の避難支援や避難所運営等の計画策定、防災福祉コミュニティの総合訓練を行い、災害時は、災害情報集約とブロック間相互の活動応援調整や災害時要援護者の避難支援の調整、避難所運営等を行う。

ブロックの役割は、平常時は消火訓練や危険個所の見回りを行い、災害時は消火・救助活動等災害対応活動を行う実働組織として位置づけた。これにより、災害対応活動は、自治会単位で行うことを明確にし、震災前の自主防災推進協議会が災害対応活動の位置づけが弱かったという欠点を解消した。

また、活動拠点は、ふれあいのまちづくり協議会の拠点として整備されている地域福祉センター（小学校区に一か所設置）とした。防災福祉コミュニティは、協議会方式の住民の総意を反映できる利点を生かし、ブロックを自治会単位とすることで消火活動等の災害対応力を強化した組織であるといえる。

6　神戸市の活動支援（18）

神戸市は、防災福祉コミュニティの結成時に資機材庫や小型動力ポンプやジャッキ、バール、のこぎりなど、地域が選択した防災資機材を配備するほかに、住民の防災活動を推進するために毎年、防災福祉コミュニティの活動に関する費用の助成を行っている。

（1）防災福祉コミュニティ結成時

資機材庫やジャッキ、バール、のこぎり等の地域が選択した防災資機材を配備

（2）毎年の活動助成

ア）運営活動費・・会議費、防災組織の運営に必要な経費、防災活動に必要な経費（上限一四万円／年）

イ）提案型活動費・・地域の特性を活かした活動や先駆的な活動の企画提案に対し、提案された企画を実施するための経費（上限二〇万円／年）

ウ）防災資機材整備助成・・防コミが所有する防災資機材の更新、新たな取り組みに必要な防災資機材の整備にかかる経費の助成

（3）消防係員地区担当制

火災等現場経験が豊富な消防隊員が個々の防災福祉コミュニティの担当者となり、地域との顔の見える関係を築き、地域の状況に応じた防災活動へのアドバイスや訓練指導等の地域に根付いた支援を実施している。

写真５　防災資機材庫と防災資機材
（出典：神戸市ＨＰ　（令和５年５月15日利用）
https://www.city.kobe.lg.jp/a10878/bosai/shobo/bokomi/about/bokomi4.html）

（４）市民防災リーダーの養成

災害時に地域の先頭に立って近隣住民と力を合わせ、可能な範囲で消火活動や救助活動等を行い、平常時には、防災訓練、防災相談窓口としての役割を担う人材を養成している。

７　防災福祉コミュニティの活動

（１）平時の活動

訓練は、本部で行う総合訓練とブロックで行うブロック訓練の二種類がある。

本部で行う総合訓練は、災害時要配慮者避難訓練、津波避難訓練や避難所運営訓練、小学生への防災学習等の小学校区全体で行う訓練である。

ブロック単位の訓練は、防災福祉コミュニティ内の自治会レベルでの小規模な防災訓練で、消火器や小型動力ポンプの取り扱い訓練等の災害対応能力を高めることに主眼をおいている。

訓練の他に防災資機材の整備・点検や災害時要配慮者避難支援計画や避難所自主運営マニュアル等の各種計画の策定見直し、安全マップの作成等も行っている。

また、平成四年度には提案型活動助成制度[19]へ三六地区の防災福祉コミュニティから申請があり、そのうち三一地区が助成対象となり、防災ジュニアチーム育成活動や防災学習運動会、避難所開設訓練、夜間の要援護者避難支援訓練、三世代参加型防災訓練等の多種多様な取り組みが行われている。

(2) 災害時の活動

災害時の活動は図10にあるように、本部(世話人会)は、災害情報の収集、役員間の情報交換、ブロック間の調整、避難所運営などが主な任務となる。ブロックには情報班、消火班、救出救護班、避難誘導班が設けられ、安否確認、消火・救助・救急活動、避難誘導等の現場活動を行うとしている。災害発生時の活動は、役員等が活動拠点である地域福祉センターや防災倉庫の設置場所(公園等)に集合して、情報を収集し、消火、救出救護、避難誘導等の災害対応活動を行い、そののち、避難所運営や高齢者等の支援を行うことを想定している。

防災倉庫は、公園、小学校等に設置され、防災倉庫には小型動力ポンプ、ジャッキ、バール、のこぎり、メガホン等が収納されている。

8 アンケートからみた活動状況

兵庫県が二〇一四年に防災福祉コミュニティに実施したアンケート調査結果によれば、防災福祉コミュニティの年間の活動回数は年に一二回(毎月)が三〇%と一番多く、年に六回一六%、年に四回一三%、年に三回一二%、年に二回一三%と活発に活動していることがわかる(図11)。

また、同アンケートでは、防災福祉コミュニティの課題については、「高齢化」が最も多く八四%であり、次いで「参加する人が限られている」の七四%、「後継者が不足している」の五四%となっており、人材に関する課題が多いことがわかった(図12)。

このように、防災福祉コミュニティの防災活動が活発に行われているのは、住民が阪神・淡路大震災を経験し

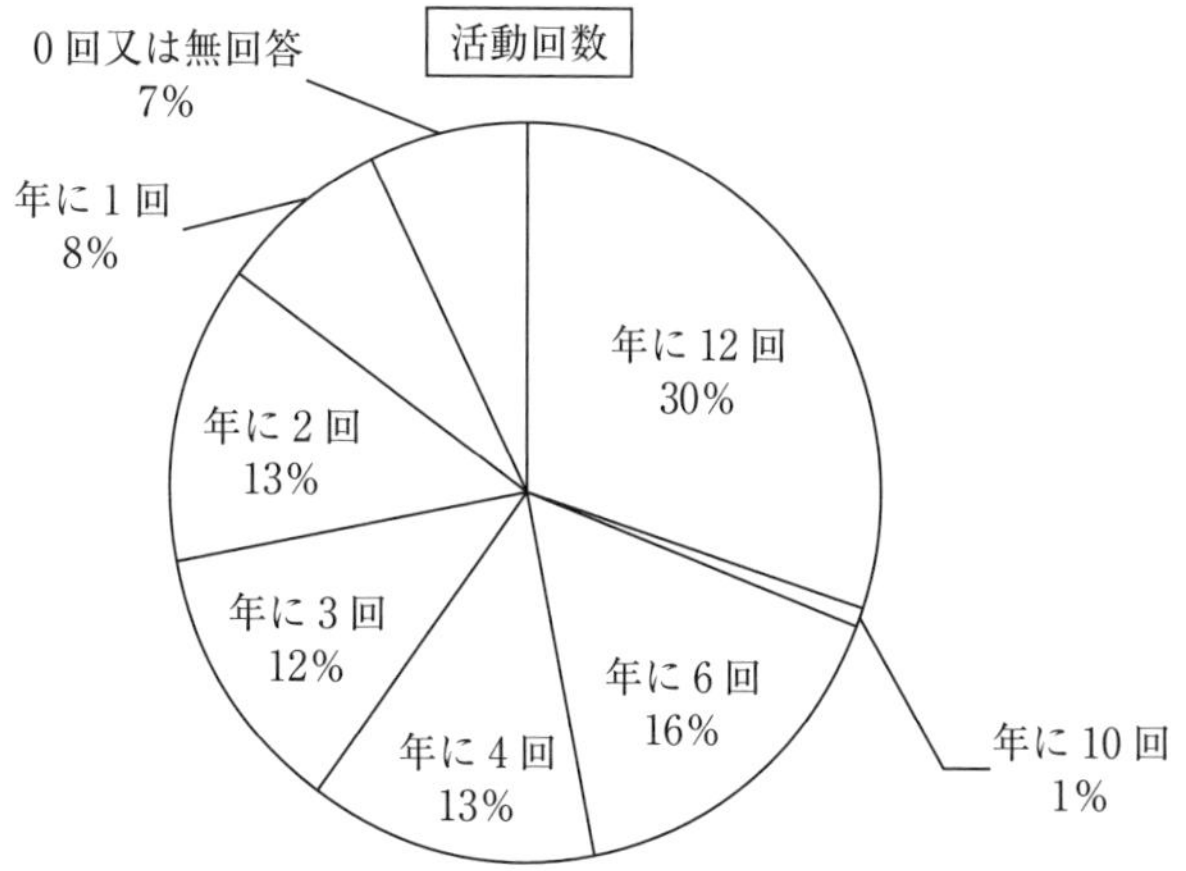

図 11　防災福祉コミュニティの年間活動回数
（出典：第１回神戸（表六甲河川）地域総合治水推進協議会資料７
より作成）

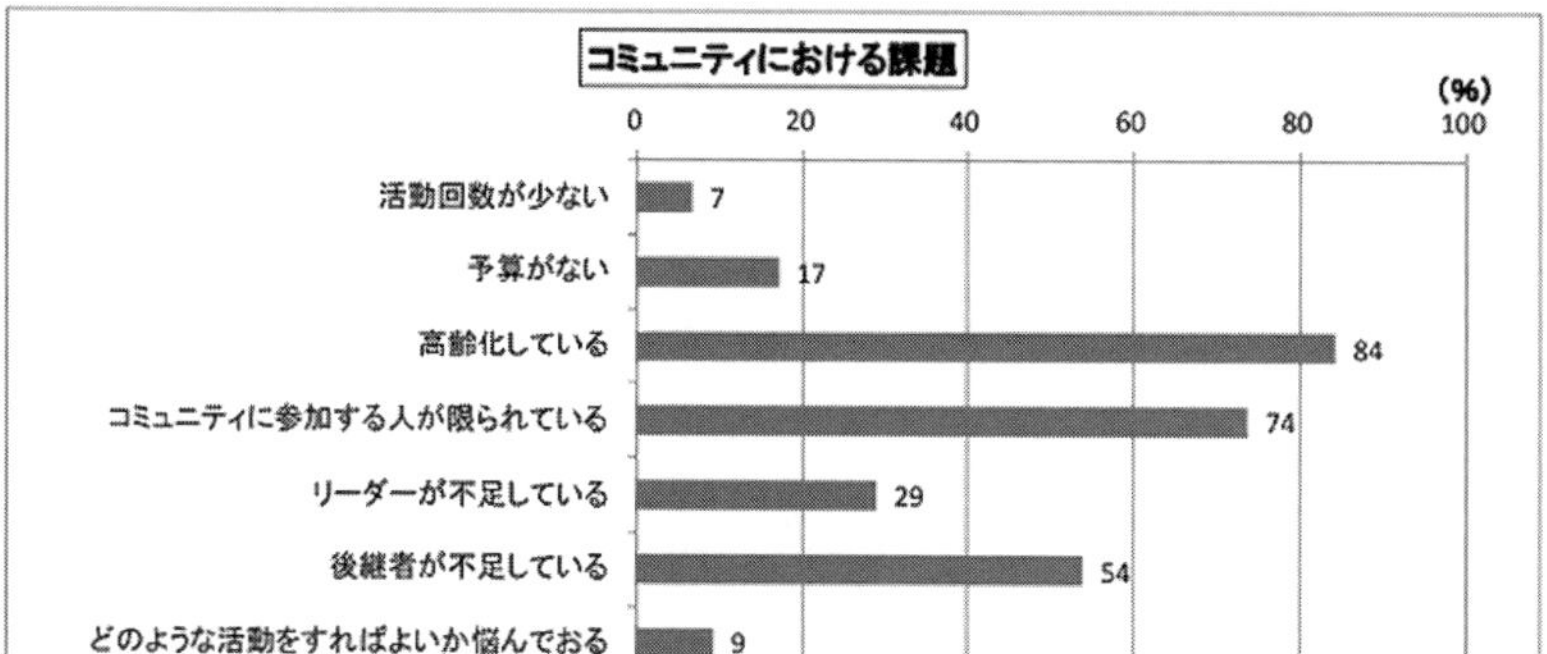

図 12　防災福祉コミュニティの課題（出典：第１回神戸（表六甲河川）地域総合治水推進協議会資料７）

調査期間：平成 26 年４月 21 日～平成 26 年５月９日
調査方法：防災福祉コミュニティ会長へ直接送付（返信用封筒同封）
総配布数：123 部
総回収数：76 部（回収率 61.8%）

ていることと、防災と福祉が融合したことによる相乗効果による活動の活発化、消防係員地区担当制と活動助成という神戸市からの人的、資金的な活動支援があることが挙げられる。その一方で、課題としては、住民の高齢化などの全国の防災組織に共通する課題も多いことがわかった。

[4] 地区防災計画

東日本大震災において、自助、共助及び公助が連携することによって大規模広域災害後の災害対策がうまく働くことが強く認識された。その教訓を踏まえて、平成二五年の災害対策基本法の改正では、災害対策基本法第四二条の二に市町村内の一定の地区の居住者等が当該地区の自発的な防災対策に関する地区防災計画を作成して、市町村地域防災計画に位置付けることができる「地区防災計画制度」が規定された。

この地区防災計画は、地域の自主防災組織等が、地区の特性に応じて計画を作成することができ、その計画を市町村の地域防災計画の中に規定することで、市町村と地域との連携が強化されることが期待できる。

多くの自主防災組織の計画では、平時は防災知識の普及、防災訓練の実施等を行い、災害時は、初期消火、負傷者の救出・救護等を行うこととなっているが、プロの消防に近い消火や救助技術を持っている自主防災組織も存在する一方で、自主防災組織の課題にも上がっている住民の高齢化により、住民による消火活動や救出活動の実施が困難なところもある。つまり、計画の項目は同じでも地域の状況で防災活動に違いがあるということである。

地区防災計画は、地区の特性をよく知っている地区居住者等自身が地区の実情に即した地域密着型の計画を作成することができるので、例えば、住民の大部分が超高齢者で、消火活動や倒壊家屋からの救出活動が困難な地域であれば、災害発生時の計画は、住民の安否確認の実施と火災に対しては消防への通報および近くの広域避難場所へ避難の実施等の高齢者でできることを計画する。また、平常時の活動としては、地震時の火災の発生リスクを軽減するための身近にできる対策を実施する。例えば、耐震装置付き機器の使用、マイコンメータや感震ブレーカなどの設置による出火防止の対策を行う。住宅の耐震化、家具転倒防止なども地域で行える効果的な防災対策である。

また、かなりの防災活動を実施できる地域では、地震時にも使える消防水利の確保や住民が使える可搬式ポンプやスタンドパイプのような消火器具を整備し訓練を定期的に行う。

このように、地域でできることとできないことを明確にして地区防災計画を作成することで、住民の高齢化などの自主防災組織の課題解決につながることが期待できる。

【参考文献】

（１）消防庁　自主防災組織の手引　令和五年三月改訂版
（２）日本火災学会「1995年兵庫県南部地震における火災に関する調査報告書」平成八年一一月
（３）兵庫県ＨＰ　阪神・淡路大震災の死者にかかる調査について（平成一七年一二月二二日記者発表）https://web.pref.hyogo.lg.jp/kk42/pa20_000000016.html（二〇二三年五月一七日利用）
（４）社団法人日本老年医学会高齢者災害時医療ガイドライン二〇一一（試作版）厚生労働省長寿科学総合研究事業研究班　平成二三年
（５）西村明儒　阪神・淡路大震災調査研究委員会中間報告会講演集　兵庫県監察医による死体検案結果より　一八七〜一九二頁　平成八年九月 土木学会関西支部
（６）神戸市消防局　阪神・淡路大震災 神戸市域における消防活動の記録　平成七年三月　（財）神戸市防災安全公社

（7）神戸市消防局　神戸市における地震火災の研究　平成八年一一月　神戸市防災安全公社
（8）神戸市消防局　阪神・淡路大震災における火災状況「神戸市域」平成八年八月一日（財）神戸市防災安全公社
（9）看護師の用語辞典看護roo!「ＪＰＴＥＣとは」https://www.kango-roo.com/word/about/（二〇二三年五月一七日利用）
（10）内科学会ＨＰ　災害時の圧挫症候群と環境性体温異常　日本内科学会事務局 https://www.naika.or.jp/saigai/kumamoto/atsuza/（二〇二三年五月一七日利用）
（11）厚生労働省ＤＭＡＴ事務局ＨＰ「ＤＭＡＴとは」http://www.dmat.jp/dmat/dmat.html（二〇二三年五月一七日利用）
（12）東灘区の震災記録集　被害と復旧活動　編集・発行：神戸市東灘区役所　東灘区自治会連絡協議会
（13）倉田和四生『防災福祉コミュニティ』ミネルヴァ書房　一九九九年
（14）Perry, Clarence A. 1924　倉田和四生訳『近隣住区論』鹿島出版会　一九七五年
（15）宮崎辰雄「学校公園―新しい都市生活の形成を求めて―」神戸市企画局調査部　一九六八年
（16）丸山地区住民自治会　創立60周年記念誌　平成二二年六月　創立60周年記念誌編集委員会
（17）神戸市ＨＰ　地域福祉センター https://www.city.kobe.lg.jp/a52374/kurashi/activate/support/community/chiikifukushicenter.html（二〇二三年五月一五日利用）
（18）神戸市消防局　神戸消防の動き（令和四年版消防白書）令和四年一一月　神戸市消防局
（19）神戸市ＨＰ　防災福祉コミュニティ提案型活動助成　神戸市消防局　https://www.city.kobe.lg.jp/a10878/bosai/shobo/bokomi/activity/b_sinsakekka.html（二〇二三年五月一五日利用）

第6章

防災と地域コミュニティ
——企業・商店街が地域防災に果たす役割を中心に

伊藤亜都子

はじめに

地域の防災力を向上させるためには、日常的な地域コミュニティの形成や地域活動、人間関係の構築が重要である。本章では、地域コミュニティ形成の担い手として地域の企業や商店街に注目し、企業や商店街が地域に関わることが地域防災にもつながることについて二つの事例をとりあげて考察する。

一つは神戸市長田区にある真野地区の事例である。長期的なまちづくりを続けている地域として有名であり、本章では特に地域と地元企業である三ツ星ベルト株式会社との関係について、防災の活動を中心に述べる。

もう一つは、神戸市灘区の水道筋商店街の事例である。全国的に衰退する商店街が多いなかで、現在でも賑わいを見せている水道筋の商店街と市場は、多様なイベントや情報発信を行っており、買い物をするだけでなく、様々な世代の人たちが楽しめる場ともなっている。本章では特に灘中央市場での日常的な活動と防災への取り組みについて紹介する。

[1] 地域コミュニティ・防災・日常・企業と商店街

阪神・淡路大震災では、地域コミュニティの重要性があらためて示された。災害直後、建物の下から救出された人々の七割〜八割が家族や近隣の身近な人々によって助けられたことから、公助よりも自助・共助が全体の七〜八割を占めるほど重要だと言われた。災害直後の救助だけでなく、避難所運営やまちの復興の場面でも、地域コミュニティが形成されているところは比較的順調な成果をあげた。そして仮設住宅や災害復興公営住宅での生活再建においても、孤独死をはじめとする様々な課題解決のために地域コミュニティの形成が重要であるとされている。阪神・淡路大震災以降の大災害でも、あるいは今後来るであろう災害に対しても、個々人の備え（自助）に加えて地域の防災力（共助）が重要であること、行政（公助）を頼りにすることには限界があることは、共通の認識になっていると言えよう。今後の災害対応の重要な課題である災害時要援護者への支援や、避難所での円滑な運営のためには、地域において普段から顔の見える関係づくりや信頼関係を構築していくことが欠かせない。

このように地域コミュニティを基盤とした地域防災（自分たちのまちは自分たちで守る）への期待が大きい一方で、人口減少や高齢社会が進むなかで地域コミュニティを構築・維持していくことはますます難しくなっているのが現実である。防災訓練を実施しても、参加する住民は一部の常連である。

最近では、そのような現状も踏まえて、日常の多様な地域活動の積み重ねのなかに防災も組み込んでいくという考え方がある。「本来防災活動ではない地域活動に防災をそっと盛り込むことによって、地域防災を進めようとする活動」として「防災と言わない防災」が提唱されている（渥美二〇〇七）。学校の運動会、地域の夏まつりなどにひと工夫して防災のエッセンスを加えるというものである。日常の多様な地域活動が地域コミュニティ形成へとつながり、結果的に「地域防災力」が高まるという考え方である。

本章では、地域コミュニティのひいては地域防災の担い手の一つとして、地元の企業や商店街に注目したい。例えば、地元の企業や店舗には、災害時に備蓄や機材として使用可能なものを保持していたり、大きな建物であれば垂直避難ビルとなったり避難所としての収容能力を持つものもあるだろう。そして、住民の多くが地区外に働きに出ている日中でも、災害時に対応できる人材がある。この機動力を災害時に活かすためには、日頃、地域の人々にとってその企業や店舗や商店街が身近な信頼できる存在であること、企業、店舗側にも自分たちが地域コミュニティの一員であり、災害時には地域を守っていくという意識を持っていることが前提となる。

日頃からそのような関係や意識を形成するための日常的な取り組みや活動について、二つの事例に基づいて考察する。

[2] 真野地区（神戸市長田区）の事例

真野地区は、先進的・長期的なまちづくりを継続してきた地域として全国的に知られており、本章では「防災と言わない防災」、「結果防災」が提唱されるずっと以前から実践してきた事例として、その取り組みを紹介したい。

1　真野地区の概要

長田区真野地区は、人口約三五〇〇人、約三九haの面積の一小学校区で、神戸市の中央部の臨海工業地帯に接した住宅（長屋）と町工場が混在する下町である。狭小な老朽住宅、高齢化、人口減少などインナーシティとしての課題も抱えている。

一九六六年に工場による公害の追放のための住民運動が起こって以来、時々の地域の課題に向き合って解決してきたまちづくりの長い歴史を誇っている。

2　真野地区のまちづくりの歴史

真野地区は、「自分たちの町は自分たちで守る。自分たちのことは自分たちで決める」を合言葉として、地域コミュニティを基盤として、弱いものを守りながら住民主体のまちづくりを進めてきたことで知られる。公害問題、住環境整備と緑化、地域福祉、防災などそれぞれの時代で重要なテーマに取り組み続けている真野地区は、日本最長のまちづくりを実践している地域と言われている。

一九六〇年代、真野地区は人口が約八〇〇〇人、二六〇〇世帯であったが、人口減少、高齢化が少しずつ進行していた。そして、金属、木材、油脂、機械など二六〇社にのぼる工場群があり、その間に住宅、アパート、長屋に居住する人々が生活していた。そのため、町工場からのばい煙、悪臭、苅藻川や兵庫運河の汚染、幹線道路による振動、排ガスなど「公害のデパート」と呼ばれるほど生活環境の悪化が進み、危機感を持った住民たちが立ち上がった。一九六六年末の住民大会で公害被害の訴えが相次ぎ、公害反対住民大会が開かれ、地区の公害追放運動が始まった。住民に対して「かるもぜんそく」の公害被害調査を二回実施し、公害の原因となった企業や行政とねばり強く交渉を続けた。企業には公害防止装置を取り付けてもらい、他地域に代替地をあっせんして工場の移転を促進した。工場の跡地を市が買い上げ、大小九つの公園などを作り、住民が管理した。真野公園には、ホタル小屋を設置して公害のバロメーターにして、地区内において工場地域と住宅地域のすみ分けを促進した。数年後には、騒音や悪臭などの被害も減少し、運河や川も見違えって浄化された。

一九七〇年代は、住環境整備、緑化の課題にさらに取り組んだ時期である。公園づくり、花壇づくり、道路沿いや駐車場の緑化などを積極的に進めた。そして、三ツ星ベルトの工場との話し合いで、工場周囲全体の塀を取り払い緑化することにも成功した。子どもも参加する美化活動を推進し、学校の往復の空き缶拾いなどを行った。

一方で、地域の人口減少はすすみ、一人暮らしの高齢者や子どもたちを対象とした地域福祉活動が進められた。子どもたちには、小学校の先生のボランティアによる「かぎっ子教室」、子ども会活動の一環としての「母親クラブ」、丸山地区の子どもたちとの「ハダカの交歓会」、山村の子どもたちとの「交歓キャンプ」、「子どもとお年寄りの合同クリスマス会」、工場跡地を利用した住民協議会方式での「保育所づくり」などが展開された。高齢者に対しては、ボランティアの友愛訪問グループが結成され、簡易浴槽を利用しての「寝たきり老人入浴サービス」、会食方式による月一回の「ひとり暮らし老人給食サービス」など、全国的にも当時珍しいサービスを住民たちで開始した。これらの先駆的に展開されたボランティア活動は、その後、神戸市全体に展開された。

このように公害追放、公園づくり、地域福祉活動など、その時々の課題解決に取り組んできた住民たちは、個別の改善だけでなく、住み、働く場としての地区の総合的なあり方を考える必要がある、という考えに至った。一九七七年には住民の代表と神戸市によって「まちづくり懇談会」が開催され、翌年にはそれを発展させた「真野まちづくり検討会議」が発足した。そこでのまちづくりに関する検討のなかで一九八〇年に「真野まちづくり構想」が生まれた。構想では、人口の定着、住宅と工場の共存・共栄、うるおいのある住環境づくりを目標に、二〇年後をめざして住民、工場、行政が役割分担をしながら段階的に進めることを原則とした。

そして「検討会議」を発展的に解消して「真野まちづくり推進会」が新たに発足し、まちづくりの実行段階へと進んだ。

学習を通じてまちづくりを点検し、これからの方向を探り、新しい地域リーダーを養成し、運動の地域を広げていくことを目的に「まちづくり学校」が開催された。講師は大学教授、福祉施設長、地域活動者など多彩で、話し合いの時間を持ち、公害と健康、子どもの遊び場、高齢者、環境、福祉、都市づくり、救急医療など様々なテーマをとりあげた。

「真野まちづくり推進会」は、一九八二年には「まちづくり条例」が適用されて「まちづくり協議会」として神戸市から認定され、神戸市長と「真野地区まちづくり協定」を締結し、「真野地区 地区計画」の都市計画決定が行われた。

写真１　下町的な路地の残るまちなみ

写真２　真野ふれあい住宅（コレクティブハウス）

３　真野地区と阪神・淡路大震災以後

一九九五年の阪神・淡路大震災では、真野地区は一九人が亡くなり、家屋の全半壊約六割、避難者数約一四〇〇人という大きな被害を受けた。そこでの災害への対応は、長年のまちづくり活動で培われてきた地域コミュニティの力を発揮したことで改めて注目を浴びた。震災後にすぐに出火したが、住民によるバケツリレーで延焼を食い止めている。地区内の工場の機械や地下タンクの水を利用するなど、町工場との連携を見せた。工場との連携については、より詳しく後述する。

自然発生的に一六か所の避難所ができ、当日から炊き出しを始めた。震災から三日目には避難所の代表者と自治会長が集まり、災害対策本部を結成し、避難所にも在宅避難者にも救援物資が確実に届くしくみをつくった。二月には、のべ三三〇人の建築士の協力で建物安全調査を実施し、ボランティアらが屋根にブルーシートをかけたり、家のなかの片づけを手伝うなどして帰宅の支援を行った。真野地区では、比較的早期に避難所が解消し、その後は真野地区復興まちづくり事務所を拠点として復興まちづくりをすすめていく。復興住宅として、各住戸とともに共同利用できる食堂や談話室などを備えたコレクティブハウスを建設するなど、常に先進的な取り組みを持続していった。

二〇〇五年には、震災復興一〇年記念誌として『日本最長真野まちづくり』を発行した。

二〇〇六年には暴力団組事務所追放運動に立ち上がり、約一〇か月で和解、組事務所の撤退が決まるという成果をあげている。これについて今野（二〇一五：一一七）は、普段みんなでハード、ソフト両面からまちづくりをしてきたことが、公害、高齢社会の孤独死、災害、などいろいろなリスクに備えることになり、それが暴力団組事務所の問題への素早い対応を可能にしたと評価している。

二〇一一年には地域住民の寄付を募ってまちづくり推進会の「まちづくり会館」が竣工し、新たな地域活動の拠点が完成した。

写真３　真野まちづくり会館

4　現在の真野地区における地域防災の取り組み（防災避難訓練、津波防災マップづくり）

真野地区では、一九八八年に防災福祉コミュニティが設立されて以来、毎年真野地区総合防災訓練を行ってきた。

二〇一一年の訓練からは、災害時要援護者の避難誘導と、今後の南海トラフ大地震に備えた津波防災に積極的に取り組みはじめた。準備として二〇一〇年九月から、民生委員が、見守り対象の一人暮らし高齢者や高齢者世帯を訪問し、災害時要援護者への登録を呼びかけ、ほぼ全員の登録を得た。「トリアージ」の考え方を参考に、登録者の重度の順にＡ・Ｂ・Ｃのランク付などを行った。地域ごとに要援護者と避難誘導援助者の丁寧なマッチング作業が行われ、二〇一一年三月の訓練ではまず大部分を占めるランクC（自力で避難可能と思われるが一人暮らしのため安否確認、声かけが必要）の住民を中心に避難誘導確認を行った。

二〇一三年三月の真野地区防災総合訓練に向けては、二〇一二年九月から計一〇回以上の会議を重ね、災害時要援護者、神戸市、コンサルタントらと打ち合わせや勉強会を実施し、マップづくりや津波避難ビルの現地調査や津波避難経路点検のまち歩きなど現地での検討も具体的に行った。避難経路について、複数検討し、実際に歩いて所要時間をはかり、歩きやすさや、車イスが通る場合の段差、地震で建物が倒壊する可能性も含めた道路の道幅、バイクや自転車の駐輪などの避難経路上の障害物、避難者が集中することによる渋滞の可能性のある道などの確認を行った。特に、要援護者の避難の支援については、現実的に災害時にできるのかどうかを考えて、垂直避難も選択肢として考えるなど実践的な検討をすすめた。

二〇一三年三月の総合防災訓練では、津波避難を三本のルートで行ったあとに、バケツリレーや放水訓練、救助訓練、炊き出しなどを行った。

そしてこの避難訓練での経験と反省をもとに、「真野地区東南海・南海地震津波防災マップ」を二〇一四年三月に完成・配布している。二〇一四年には、水平避難に加えて垂直避難の訓練も実施した。地元の三ツ星ベルト広告塔建屋で要援護者を担架で運ぶなどの避難訓練を行った。

この地区では、公害、高齢化、震災、暴力団事務所の追放など危機に直面するたびに、地域で住民や企業など様々な主体が協力し、弱者に寄り添い、地域の絆を強めて対応してきた。その対応力を生かして、防災にも積極的に取り組んでいると言える。

5　三ツ星ベルトと地域防災

三ツ星ベルト株式会社は、一九一九年に真野地区に合資会社三ツ星商会として創業し、工業用ベルトを中心としたものづくりで成長をとげてきた企業である。「人を思い、地球を思う」の理念を掲げ、現在は、国内外に複数の事業所や工場を展開している。

「真野まちづくり推進会」にも発足当初から参加して、会社も地域の住民の一人であるという姿勢で地域活動に取り組んできた。

阪神・淡路大震災では、会社の社員とその家族を含めて八人が死亡するという被害を受け、建物も六棟が焼失した。当日は、工場に夜勤していた社員六〇人が「自衛消防隊」として活躍した。消火防衛線をひいて、工場地下の貯水槽、井戸水、運河の水を活用して可動式動力消火ポンプ三台、消火器五〇本を使い、住民一〇〇人以上とバケツリレーで消火にあたって延焼を食い止めた、火災被害が最も大きかった長田区内で、真野地区が大きな火災から免れた唯一の地域となった。以前から地元の人も利用していた体育館は、避難所として開放し、四月末まで約四〇〇人が生活した。また、三ツ星ベルトの広告塔は、真野地区にボランティアに歩いてくる人の目印となったという。

この震災時の経験がもとで、企業と住民の距離はより近くなり、住民主催のイベントに地元企業が参加したり、企業主催のイベントに地元も参加するなど交流がより活発になったという。

本社は、一九九二年からアクセスのよいハーバーランドに移していたが、地元からの要請に基づいてまちの復興、活性化のために二〇〇〇年一〇月に本社機能が真野地区に復帰した。そのタイミングで「住民と企業が共生するまちづくり」を掲げ、社内にボランティア任意団体「三ツ星ベルトふれあい協議会」を設立し、そのメンバーを中心に、たなばたまつり、ふれあいクリスマス会、子どもたちの入学祝い会などを行っている。また、さぬき手打ちうどんと地引網体験会（四国工場のある香川県さぬき市）、あゆのやな漁見学会（綾部事業所のある京都府綾部市）には、神戸本社、さぬき市、綾部市の事業所・工場からバスを連ねて出かけて行き、子どもたちも参加して交流する。参加者は、社員の親子、真野地区の住民が多く、毎年楽しみにしている人もおり、会社も資金を援助している。神戸事業所の所長によれば、これらの活動は、住民と企業が共生して真野のまちづくりを進めるという考えに基づいており、「子どもたちにとってこの街が〝ふるさと〟になるように」という願いが込められているとのことである。

そして、一月一七日には、毎年、自衛消防隊が地域住民とともに防災訓練を実施している。従業員約三七〇人、住民三〇人の約四〇〇人のバケツリレーや放水訓練を行う。この防災訓練について三ツ星ベルトは、ある取材で「私たちは、夜の住民が留守の間の、昼間のまちの安全を担わなければならないと考えている。」、「地域活動をはじめとするＣＳＲは社員教育の一環」と答えており（地域防災ちえ袋滋賀県ＨＰ）、企業が地域を守る担い手の一員であり、それらの活動が社員の成長にもつながるとの考えがあらわれている。

それから、前項で述べたように、真野地区の総合防災訓練にも、地域の一員として参加し、垂直避難ビルとして受け入れる訓練も行っている。訓練やイベント、地域のことについて会議する「真野まちづくり推進会」の定例会（月二回）のメンバーでもあり、イベント時には敷地やトラックを提供して協力したり、従業員もスタッフとして参加する。

写真４　まちの目印となった広告塔建屋（垂直避難ビルとしても利用）

写真５　三ツ星ベルトの看板「住民と企業が共生する“真野のまち”へようこそ」

竹内（二〇一三：一二三―一二五）は、阪神・淡路大震災、東日本大震災を経て、経済活動を通して得た利益を社会全体に還元することで企業の社会的責任を果たすという経営理念は、日本の企業に広く共有されつつあるとしている。その上で、地域社会とつながることは、三ツ星ベルトにとって新しい社員教育や組織作り、ひいてはリスク管理という側面を持っていると指摘する。社員一人一人が地域社会とつながることで人間的な成長をはかることができ、大災害も乗り切れる組織づくりに結び付くという考えである。そして、地域社会にとっては、雇用創出や従業員の地域での買い物や消費という意味での経済的活性化、そして若い社員が地域に出入りし、地域交流イベントに参加し、ネットワークを形成していくという地域住民の生活の活性化につながる存在であるとしている。

三ツ星ベルトの地域活動は、二〇一九年からはコロナ禍でイベントなどはいったん中止しており、寄付活動などしかできない時期があった。神戸事業所の所長によれば、社員に対して地域活動への参加を強制はできない半面、参加したときのメリットはやはり大きいとして「近年は、社員の働き方改革の流れもあるので、休日のイベントへのボランティア参加などについてあまり強くに声をかけたりはしにくくなっている。ただ、一度イベントに参加すると、若い社員もやりがいを感じたり、このような活動を通して、上下関係や部署を超えて同じ目的に向かってやることができて、社員のコミュニケーションが深まるようなメリットはある。」

とのことである（神戸事業所所長インタビュー二〇二二年九月より）。会社としては、たとえば「ふれあい休暇」という独自の休暇制度を設定して、会社が開催する地域ふれあいイベントにボランティア参加した従業員が、代わりの日に休暇を取得できるなどの工夫をしている。

［3］水道筋商店街（神戸市灘区）の事例

1　水道筋商店街の概要

水道筋商店街は、阪急王子公園駅から都賀川まで七つの商店街と三つの市場が東西に約一キロに細長く広がるエリアを指す。大正時代の一九二六年に、西宮市から神戸市に水道管が通され、その上に道ができ、「水道筋」と呼ばれる街ができた。五〇〇余りの店舗数があり、生活に密着した商店が並び、多くの人で賑わう。老舗から新規の店まであり、スーパーマーケット、各種商店、飲食店、病院など店の種類も豊富である。

立地としては、最寄りの阪急王子公園駅（王子動物園前）から東へ延びており、近くのＪＲ灘駅、阪神岩屋駅、ＪＲ摩耶駅も徒歩圏内である。阪急王子公園駅から三宮駅には五分、大阪梅田駅には約三五分と交通アクセスもよい。二〇一六年にＪＲ摩耶駅が開設したことで、周辺ではマンションの建設、人口の増加が進んでいる。

メインストリートのエルナード水道筋（正式名称は水道筋商店街協同組合）には、約四五〇メートルのアーケードがあり、神戸市でも有数の長い屋根となっている。もともとは露天の商店街であったが、一九五八（昭和三三）年にアーケードが完成し、全天候型のショッピングゾーンになった。約一二〇軒の店舗からなる中心的な商店街である。

写真６　エルナード水道筋　2022年７月

写真７　つまみ食いツアー　2023年３月

エルナード水道筋は、二〇一〇年度に「水道筋商店街（エルナード商店街）まち再生プラン」を策定した。買い物目的だけでなく、通勤、通学、散策などの様々な目的で、子どもから高齢者まで幅広い客層が訪れることを踏まえて、来街者に「安全で快適な」空間を提供し、次世代にまちを継承していくために「環境にやさしい」商店街を目指すことを掲げた。そして、四つのコンセプトとして「安全・安心」な空間の提供、「おもてなし」の核施設となること、そして「環境」などへ配慮したアーケードとして、二〇一二年度に国の補助事業で改修を行った。アーケードを改修したことで、明るくより安心な空間を作り出すことができ、若年ファミリー層など通行量が増加している。他の商店街や市場、近隣施設とも連携してエリア全体の活性化に取り組んでいる。四つ目には、「懐かしくて新しい」昔ながらのにぎわいのある商店街づくりを意識して、様々なイベントやツアー、グッズづくり、情報発信などを行っている。

「水道筋を歩いているといつもどこかでイベントに出会う（水道筋HPより）」の通り、年間を通して季節に応じた多様なイベントが随時行われ、活気と賑わいを創出している。

エルナード水道筋を会場とした主な年中イベントとしては、毎月一〇日の「えびすまつり」を始め「春のアメフトまつり」「夜店大通り」、ミュージックイベントや演奏ライブなど多様である。店舗をめぐりながらお店や案内人の解説を聞き、少しずつ「つまみ食い」が体験できる「つまみ食いツアー」など、観光として参加しながら、商店街での楽しみ方を体感できる企画も多い。

2　灘中央市場について

本項では、水道筋商店街の個性豊かな複数の商店街と市場のなかから灘中央市場をとりあげ、市場を地域コミュニティの拠点として活用しながら、活性化と防災につなげる取り組みについて紹介する。

（1）灘中央市場の概要（神戸市住宅都市局まち再生推進課・神戸すまいまちづくり公社２０１７参照）

一九二五（大正一四）年に設立して以来、灘の庶民の台所として、対面販売による良質で安価な食材を提供している。プロ御用達の店も多く、近隣の飲食店の料理人の仕入れ先でもある。灘中央市場共同組合の組合員数は約七〇～八〇で、実店舗は約三〇である。

一九九五年の阪神・淡路大震災では、火事も発生せず、直後に営業を再開できたが、建物の老朽化・火災危険等の密集市街地である課題は残った。そこで、二〇一四年度から神戸市のまちづくり専門家派遣の制度を利用したアンケートの実施、会議、ワークショップなどを重ねた。二〇一六年度からは、組合の理事が全員入れ替わり、比較的若手を中心としたメンバーが増えて新体制で取り組むこととなった。その新しい整備の一つとして、「防災空地」整備に関する検討を開始した。「防災空地」については、（3）で詳しく述べる。

市場かわらばんの「市ばん」は、灘中央市場について「レトロで癒される市場。だけど災害によわい一面も」あるとしている。そのため、市場のにぎわいと安全性を両立させるためのまちづくりを検討するチームをつくり、

写真８　灘中央市場を学生が見学

月一回ペースで話し合いを行い、二〇二二年に「市場づくりの方向性」を策定した。それは「災害につよく、楽しみと賑わいのある市場づくり」を目指すことで、エリア全域をマンション化する方法の一択ではなく、建物の建て替えや回収、自主防災への取り組み、空き店舗の活用などを組み合わせて進めることである。

（２）灘中央市場でのイベントについて

灘中央市場では、買い物客や地域の人が楽しめるユニークなイベントを頻繁に開催している。市場が主催のものもあれば、それぞれの店舗が企画するものもある。主なものを以下に紹介する。

・リュックサックマーケット

リュックサックマーケットは、もともとは灘区から登山やケーブルとロープウェイを乗り継いで登ることができる摩耶山で二〇〇六年から冬期を除いて毎月開催されているフリーマーケットである。誰でも気軽に参加でき、「リュックサックに持ち込めるだけのものを持ち込んで交換し合う」という趣旨ものであるが、そこでの交流自体が楽しめるイベントである。二〇二二年から市場でも開催を始め、市場の狭い路地にお店が並ぶ。

・紙皿食堂

紙皿食堂は二〇一五年から同市場を食堂に見立てて、紙皿を持ってバイキングレストランのように市場を散策する企画であり、年一～二回開催されていたものを市場主催として定期的に実施するようにした。魚屋、八百屋、肉屋、総菜屋など好きな店で好きな食材を買い、自分だけのオリジナルプレートを市場内の休憩所や防災空地で

写真９　リュックサックマーケット

写真 10　紙皿食堂

楽しむことができる。紙皿と箸は一セット一〇〇円で販売し、「この市場をまもる募金」として寄付される。

参加者は、イベントとして楽しみながら市場での買い物のよさを体験することができ、また、商業者同士でも協力体制ができたり、営業のモチベーションにつなげることができる。

・（一〇〇周年）千日前祭

灘中央市場は、二〇二五年八月に創立一〇〇周年を迎える。そのカウントダウンイベントとして、二〇二二年一〇月に「千日前祭」が開催された。リュックサックマーケットと紙皿食堂も同時開催し、ヒップホップグループ「ET-KING」のアコースティックコンサートも市場で催された。

新聞の取材に対して理事長の武長氏は、「毎月楽しいイベントを開催している。ＳＮＳで発信しているのでフォローいただき、

写真 11　千日前祭ポスター

昭和レトロな歴史あるおいしい市場に遊びに来てほしい」「この先も、五〇〇日前、一〇〇日前など一〇〇周年イベントを展開していくので楽しみにしてもらいたい」とコメントしている（二〇二二年一〇月一三日神戸経済新聞）。

こうしたイベントの開催の根底には、市場の店舗の減少などにより、一〇〇周年を無事に迎えることができないかもしれないという切迫した危機感があり、市場もそれを隠さずに発信している。理事長によれば、赤字続きでついに経費の支払いさえ難しくなった事態に直面し、会議を開き、二〇二二年は電気代高騰もあり市場のエアコン可動を止めるなどの決断をして、なんとか黒字にすることができたとのことである（二〇二三年三月灘中央市場組合理事長インタビューより）。募金箱の設置や経費のかからないＳＮＳでの日々の発信などできることは何でも実施し、市場の魅力を伝えている。

（3）まちなか防災空地づくり

神戸市では、防災性や住環境にさまざまな課題を抱える密集市街地において、安全・安心・快適なまちづくりを推進するため、二〇一一年三月に「密集市街地再生方針」を策定した。この方針に基づく事業の一つとして、火事や地震などの災害時に地域の防災活動の場となる「まちなか防災空地」の整備をすすめている。

写真12　灘中央市場内のまちなか防災空地

まちなか防災空地とは、密集市街地において火災などの延焼を防止するスペースを確保することを目的に、災害時は一時避難場所や消防活動用地、緊急車両の回転地などの防災活動の場として、平常時は広場・ポケットパークなどのコミュニティの場として利用する空地などを指す。手順としては、①まちなか防災空地事業を実施することについて、土地所有者、まちづくり協議会等、神戸市の三者で協定を締結し、②神戸市が土地を無償で借り受け（これにより固定資産税等の一部が非課税とできる）、③まちづくり協議会等にその土地を「まちなか防災空地」として整備（神戸市の補助あり）及び維持管理してもらうという流れになっている。現在のところ対象地域は灘北西部、兵庫北部、長田南部、東垂水であり、灘中央市場のエリアもこれに含まれている。主な要件としては、三～五年以上はまちなか防災空地として使用すること、まちの防災向上に資する位置や大きさであることなどである。（神戸市：密集市街地まちなか防災空地事業 https://www.city.kobe.lg.jp/a96653/shise/kekaku/jutakutoshikyoku/misshu/matinakabousaikuuti.html 参照）

灘中央市場では、（1）で触れたように二〇一六年から防災空地の検討をはじめ、整備内容について市場の店主、周辺住民、市場ファン等が意見を出し合った。防災や防火のためだけでなく、日常的な市場の活性化に活用できることを想定した広場として計画され、二〇一九年三月に完成、お披露目会を実施した。

防災空地担当の理事は、空き家活用の取材に対して、「市のプログラムの『まちづくり学校』でまちの人達と学べて、プログラム終了後も有志でワークショップを続けた。今でも交流があったり、イベントに手伝いにきてくれたりする」「これからの商店街はもっと色々な〝出会い〟が可能な場所だと思うので、促していきたい。」「昔ながらの良い部分を〝今風に変えていける〟ことが大事だと思う」とコメントしている（空き家活用ラボ二〇二一）。

こうした計画段階で多様な人が参画して普段の活用の仕方などについて議論する過程は、新しいつながりをつくり、完成後の空地を有効に利活用できるという意味で非常に重要である。空き店舗の活用という視点からも注目される事例となっている。

（4）防災訓練（二〇二二）について

先に述べた防災空地の整備がハード面であるとすれば、「市場づくりの方向性」（（1）で紹介）に基づいたソフト面での防災力向上の取り組みの一つが、趣向をこらした市場の防災訓練である。高齢化の進んでいた消防隊を若手に継承し、市場の消防設備をいつでも使えるように定期的に訓練を行い、お客や子どもも参加できる楽しい防災訓練を企画するなど、〝人の力も「防災力」〟であるという考えで行っている。

二〇二二年八月三日に実施された「夏の防災訓練まつり」では、店舗が密集する市場の中にある広場から出火したという想定で、店主たちによる「自衛消防隊」隊員が買い物客役の店員を避難させて、トイレなどの細かいところまで逃げ残りがいないかの確認を行った。また、消防職員の指導のもとで、市場が管理する消火栓を久しぶりに開けて、ホースをつなぎ、水を出すコツ、伝令の練習、ホースの支え方、消火のポイントなどを聞きなが

図１　防災訓練で配布された「水源MAP」

写真13　市場に貼られた「夏の防災訓練まつり」ポスター

写真 14　消火訓練

写真 15　AED 体験

ら消火訓練を実施した。

子どもも楽しめるイベントとしては、スタンプラリーを取り入れた市場の水源マップを配布し、井戸や消火栓、蛇口の場所を確認できたり、防災空地など五か所のブースでは、ＡＥＤ体験、ＮＨＫ防災コンテンツ、防災絵本読み聞かせ、水消火器的あて、子どもプールなどが体験できた。

おわりに

本章では、地域防災の基盤となる地域コミュニティを形成するために、企業や商店街、市場が地域の担い手の一員となって積極的に活動している事例を紹介した。普段の地域活動やイベント、会議にともに参画し、実践を継続することでコミュニティづくりや地域活性化への大きな効果をもたらしてくれること、そしてそれは地元企業の社員の成長や商業施設の活性化にもつながっていることが分かる。二つの事例は、ものづくりの企業と商店街という異なる特徴をもつ一方で、その存在が地域住民にとっても誇りに感じられるような地域との共生や信頼関係をつくり、楽しめる活動を継続している点などは共通している。

そして、その様々な活動の重要な一つとして「防災」を位置づけ、これまで培った活動実績やネットワークを生かして実践的に行っている。

防災は、福祉、教育、環境、地域の活性化などのテーマと分野横断的に密接に関係しており、「自分のまちは自分たちで守る」というまちづくりの基本がわかりやすく含まれている。「防災と言わない防災」の実践と同時に、防災活動からはじめて、まちづくりの総合的な取り組みにつなげることも可能だろう。地域防災にも、コミュニティづくりにも必ずうまくいくという特効薬はないが、具体的な課題に向き合い、工夫してできることを一つずつ積み重ねていくことが地域の力となることを教えてくれる。

【参考文献】

・空き家活用ラボ　２０２１「連絡#3活性のカギ！理事長の新しさへの懐と、防災空地という商店街の余白」https://aki-katsu.co.jp/lab/interview20-morimoto/
・渥美公秀（監修）『地震イツモノート』ポプラ文庫　二〇〇七年
・（公財）ひょうご震災記念21世紀研究機構研究戦略センター研究調査部　２０１９『地域コミュニティの防災力向上に関する研究～インクルーシブな地域防災へ～』
・神戸市住宅都市局まち再生推進課・神戸すまいまちづくり公社　２０１７『平成28年度まちづくり専門家派遣実績報告　灘区』
・神戸市：密集市街地まちなか防災空地事業 https://www.city.kobe.lg.jp/a96653/shise/kekaku/jutakutoshikyoku/misshu/matinakabousaikuuti.html
・今野裕昭『インナーシティのコミュニティ形成―神戸市真野住民のまちづくり』東進堂　二〇〇一年
・今野裕昭「まちづくり組織の高齢化と新しい担い手」『社会科学年報』第49号、専修大学社会科学研究所　二〇一五年、一二五―一四一頁
・水道筋ＨＰ　https://www.suido-suji.com/about/index.php
・竹内裕一「リスク軽減と地域社会の役割―神戸市長田区真野地区における阪神・淡路大震災からの復旧・復興に学ぶ―」坂井俊樹・竹内裕一・重松克也『現代リスク社会にどう向き合うか―小・中・高校、社会科の実践』梨の木舎　二〇一三年、

一〇六―一二八頁
・地域防災ちえ袋滋賀県ＨＰ　https://www.pref.shiga.lg.jp/chiebukuro/katsudo/105689.html
・中小企業庁編『はばたく中小企業・小規模事業者３００社　商店街30選　２０１６』二〇一六年
・真野地区記念誌編集委員会 編『日本最長・真野まちづくり　震災10年を記念して』真野地区まちづくり推進会　二〇〇五年
・IchibanKOBE　https://ichibankobe.com/ja/suidousuji/

第７章

防災教育と大学生——学びを自分ごとにする

船木伸江

はじめに

神戸学院大学は、阪神・淡路大震災の震源地から一番近い大学として、また、本学も被害を受けたことから震災で停止し、撤去されることになった明石市立天文科学館の「塔時計」（日本の標準時を示す「明石天文科学館」の二代目大時計）を一九九七年に有瀬キャンパスに譲り受け、「震災を語り継ぐ使命を自ら課し」学生の目に留まるように設置されている。本学は、教育を通じて震災復興に貢献したいという想いで、震災から一〇年を経て防災を専門的に学ぶコースである「防災・社会貢献ユニット」を立ち上げ（二〇〇六年スタート）、二〇一四年からは、現代社会学部社会防災学科として学生の育成を行ってきた。

筆者がゼミを持ち始めてから現在まで、継続的に行っている防災教育活動がある。それは、防災教育の教材作成、防災教育の出前授業、そして阪神・淡路大震災の震災語り部団体との交流を通じた震災経験の語り継ぎである。毎年、ゼミではいろいろな教材を作成したり、既存の教材をアレンジする形で防災教育出前授業を行っている。震災語り部の話をベースにした教材作成も行ってきた。ここでは、学部発足一〇年にあたり、これまでにゼミ生たちが作成した震災経験を語り継ぐ教材「げんきくんのゆめ」「あっこちゃんのはさみ」、主体的に学ぶ防災教育教材・プログラム「災害を報せる音を学ぶ授業プログラム」の三つの教材・防災教育プログラムを事例にあげ、防災教育的意味を考察する。

［1］震災経験を語り継ぐ教材作成

1　語り部ＫＯＢＥ１９９５との交流

「語り部ＫＯＢＥ１９９５」は、阪神・淡路大震災の被災者たちにより二〇〇五年に発足したボランティア団体であり、阪神・淡路大震災の「あの時」のことをいつまでも忘れてはならないという思いから、メンバー自身が直接体験した「生の体験を語る」活動を行っている。詳しくは、語り部ＫＯＢＥ１９９５のウエブサイトを参照していただきたいが、二〇二三年七月現在、語り部一〇名、アドバイザー二名の一二名のメンバーで構成されており、メンバー数人は家族や身近な人を震災で亡くした経験を持つ。また、この団体には、防災・社会貢献ユニット時代のゼミの卒業生である岸本くるみさん（二〇二二年加入）、中村翼さん（二〇一七年加入）が語り部として活動をしている。

舩木ゼミでは、二〇〇六年以降、定期的に語り部ＫＯＢＥ１９９５と交流を続けており（筆者はアドバイザーの一人である）、学生たちは語り部から長期にわたり話を聞き取り、教材を作成し、伝える活動を行ってきた（毎日新聞、神戸新聞の記事など）。ここでは、社会防災学科舩木ゼミ一期生と四期生が行った震災経験を語り継ぐ教材作成について紹介する（語り部ＫＯＢＥ１９９５ウエブサイト http://idrs.dpri.kyoto-u.ac.jp/yamorilab/?page_id=1246）。

2　「げんきくんのゆめ」

学部発足から二年後の二〇一六年度に、社会防災学科舩木ゼミ一期生（井関、岡本、陰平、瀬戸、田中、谷口、

写真１　長谷川氏に聞き取りをしている様子

辻本、松本、光井の九名）が語り部ＫＯＢＥ１９９５の長谷川元気氏（阪神・淡路大震災当時小学二年生で母親と弟を亡くす）の震災の経験を聞いて、紙芝居「げんきくんのゆめ」を作成し、小学生に伝える活動を行った。この活動の背景には、学生たちが、防災教育出前授業を行う中で感じた「震災を経験していない子どもたちに、震災のことをイメージしてもらう難しさ」がある。ゼミでこの課題を話し合う中、「子どもたちと同じ年齢の時に被災をした人のお話だと伝わりやすいのではないか」という考えから長谷川氏に協力を依頼し実現した。長谷川氏に経験を聞き取り、実体験をベースにお話の原型を作成した。紙芝居の内容は以下のとおりである。

阪神・淡路大震災当時小学校二年生だった長谷川氏（げんきくん）は五人家族全員が自宅の下敷きになる。父親と上の弟が助け出されるも、母親と一番下の弟が見つからない。公園に子どもたちを残し、父親は探しに戻るが、夕方戻ってきたときには、震える声で「あかんかったわ」といい、子どもたち二人を抱き寄せ、三人で泣いた。その後、げんきくんは、「なんでもっとお母さんに優しくできなかったんだろう。弟ともっと遊んであげなかったんだろう」と、後悔の思いばかりが頭に浮かぶ。亡くなった二人が出てくる夢をよく見るようになる。学校でも、母を思い出して泣くこともあったというが、担任の先生が「げんきくんなら頑張れる」と励ましてくれた。それがきっかけで「自分も困っている人に寄り添ってあげられる先生のようになりたい」と、教師になるのが夢となり、神戸の学校の先生になった（図1参照）。

紙芝居を作る、という作業は、震災経験を文字と絵で表現することである。文章を作成する際には、当時の状

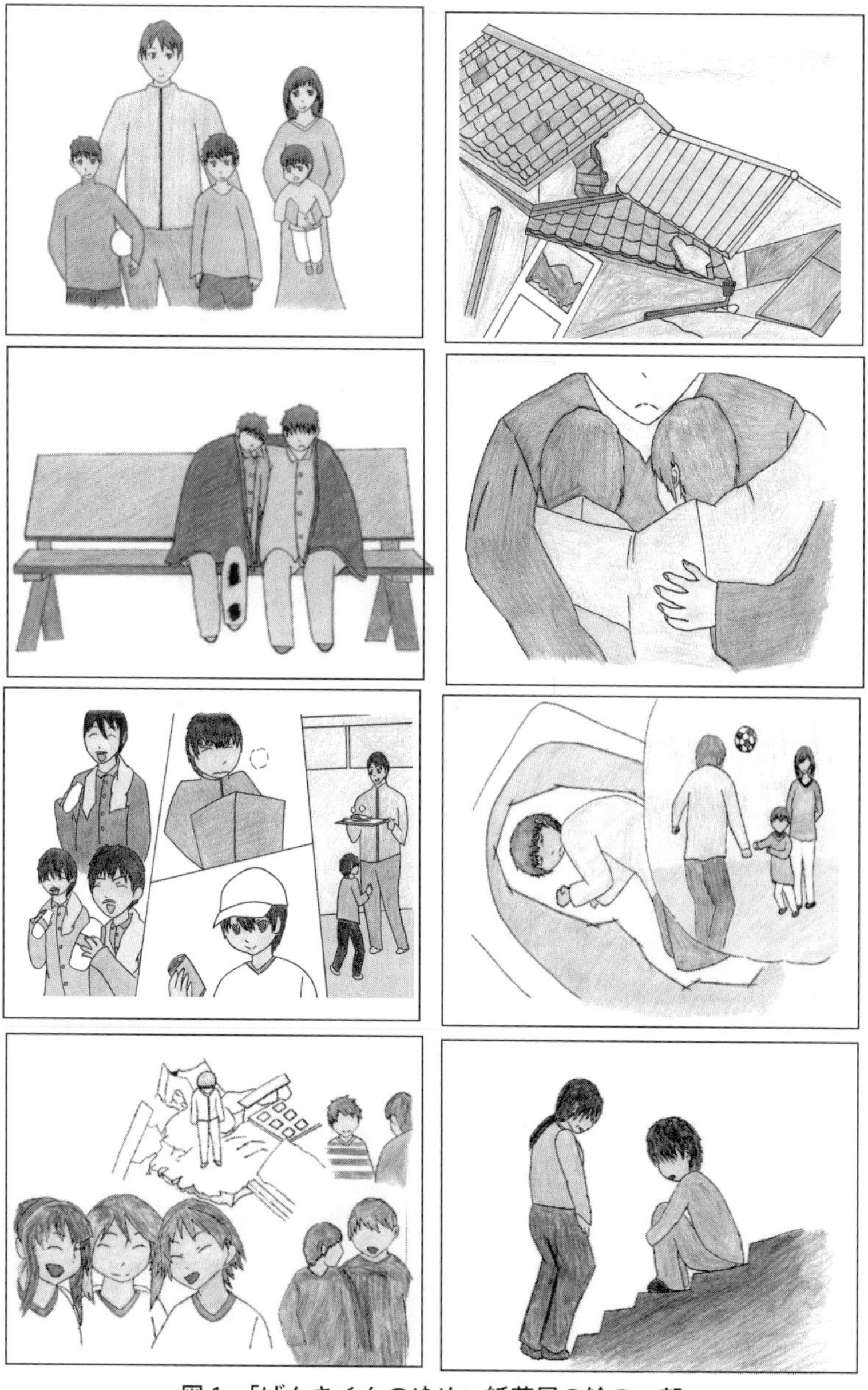

図1　「げんきくんのゆめ」紙芝居の絵の一部

況や長谷川氏がどんな気持ちだったかを考え、絵を描くためには、周囲の様子や当時着ていた服装など、細かな状況を確認する必要がある。震災の混乱の中、小二だった長谷川氏自身も詳細は覚えていないことも多かった。そのため、こんな状況ではなかったか？　と、学生同士でポーズをとりながら、その時の様子を想像し、長谷川氏に確認してもらうという作業を行っていった（写真2）。

紙芝居ができると、それをどう伝えるかを話し合い、模擬授業を重ね、小学校で出前授業を行った。この授業の様子は、新聞記事にも掲載されている（神戸新聞：震災の記憶を紙芝居　母と弟亡くした語り部題材に　二〇一六年一月六日産経新聞：震災で家族亡くした小学教師の思いを紙芝居で伝承…「あの日」知らない神戸学院大生など）。

また学生たちが作成した紙芝居は、小学校教員でもある長谷川氏本人が授業で自身の経験を伝える補助教材と

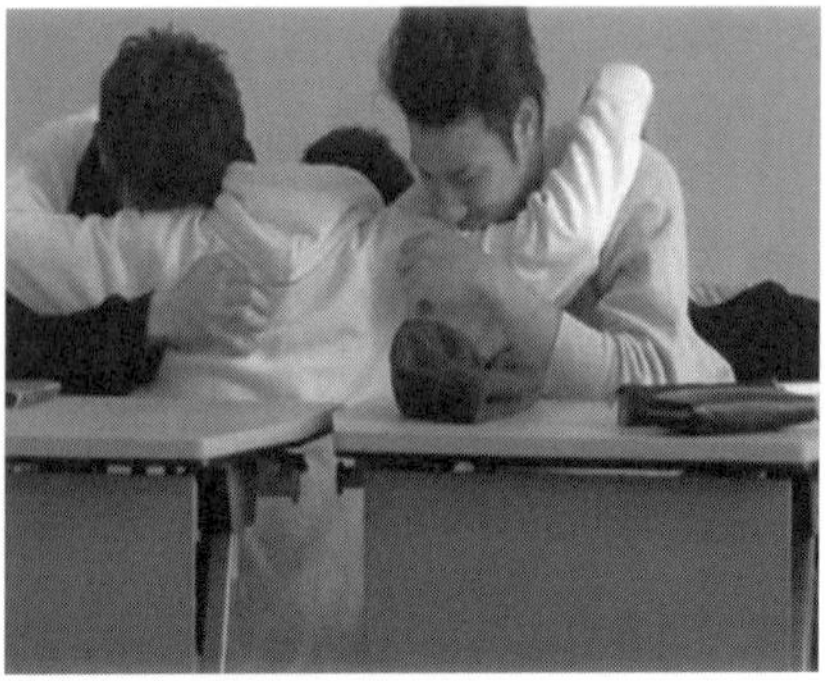

写真2　当時の様子を想像しながらポーズをとる学生たち。図の3枚目の絵を描くときに行った

写真3　授業準備の様子

写真4　学生による出前授業

写真５　浅井氏へのヒアリングの様子

して活用していただいている。

３　「あっこちゃんのはさみ」

学部発足から五年後の二〇一八年度に、社会防災学科舩木ゼミ四期生（井手口、大野、久保田、滝井、新妻、林田、堀内、村田、森本の九名）が、語り部ＫＯＢＥ１９９５の浅井鈴子氏（阪神・淡路大震災当時自宅全壊、当時小学五年生だった長女を亡くす）の震災の経験を聞いて、絵本と動画「あっこちゃんのはさみ」を作成し、小学生に伝える活動を行った。

震災当時、小学校五年生だった浅井氏の娘、あっこちゃんは、震災で倒壊

写真６　学生のミーティングの様子

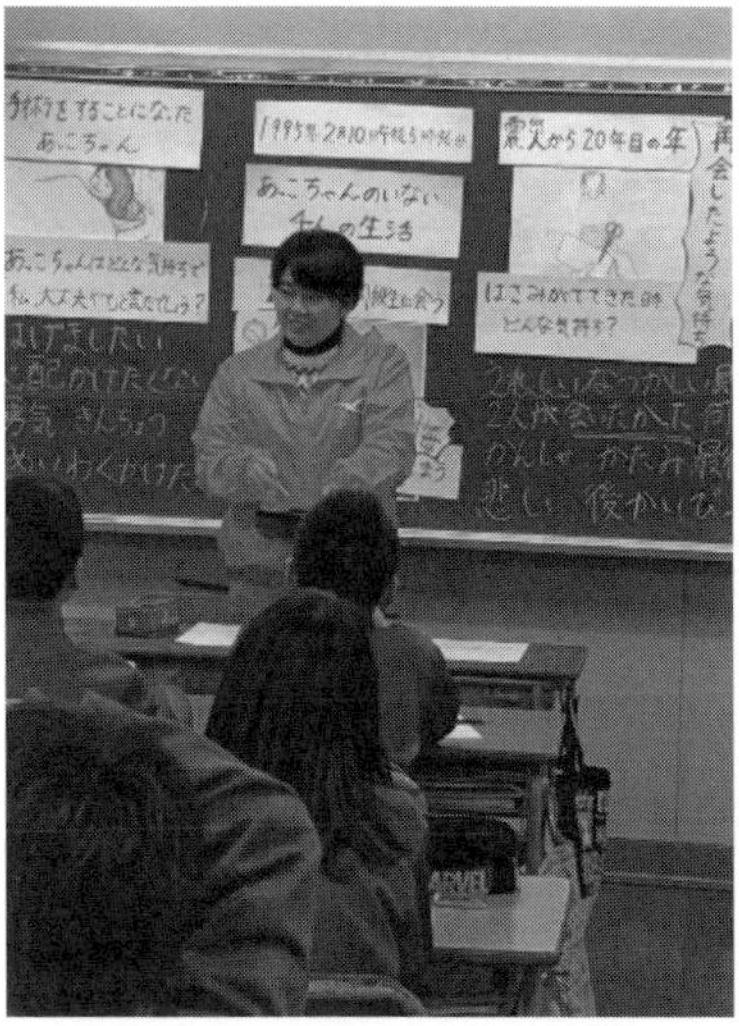

写真７　小学校での出前授業

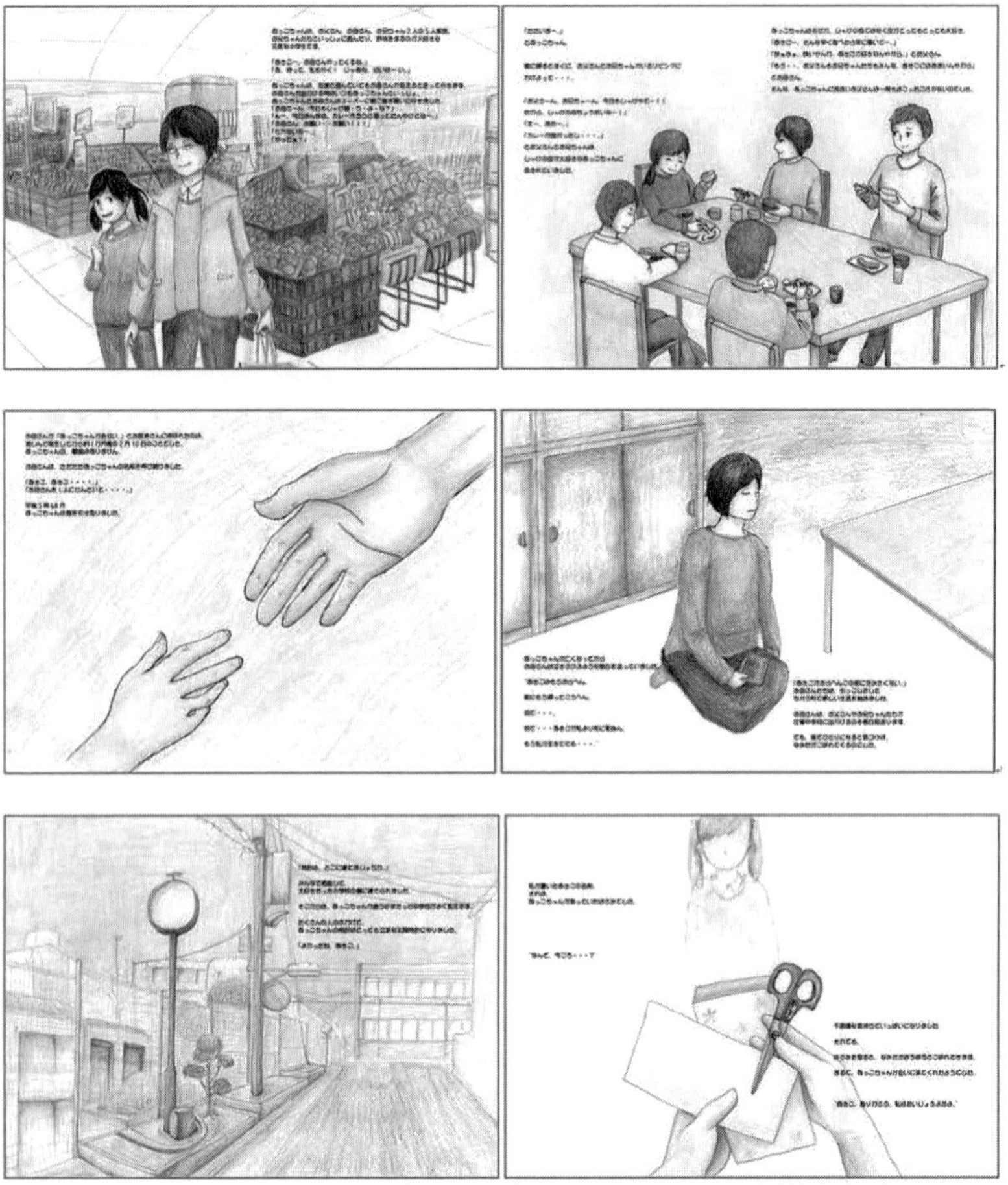

図2　絵本「あっこちゃんのはさみ」の一部

した家屋の下敷きとなり、命を落とした。彼女を偲ぶ時計は震災モニュメントとして登録され、今も神戸市立西灘小学校の横で時を刻み続けている。しかし、震災からの時間経過とともに、西灘小の児童たちもそれが「あっこちゃんの時計」であることを知らない子がいるようになってきた。その中で奇跡のような話を聞いた。震災から約二〇年が経過した年に、母親のもとに、当時、あっこちゃんが使っていた「はさみ」が届いたという話である（神戸新聞二〇一四）。浅井氏たちが当時住んでいた家は全壊し、遺品も少ないため、はさみが戻ってきたときに母親は「まるであきこが戻ってきたみたい」と話してくれた。この出来事に感動した学生たちが、自分たちの手で教材にしたいとの声から、母親から聞いた震災から二五年間の話を絵本と動画にまとめた。図２は絵本「あっこちゃんのはさみ」の一部を示しており、絵本のよみきかせ動画はＹｏｕＴｕｂｅで発信している（https://www.youtube.com/watch?v=YDUEF-fHfWo）。

この活動でも、長期にわたり、浅井氏に経験を聞き取り、実体験をベースにしたお話の原型を作ろうとした。しかし、二五年という長い年月を描こうとしたことから、事実関係が整理しきれず、何度も聞いた話を振り返り、時系列で並べなおしたり、追加調査を行い教材が完成し、子どもたちに伝える活動を行った。浅井氏の震災当時の経験談は、神戸市の防災教育副読本「しあわせ運ぼう」に掲載されていることから、学生たちの動画は、副読本の授業をする際に、その後の話として、神戸の小学校の授業で広く活用されている。

［2］主体的に学ぶ防災教育教材・プログラム

「災害を報せる音を学ぶ授業プログラム」は、緊急地震速報の音や火災報知器、津波警報などの「災害を報せる音」について学ぶ教育プログラムである。授業では実際に「災害を報せる音」を聞き、音を擬音語で表現し（例

写真８　出前授業における学生の板書

写真９　授業風景

えば、緊急地震速報の音は、チャランチャラン、など）、音を聞いたら対応行動がとれるよう学ぶ（表１「災害を報せる音」の防災教育プログラム授業案参照）。救急車の音は？と問いかけると、一〇〇％の子どもが「ピーポーピーポー」と表現するが、テレビで流れる緊急地震速報の音を流して擬音語で表現してもらうと、「チャランチャラン」「テレンテレン」「クリンクリン」「パランパラン」、いろんな表現となる。救急車の音が「ピーポーピーポー」と聞こえるのは、音が聞こえたら「ピーポーピーポー」は、救急車の音だね、と教えられてきたからである。そうであれば、緊急地震速報の音も一つの表現に統一し、「チャランチャラン」が聞こえた

表1　「災害を報せる音」の防災教育プログラム授業案

<u>授業のめあて</u>

緊急地震速報や津波警報、自動火災報知設備などの「災害を報せる音」を聞いて、音が聞き分けられるようになり、対応行動がとれるようになる。

学習活動	指導上の留意点
<u>導入</u> ・授業のチャイムの合図の確認。	・チャイムの音にも「授業の終始合図」の意味があることを当たり前の様に知っていることを確認する。
音を聞いて、正しく行動しよう！	
<u>生活の中でよく聞く音</u> ・パトカー、救急車の音を聞く。 →音は何を報せているか 　擬音語で何と聞こえるか	・普段の生活の中で聞く音を振り返る。 ・パトカーの擬音語は津波を報せる音の擬音語「ウー」と一緒のためリズムを線で表現し、目で見ても分かるようにする。
<u>災害を報せる音</u>→音は何を報せているか 　擬音語で何と聞こえるか ①　**緊急地震速報（テレビ）** 　**「チャラン、チャラン」** ②　緊急地震速報（携帯） 　「ギュウ、ギュウ、ギュウ」 ③　津波警報（3m より高い波） 　「ウーン、ウーン」 ④　大津波警報（5m より高い波） 　「ウーン、ウーン、ウーン」 ⑤　自動火災報知設備の警報ベル 　「ジリリリリリー」	災害を報せる音の擬音語を決める 擬音語はワークシートに記入 ①②緊急地震続報はテレビと携帯で音が異なることを知る。 ③④津波、大津波で音が一緒でも、 **音の長さが異なることを知る。** ・ワークシートに書いた擬音語は1人1人異なるため、黒板には1つの擬音語を書く。
<u>身を守る行動を考える</u> ①～⑤の音が鳴ったときの行動を考える。	・身を守る行動の大事なポイントをまとめる
<u>振り返り</u> ・災害を報せる音をランダムに鳴らし、「災害名、身を守る行動」を声に出して動く。	・ランダムに音を鳴らして、全員が間違えず身を守る行動ができるようになるまで繰り返し練習する。

ら「頭を守る」という対応行動をとることを教える必要があり、実践したのがこのプログラムである。

写真9は学生による出前授業の様子であり、子どもたちが緊急地震速報の音を聞き、頭を守る行動をとっている。二期生の学生（春成）と製作したこのプログラムの詳細は、現代社会研究第六号「災害を報せる音」の防災教育プログラムの提案（舩木・春成）を参照していただきたい。

このプログラムの特徴は、①防災教育の教材やプログラム数が少ない未就学児から小学校低学年から学べる点、②災害に関する「音」を教えることができる点、③災害が発生した際に初動として取るべき対応行動（ファーストムーブ）について、身体を動かしながら学ぶ主体的なプログラムである点である。

多くの人が、パトカーや救急車のサイレンの音を聞くとすぐに理解ができる一方、津波警報や大津波警報の音は馴染みがないとわからない人も多い。しかし、意識して聞き分けると、似ているようで音の長さが違うことに気づく。このようなプログラムは類を見ないため、新しいプログラムとして学校に伝えている。そして、この教材は、後輩が授業方法を発展させ、引き継ぎ出前授業を行っている（写真10）。

先輩が考案した教材を後輩が発展しながら引き継ぎ活用する教材は過去にもあり、例えば、防災・社会貢献ユニット一期生たちが製作した「非常持ち出し袋を考えよう」（図3）のカード教材がそれにあたる。

この教材は、非常持ち出し袋に何を入れるかを考えることを通じて、家庭の備えを促進することを狙いとしている。カードは全部で三六枚あり、水や非常食、懐中電灯といった代表的な非常持ち出し品カード三五枚にプラスしてスペシャルカードがある。非常持ち出し袋を考える防災教育プログラムはいくつかあるが、この教材は、持ち出し品の代表例がすでにカードに書かれているため（裏には役立ち情報が文字で書いてある）、何を備えておけばいいかわからない子どもたちでも話し合いに参加することができる。また、複数の持ち出し品を組み合わせて使うことを学べたり（ラップを皿の上に敷けば紙皿を何度も使える断水時の知恵）、一つのものの多様な使い方も

写真 10　後輩たちによる「災害を報せる音」の出前授業

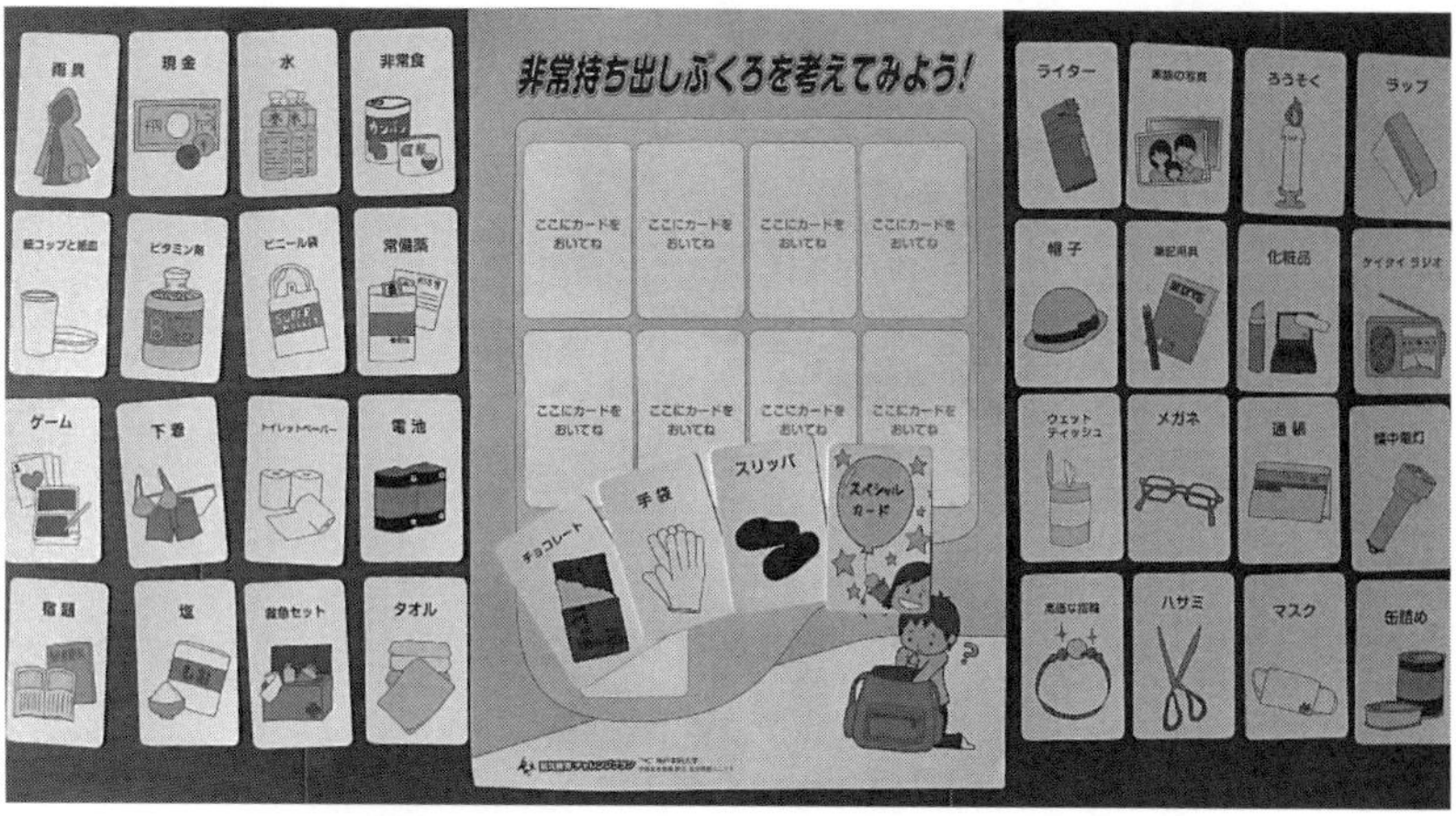

図 3　非常持ち出し袋の教材とカード一覧

図 4　非常持ち出し袋の教材を使っての出前授業

学ぶことができる（ラップは、皿の上に敷いて使う以外に、ロープになったり、巻けば温かいなど）。また数に制約があるため、大切なものは何か考えを深める仕掛けもある。

ひとたび非常持ち出し袋を準備しようとすると、「季節はいつだろう」「どんな被害が起こるんだろう」「ライフラインの状況は？」といった疑問がわいてくる。被災時の状況がイメージできないと、準備するものを決めることができないためである。つまり、非常持ち出し袋を準備することは、自身の想像力を使って災害時に起こる状況を「イメージ」することでもある。個人で考え、友達と交流する中で他の人の意見を聞くことにより一人では思いつかなかったような状況やアイディアを知ることができる。そして、ディスカッションしながら主体的に学ぶことは楽しいことでもある。

防災を「楽しく」学ぶ、というと語弊があるかもしれない。もちろん、確かに、過去に起こった災害の被害や命にかかわることを和気あいあいと学ぶことは難しいだろう。しかし、楽しいにはいろんな意味があり、ワイワイする楽しさだけでなく、知らなかったことがわかる、という知的好奇心をくすぐられる楽しさもある。防災教育は「過去の災害から学び次の被害に備える」ために行う教育である。次の災害に直面するのは自分自身、いかに、一人一人が「主体的」に考え、学ぶことができるかも、防災教育の重要な部分であり、学生たちの作成する教材にはそのような工夫も組み込まれている。

［3］三つの教材・防災教育プログラムの防災教育的意味

本章では、学部発足から一〇年の間にゼミ生たちが作成した震災経験を語り継ぐ教材「げんきくんのゆめ」「あっこちゃんのはさみ」、主体的に学ぶ防災教育教材・プログラム「災害を報せる音を学ぶ授業プログラム」の三つの教材・防災教育プログラムと出前授業の様子を紹介してきた。これらの活動を通じて感じてきた防災教育的意味をまとめておきたい。

１　防災教育現場が抱える課題を見極め、新たな教材を生み出す

ポートアイランドに本社があるＴＯＡ株式会社が二〇一七年一月に行った「音と減災の意識調査」によると、「災害を知らせる音の意味や重要性について家庭で子どもに話をしているか」という質問に対して「はい」と回答した家庭が五七・六％に対して、音の教育はしていない家庭が四割程度いるという。また、音について教育していない一番の理由は、「どう教えたらいいかわからないから（六割）」であるという。むろん、防災教育は家庭以外でも行われているが、学校や地域で「災害を報せる音」をテーマとした防災教育プログラムは多くは存在しない。全国の防災教育の事例集が載っている防災教育チャレンジプランにおいて「音」をテーマとしたプログラムを検索すると、一四六件中一三件（教材作成当時二〇一八年五月二四日時点）あった。うち、多くのプログラムは歌・ミュージカル・劇など音楽を通じて防災教育を行うプログラムであり、「災害を報せる音」を使ったプログラムは二事例、訓練や紙芝居の中で緊急地震速報などの音を使うものであり、災害を報せる音そのものを教える教育プログラムではなかった。

加えて、災害の警告音に必要以上に恐怖を感じる子どもたちがいることも、災害を報せる音についての教育が必要だと考えるもう一つの理由である。地震の発生を報せる緊急地震速報のチャイム（ＮＨＫのチャイム音）は、①緊急性を感じさせるか、②不快感や不安感を与えないか、③騒音下でも聴き取りやすいか、④軽度の聴覚障害者でも聴き取れるか、⑤どこかで聞いた音と似ていないこと、を条件に作成されている。もちろん不安感を与えない音に構成はされているが、注意喚起を促す音であるために、適度な緊張感を与える音であることは否定でき

ない。訓練や災害時は特殊な状況である。音が流れることで大人の緊張感が伝わった結果、その音が「怖い」と認識する子どもたちもいる。特に、未就学児や音に過敏な児童生徒にその傾向があるが、訓練や防災教育を通じて災害の警告音を聞く回数を重ねることで恐怖感が下がることがわかってきた。

このような問題意識から、災害を報せる音を教える授業プログラムを考案した。また、このプログラムの良さは、防災教育教材やプログラムのバリエーションが少ないターゲット層である未就学児や小学校低学年にも適した内容であるという点である。また、子どもたちが主役になる授業の流れをうまく組み込んである。以上二点は、第［2］節で紹介した「非常持ち出し袋を考えよう」のプログラムにも共通した利点である。防災の学びは、知識に加えて、行動をしなければ、いざという時に役に立たない領域である。防災教育を行う時には、実践的に学ぶこと、子どもたちが主体的に考えて使える知識にすること、そしてその先に、行動できる力を養うことが必要であるが、身体を動かしながら楽しく学び、即実生活に活かせる教育プログラムは社会的意義も高い。実際に、この内容については、学校でも実践したいという声をよく聞き、また、担任が授業の流れさえ把握できれば即実践できる点も評価できる点である。

2　震災経験者から長期にわたって話を聞くということ

ゼミで交流をした語り部KOBE1995の語り部は全員が震災を体験しており、「生の体験」を非常に近い関係で長期にわたり聞くことができる、という防災教育上、貴重な経験をさせていただいていることは言うまでもない。

通常、語り部の話を聞くのは一回、長くても一時間程度である。しかし、教材を作る、出前授業に行くといった目的が学生の原動力になっているため、ゼミでの活動では、長期にわたり学生側が主体となって話を聞く「交流」が続くことになる。すると、だんだんと語り部の経験が自分（学生）に近づいてくる感覚を感じた学生や、仕事で経験が活かされたという声があった。こういったことも活動の防災教育的効果の副産物といえる。

「小学生の頃、授業で取り上げられ、印象的だったある震災の話。それは語り部ＫＯＢＥ１９９５のメンバーさんの体験でした。**語り部の皆さんとの交流を通して、改めて、目の前に阪神・淡路大震災が現れた気がします。**それは、あのときの体験や被害だけを指すのではありません。震災を体験したまちで、皆さんと同じ時を生きているという、感覚に触れたように思います」

「語り部さんとの交流を通して、生々しいお話を聞き、**他人事ではないと感じました。**最近でも、東日本大震災をはじめ、広島土砂災害等地震だけではなく、いろんな災害が各地で起こっており、非日常的だと思っていたことが日常化しているように感じます。」

「私は、消防士として働きだしてから改めて、語り部さんの話を聞いて、震災にあった人たちの心の声を聞いて良かったなと思っています。私は、今救助隊として現場の最前線で要救助者を助ける仕事についています。**助けを求めている人を助けるということは、私が想像していたことよりすごく過酷なものでした。**普段、逃げなければ行けない所に私たちは入って行かなければなりません。**正直、怖さや不安でいっぱいの時もあります。でも、語り部さんの話を聞いている私は、震災にあった人たちの本当の苦しさを知っています。**全ての気持ちがわかるとは言いませんが、他の消防士の方より少しは被災者の気持ちが分かっていると思います。**分かっているからこそ、私は勇気を持って助けに行くことができますし、要救助者の気持ちを理解した助け方をすることが出来ています**」

3　震災を経験していない世代の語り継ぎの実践

「語り継ぐ」ことの重要性は、震災から一五年目を迎えた頃から被災地である兵庫県、神戸市ではより強調して訴えられてきた。一五年が経過した二〇一〇年一月一七日を迎えるにあたり、当時の兵庫県知事は定例記者会見で、「二〇一〇年四月には中学生以下の子どもたちは全て震災後の生まれになった。当然、被災地には新たに転入された方も多く、震災を経験していない人の割合が増えてきている」ことを指摘し、同年、当時の神戸市長は定例記者会見で、「実際、震災を経験した神戸市の人口は、二〇一〇年一月一日現在で市民の約三六％強が震災未経験者、二六％が市外からの転入者、一〇％が震災後生まれ」ということを話していた。共に、「震災を経験していない世代が増えてきたこと」、それに伴い、「震災の経験を継承していく努力、取り組みの大切さ」を話している。

二〇一四年にスタートした現代社会学部一期生はちょうど震災の年に生まれた世代である。震災経験がない学生たちが、震災語り部の話を聞き教材作成を行い、授業を行うということは「一つの語り継ぎの形」でもある。では、どのようにこの語り継ぎが実現できたのか。語り部と長期にわたり交流できる環境があったことに加えて、学部の専門的学びに裏付けされたしっかりとした知識経験があることも大きな要因の一つである。学生たちは毎日、防災の授業を受講し、被災地にボランティアに出向き、様々な活動を行ってきた。蓄積された知識や経験があったからこそ、語り部の話を聞いて、当時の様子について想像を膨らますことができたと考える。

そして、小学校へ出前授業に行く、という目的の下、オリジナルの教材作成を行ったことも重要なポイントである。教材を作るという目的をもって話を聞くということは、経験を主体的に聞くことになる。また、お話や絵を描くためには、語り部たちが当時感じていた「気持ち」を想像しなくてはいけない。大切な人や物を失って悔しい、悲しい、辛い気持ち、助けてもらった喜びなど授業で聞いてきたことばかりだろう。しかし、また、お話を作りながら、絵を描きながら、絵に色を塗りながら当時の状況を具体的に想像することで、被災された方々の気持ちに近づいていく。実際、学生は、何度も語り部の話を聞く中で、自分たちなりにあの時何があったのかをイメージできるようになってきたという。

また、震災未経験者である大学生が作ったお話だからこそ、子どもたちにも伝わりやすい話だったとの声もある。大学生たちは、語り部から聞いた当時の状況すべてをそのままを教材にしたわけではない。特に印象に残った話や語り部自身が大切に思っていることを見極め、自分たちの想像を加えてお話を構成した。震災未経験者の大学生でも想像ができることはつまり、さらに次の世代の震災を経験していない子どもたちにも伝わりやすい話であったようにも思う。実際に、学校教員だけでなく「げんきくんのゆめ」については語り部である長谷川氏自身が学生が作った教材を活用しているということがそれを証明している。このような意味からも、大学生が語り継ぎを実践することは大きな意味があると言える。

神戸ではまだ阪神・淡路大震災の直接経験者から話を聞くことができる。今後も、被災地神戸にある大学だからこそできるこの強みをうまく教育に活かしていきたいと思う。

【参考文献】

・毎日新聞夕刊　震災知らぬ子へ伝える　3人の体験 絵本とDVDに、母娘の絆、物語を絵本に　二〇一三年一月八日
・神戸新聞　神院大生が制作「命伝える教材」　二〇一九年一月一六日
・神戸新聞　震災の記憶を紙芝居　母と弟亡くした語り部題材に　二〇一六年一月六日
・産経新聞　震災で家族亡くした小学教師の思いを紙芝居で伝承…「あの日」知らない神戸学院大生　二〇一六年一月一三日
・神戸新聞　20年目に「遺品」母の手へ　二〇一四年四月七日

第８章

防災とＳＤＧｓ
――持続可能な社会をめざして

江田英里香

［1］ＳＤＧｓとは

1　ＳＤＧｓとは

ＳＤＧｓという言葉はマスメディアをはじめ、小中高等学校での学習や企業の取り組みなど様々なところで見聞きするようになってきた。

ＳＤＧｓは「Sustainable Development Goals」の略で、「持続可能な開発目標」のことを指す。この「持続可能な開発目標」とは、二〇一五年九月に国連サミットにおいて一五〇を超える加盟国首脳の参加のもとで採択された「持続可能な開発のための２０３０アジェンダ（以下、２０３０アジェンダ）」の中に掲げられた世界共通の目標である。一七のゴールと一六九のターゲット、二三二の指標から構成されている（図1参照）。

2　ＳＤＧｓとＭＤＧｓ

ＳＤＧｓが採択された背景には、二〇〇〇年九月にニューヨークで開催された国連ミレニアム・サミットで採択されたミレニアム開発目標（Millennium Development Goals：ＭＤＧｓ）があることを忘れてはならない。ＭＤＧｓは極限の貧困や飢餓などをはじめとする様々な課題を二〇一五年までに解決することを目指した国際目標であり、八つの目標と二一のターゲット、六〇の指標で構成された。

このＭＤＧｓは途上国の人々が直面していた多くの課題を解決する原動力となり、開発途上国で極度の貧困で

図１　SDGsの17の目標
（出典：国際連合広報センター）

暮らす（一日一ドル二五セント未満で暮らす）人々の割合は、一九九〇年の四七％から一四％に減少し、初等教育就学率も二〇〇〇年の八三％から九一％に改善されるなど、人々の生活環境が大幅に改善され、一定の成果をあげた[1]。一方で、その成果については、五歳未満児や妊産婦の死亡率削減については改善は見られたものの目標水準に及ばず、女性の地位についても就職率や政治参加で男性との間に大きな格差が残るなど課題が残った。特に貧困や教育、母子保健、衛生といった分野においては地域ごとに達成状況のばらつきがあり、サハラ以南のアフリカ諸国や南アジア、オセアニアなどの諸島地域では社会的格差が一層拡大している事実が顕在化した。これらのＭＤＧｓの課題を引き継ぎ、また、年々深刻化する環境汚染、気候変動、そしてそれによる自然災害などの課題に対して、地球規模で先進国と途上国が共に持続可能な社会を目指すという理念で策定されたのがＳＤＧｓである。

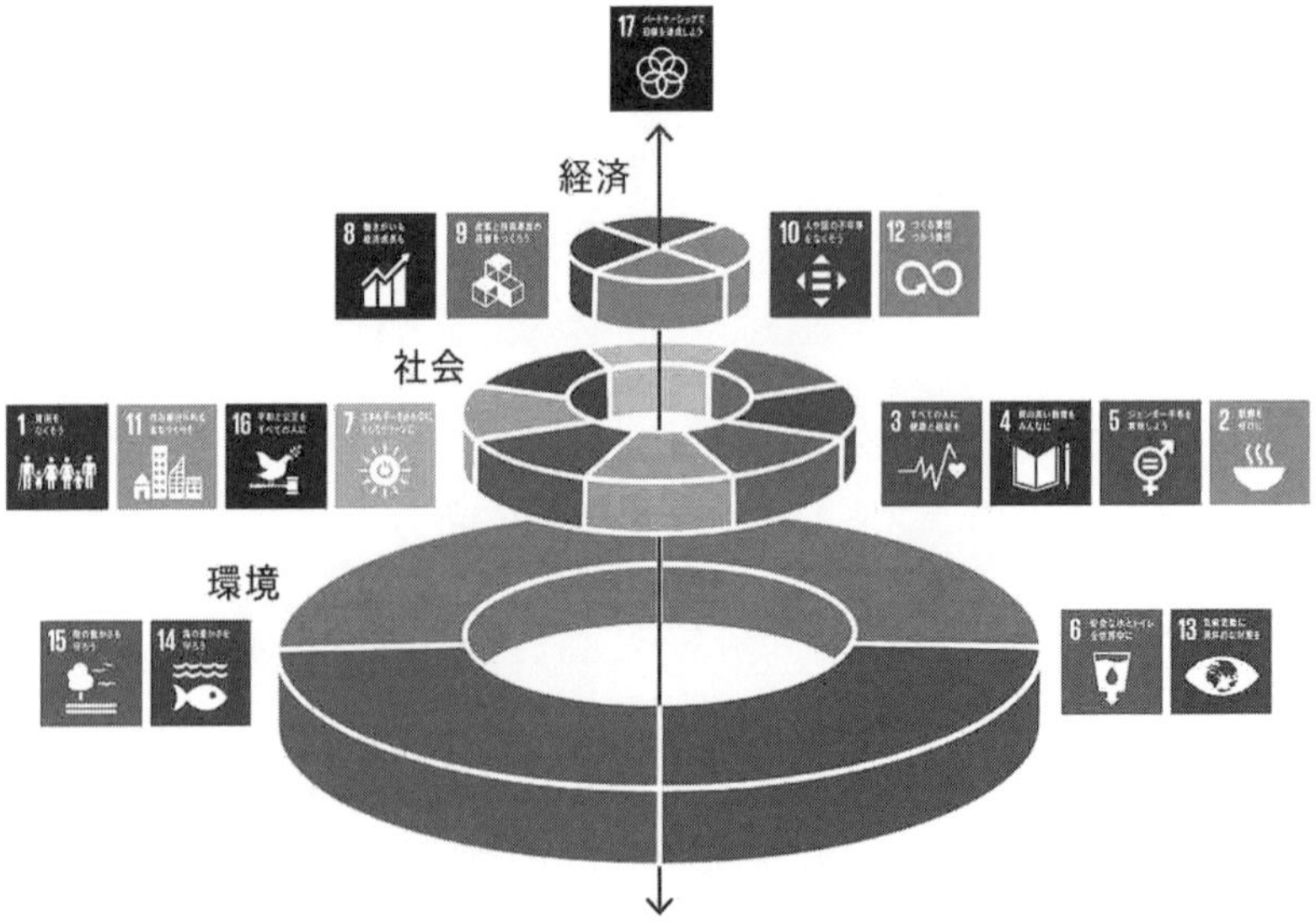

図２　SDGs ウェディングケーキ
（出典：ストックホルム レジリエンスセンター HP）

3　ＳＤＧｓの特徴と三つの側面

ＳＤＧｓの特徴は、「人」に焦点を当てている点である。２０３０アジェンダの前文には、脆弱な立場の人々に焦点を当てることを意味する「誰一人取り残さない（Leave no one behind）」という誓いが述べられている。また、ＳＤＧｓは、人間（people）、地球（planet）、豊かさ（prosperity）、平和（peace）のための目標であり、国際社会のパートナーシップ（partnership）により実現を目指しており、「五つのＰ」を大切にしている。このようにＳＤＧｓは、人々の暮らしを守り、持続可能で包摂性のある社会の実現を目指している。

また、ＳＤＧｓの一七の目標は「経済」「社会」「環境」の三つの側面において、相互のバランスがとれ統合された形で達成することを目指している。平面的に見える一七の目標を、三つの側面とで立体的に概念化したものがヨハン・ロックストローム博士（スウェーデン　レジリエンス研究所）による図２「ＳＤ

Ｇｓウェディングケーキ」である。

ＳＤＧｓウェディングケーキのベースとなり、持続可能な社会の実現を支えているのが「環境」である。地球の環境を守るためにはどうすればよいのかということが問われている。この「環境」に関わる目標は、目標６「安全な水とトイレを世界中に」、目標13「気候変動に具体的な対策を」、目標14「海の豊かさを守ろう」、目標15「陸の豊かさも守ろう」の四つである。

中段の「社会」については、最低限の衣食住を満たす生活を送り、社会の中で安心して暮らしていくにはどうすればよいのかということが問われている。この「社会」に関わる目標は、目標１「貧困をなくそう」、目標２「飢餓をゼロに」、目標３「すべての人に健康と福祉を」、目標４「質の高い教育をみんなに」、目標５「ジェンダー平等を実現しよう」、目標７「エネルギーをそしてクリーンに」、目標11「住み続けられるまちづくりを」、目標16「平和と公平をすべての人に」の八つである。

そして、上段の「経済」については、持続可能な形で、つまりそこに働く人たちやそこに関わる人たちが継続的に無理のない形で、経済を成長させていくためにはどうすればよいのかということが問われている。目標８「働きがいも経済成長」も、そして目標９「産業と技術革新の基盤をつくろう」、目標10「人や国の不平等をなくそう」、目標12「つくる責任つかう責任」の四つの目標を達成することで、その問いに応えようとしている。

そして、これらの三つの側面を支える柱となるのが目標17「パートナーシップで目標を達成しよう」である。このパートナーシップは、開発途上国に対しての先進国の支援はもちろんのこと、企業、政府、ＮＧＯ、そして、国民一人一人が協同で問題解決をはかるために協力していこうとするものである。

［2］SDGsと防災枠組み

1　防災に対する世界的な枠組み

世界各地で発生する自然災害に対して行われた最初の世界的な取り組みは、一九八七年に国連が定めた「国際防災の一〇年」である。これまでの災害発生後の応急対応・復旧を中心とした取り組みから、災害発生前の事前の取り組みへと国際社会の関心をシフトさせ自然災害による被害を軽減することがねらいとされた。

その後の一九九四年には横浜で「第一回国連防災世界会議」が開催され、「より安全な世界に向けての横浜戦略とその行動計画」が採択された。「持続可能な経済成長は、災害に強い社会の構築と事前の準備による被害軽減なくしては達成できない」との基本的な認識のもと、リスクアセスメントや災害予防、応急対応準備にかかる原則、西暦二〇〇〇年及びそれ以降のための戦略、各レベルでの行動計画等が定められた。

一九九九年末で終期を迎えた「国際防災の一〇年」以降も自然災害による被害が引き続き発生したことから、国連は「国際防災の一〇年」の成果を継承し、残された課題に取り組むため、二〇〇〇年に「国際防災戦略」を開始した。そしてその国連システム内の様々な災害予防活動を調整する関係機関タスクフォースと、その事務局として国連ISDR事務局（現在は国連防災機関UNDRRへと名称変更）が設置された。

二〇〇五年には、「第二回国連防災会議」が神戸で開催され、「兵庫行動枠組み二〇〇五―二〇一五：災害に強い国・コミュニティの構築」が策定された。

東日本大震災の四年後の二〇一五年には仙台で「第三回国連防災会議」が開催され、「兵庫行動枠組み

表１　仙台防災枠組み 2015-2030

望まれる成果	・災害時に、人々の命、暮らし、健康ができるかぎり失われないようにすること ・人や企業、コミュニティや国が持つ経済的、物理的、社会的、文化的、環境的な資産が直面する災害リスクや損失を大幅に減らすこと
ゴール	・新しい災害リスクを防ぎ、既存の災害リスクへの対応能力を上げる、経済・構造・法律・社会・健康・文化・教育・環境・技術・政治・制度面からの多角的な施策を進める ・施策を総合的に進めることにより、災害の要因を減らし、復旧と復興の準備を整え、社会のレジリエンスを高める
目標１	2030年までに、世界の災害による死者数を大幅に減少する。
目標２	2030年までに、世界の被災者数を大幅に減少する。
目標３	2030年までに、世界の国内総生産（GDP）に対する災害による直接的経済損失を減少する。
目標４	2030年までに、健康と教育に関わる重要なインフラの損害とライフラインの供給停止を大幅に減少する。
目標５	2020年までに、国と地方の防災戦略を持つ国数を増加させる。
目標６	2030年までに、途上国が防災枠組の実施ができるように、十分かつ持続的な支援のための国際協力を強化する。
目標７	2030年までに、マルチハザードに対する早期警戒システム、及び災害リスク情報と評価への人々のアクセス機会を増加させる。

出典：仙台市まちづくり政策局防災環境都市推進室ホームページ

二〇〇五―二〇一五」の後継枠組みとなる「仙台防災枠組み二〇一五―二〇三〇」（表１）が採択された。これが、現在の防災の取り組みの枠組みとなっている。この仙台防災枠組みの特徴は、①災害による死亡者の減少など、地球規模の目標を初めて設定したこと、②防災の主流化、事前の防災投資、復興過程における「より良い復興（Build Back Better）」などの新しい考え方を提示したこと、③防災・減災での女性や子ども、企業など多様なステークホルダーの役割を強調したこと、である。また、第三回国連防災会議では、これまでにはなかった障がい者の視点を取り入れることの重要性が訴えられた。

障がい者が単に災害時に援護を受けるべき弱者としてではなく、防災計画の策定や避難訓練・生活などあらゆる段階で参加し主体的な役割を果たすことで、災害に強い街づくりに貢献できるという観点から、二〇一五年以降のインクルーシブな防災のあり方について新たな示唆を与えた。

2　インクルーシブ防災

ＳＤＧｓは包括的な目標として「誰一人とり残さない」ことを約束している。包括的（英語ではインクルーシブ）という言葉はすべてひっくるめて扱うさまを示しており、人種や性別、社会的格差など多様な社会において、誰かを排除するのではなく、みんなを包み込んでひっくるめて考えていこうという意味である。近年耳にするインクルーシブ教育は、障がいや病気、人種や性別など様々な困難を抱えていても排除されず共に学び合えるような教育を受けられる権利を保障するものである。

これと同様に、二〇一五年の第三回国連防災会議で議論された「障がい者も参加する防災」という考え方を発端に、防災の分野でインクルーシブ防災という考え方が広がっている。日本は災害大国であり、台風や地震、火山噴火などの自然災害が多い国である。これらの災害時には、障がい者や高齢者がとり残されるケースが少なくない。ＮＨＫが行った被災自治体への調査によると、東日本大震災での障がい者の死亡率は、住民全体の死亡率の二倍になっていることが明らかになっている。(2) また、東日本大震災において震災関連死者数が多かった岩手県、宮城県、福島県においては、震災関連死者数の六六歳以上の割合は岩手で八六・一％、宮城で八七・〇％、福島で八九・九％と九割近くを占めている。(3) たとえ命が助かったとしても、言語が分からないためにその後の支援を受けることができずとり残されるケースや、共同生活を余儀なくされる避難所で女性であることを理由に嫌がらせを受けるケースなどもある。多様性が広がる中で、防災においても「誰一人とり残さない」ために、多様な対応が求められている。

このようにＳＤＧｓのインクルーシブな考え方と防災分野におけるインクルーシブ防災は多様性に対しての社会や防災のあり方を示しており、ＳＤＧｓウェディングケーキの中段の「社会」の中で脆弱な立場にある人たちが不利な状況におかれないような「社会」の在り方を模索する必要がある。

3　ＳＤＧｓとインクルーシブ防災

ＳＤＧｓの一七の目標の中には、防災や災害についての項目は設けられていない。しかし、いくつかの目標のターゲットには、次のような文言が明記されている。

目標１　貧困をなくそう
１.５　２０３０年までに、貧困層や脆弱な状況にある人々の強靭性（レジリエンス）を構築し、気候変動に関連する極端な気象現象やその他の経済、社会、環境的ショックや災害に暴露や脆弱性を軽減する。

目標２　飢餓をゼロに
２.４　２０３０年までに、生産性を向上させ、生産量を増やし、生態系を維持し、気候変動や極端な気象現象、干ばつ、洪水及びその他の災害に対する適応能力を向上させ、漸進的に土地と土壌の質を改善させるような、持続可能な食料生産システムを確保し、強靭（レジリエント）な農業を実践する。

目標11　住み続けられるまちづくりを
11.５　２０３０年までに、貧困層及び脆弱な立場にある人々の保護に焦点をあてながら、水関連災害などの災害による死者や被災者数を大幅に削減し、世界の国内総生産比で直接的経済損失を大幅に減らす。

目標13　気候変動に具体的な対策を
13.１　全ての国々において、気候関連災害や自然災害に対する強靭性（レジリエンス）及び適応の能力を強化する。

（傍線部は著者による）

ここで注目すべき点は目標1、2、13にある強靱性（レジリエンス）という言葉である。強靱性（レジリエンス）とは、「困難をしなやかに乗り越え回復する力」のことをさし、回復力、復元力などと訳される。これを防災の分野にあてはめると、ここで言う強靱性とは、災害に対する強さのことを指す。

災害時の被害は、「ハザード」、「暴露」、「脆弱性」の三つの要素によって決まる。「ハザードと」は、洪水・土砂崩れ・高潮など、脅威となり得る現象の存在やその大きさを、「暴露」は災害の影響を受ける人やものがどの程度（期間・規模・程度）ハザードにさらされているのかを、そして「脆弱性」はハザードに対しての被害の受けやすさや対応能力の低さを指す。

「脆弱性」は例えば、ハード面では住宅・インフラ等の耐震不足と老朽化や通信や水・医療などへの非アクセス、ソフト面では発災時の対応不足などである。社会インフラの場合、その多くがマジョリティにあわせて作られているため、障がい者などのマイノリティの人たちは「脆弱性」を抱えているケースが多い。一人では逃げにくい高齢者や障がい者が災害の被害にあう理由の一つである。また、開発途上国で災害が起きると、インフォーマルセクターで働く人たちの多くが失業し、生活の目途が立たなくなってしまうケースも少なくない。

ＳＤＧｓの「誰一人とり残さない」やインクルーシブ防災において重要なのは、この脆弱性を改善し、強靱性（レジリエンス）を高める事である。

［3］SDGsにおける防災

1　SDGsの一七の目標における防災の視点

SDGsの一七の目標の中には、防災や災害について書かれた目標はない。それは、一七の目標が、横断的に関わっており、それぞれに防災や災害における脆弱性などを含んでいるからである。SDGsの一七の目標を防災の視点からまとめてみると、「SDGsウェディングケーキ（図2）」とは異なる形になる（図3）。一七の目標は「環境」、「社会の人々」、「社会インフラやシステム」の三つに整理することができ、それらを平和と公平、パートナーシップで支えていくという構図になる。

社会を支える「環境」については、海や陸の豊かさを守り地球上の環境改善を目指すことで、災害による被害を抑えようとしている。目標13「気候変動に具体的な対策を」にまとめることができる。

「社会の人々」については、貧困や飢餓、ジェンダー、教育や福祉へアクセスできないなど生まれた国や環境による不平等をなくすことで、個々人の持つ脆弱性を解決することを目指す。これは目標10「人や国の不平等をなくそう」にまとめることができる。

社会を構成する「社会インフラや社会システム」については、安全な水やトイレ、エネルギーや技術革新の基盤などの社会インフラや働きがいや作る責任・つかう責任など社会システムの改善によって社会が持つ脆弱性を解決することを目指す。目標11「住み続けられるまちづくり」にまとめることができる。

そして、これらの「環境」「社会の人々」「社会インフラやシステム」を紛争や戦争などのない平和な状態で、様々

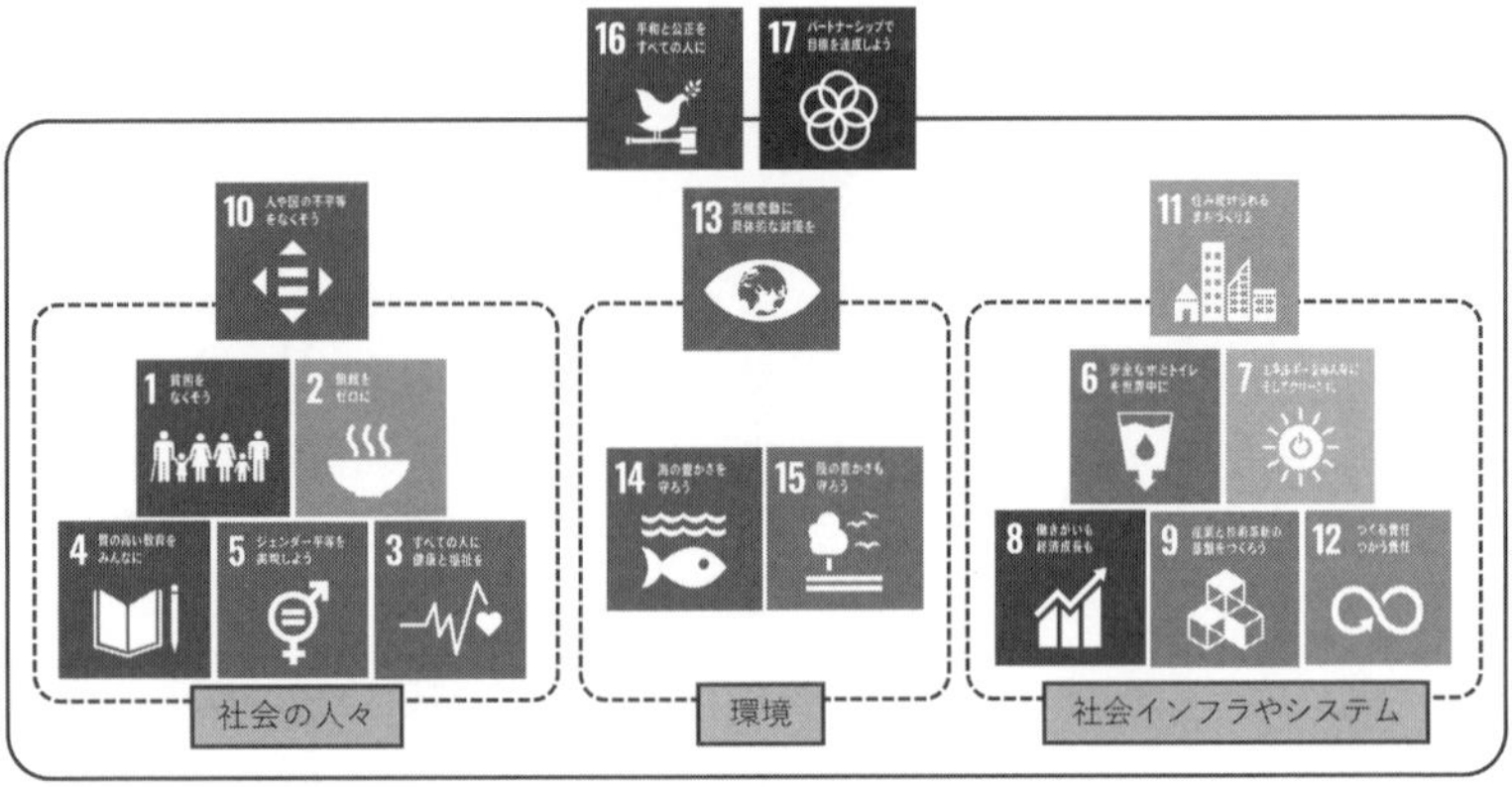

図３　SDGsの防災の視点
著者作成

なステークホルダーが支え合うことによって災害による被害を抑え、個人や社会が抱える脆弱性を解決することを目指す。目標16「平和と公正を全ての人に」および目標17「パートナーシップで目標を達成しよう」がこれに当てはまる。次節以降ではこれらの「環境」「社会の人々」「社会インフラやシステム」について詳しくみていく。

2　環境

(1) 気候変動

私たちが暮らす地球は、さまざまな原因により気候が短期的に変動する気候変動によって温暖化している。地球の気候は約一〇万年周期で氷期（寒冷期）と間氷期（温暖期）を繰り返してきていると言われているが、近年の地球規模の気候変動は人間による人為的な要因が大きいとされている。その主な要因は、化石燃料等を起源とする二酸化炭素などの温室効果ガスの排出であり、化石燃料の償却による電気と熱の生成によって引き起こされる。また、私たちが使うための商品生産、農地や牧草地の拡大のための森林伐採、輸送手段の使用、食料生産、電力供給、大量消費なども要因となっている。現代の私たちの生活は自動車で移動した

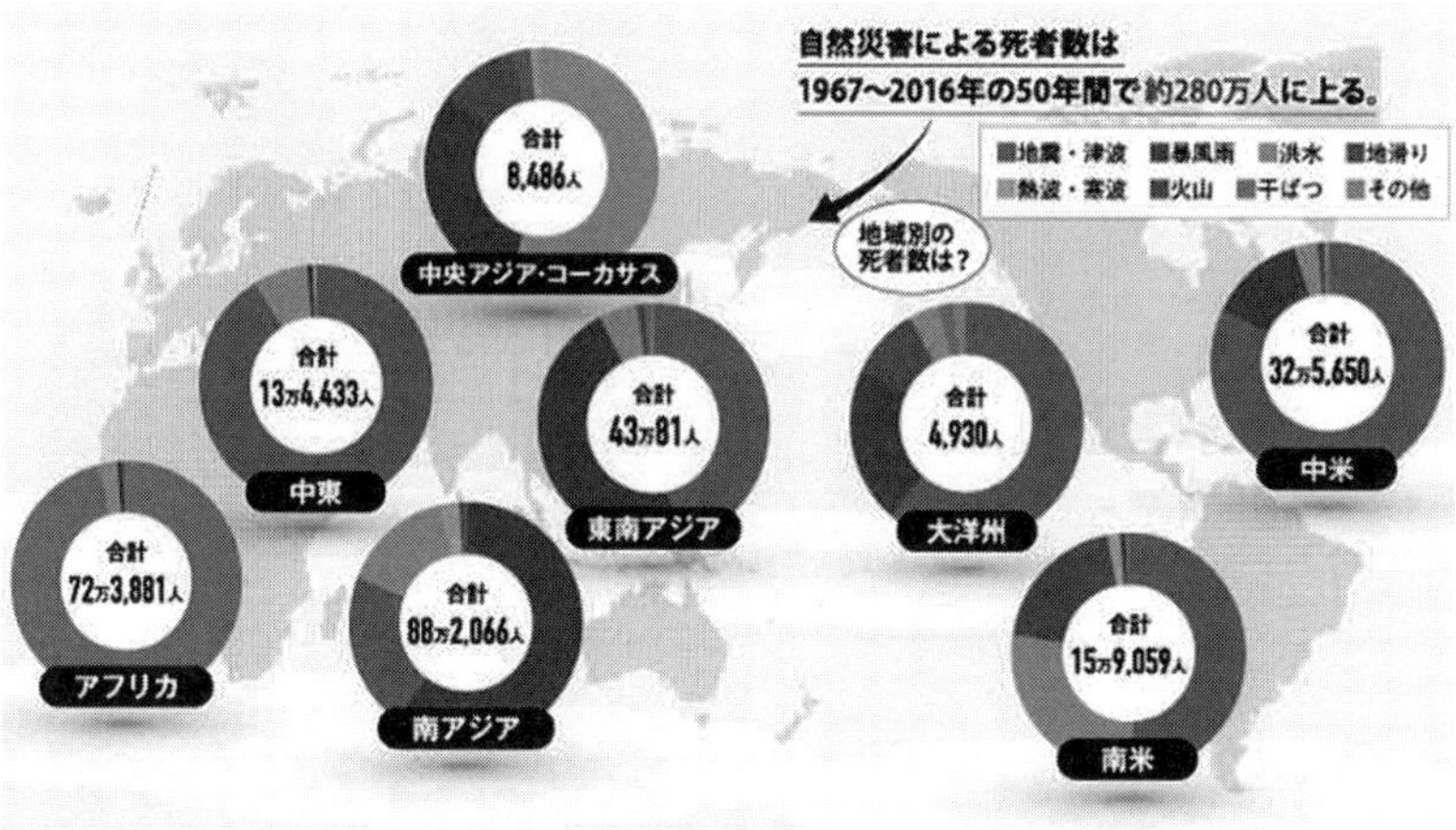

図4　世界の地域別の自然災害と死者数
（出典：JICA）

り、スイッチ一つで部屋を暖かくしたり、電気がついたりと便利である一方で、それにはガソリンや石油の利用を伴い、二酸化炭素を放出するなど環境に負荷をかけた生活でもある。

これらの気候変動は地球上の気温上昇を引き起こし、様々な問題を誘発している。例えば、洪水や豪雨、干ばつ、海の温暖化と海面の上昇、高潮、などの自然災害である。加えて、将来的なリスクとして、海洋・陸上の生物多様性の喪失、食糧不足、水不足、インフラ機能停止、熱中症などの健康リスクの増大、貧困と強制移住など、人々の生活をも脅かしている。

（2）自然災害による被害

自然災害に着目すると、一九六七年から二〇一六年の五〇年間で、世界では約八〇〇〇件の大規模な自然災害が発生し、被害額は約七三〇〇億ドルに上る。自然災害による死者数は一九六七年から二〇一六年の五〇年間で約二八〇万人に上ると報告されている（図4）[4]。

また、国連防災機関（UNDRR）が一九八〇年から一九九九年までの二〇年とその後の二〇年の災害による被害を比較し

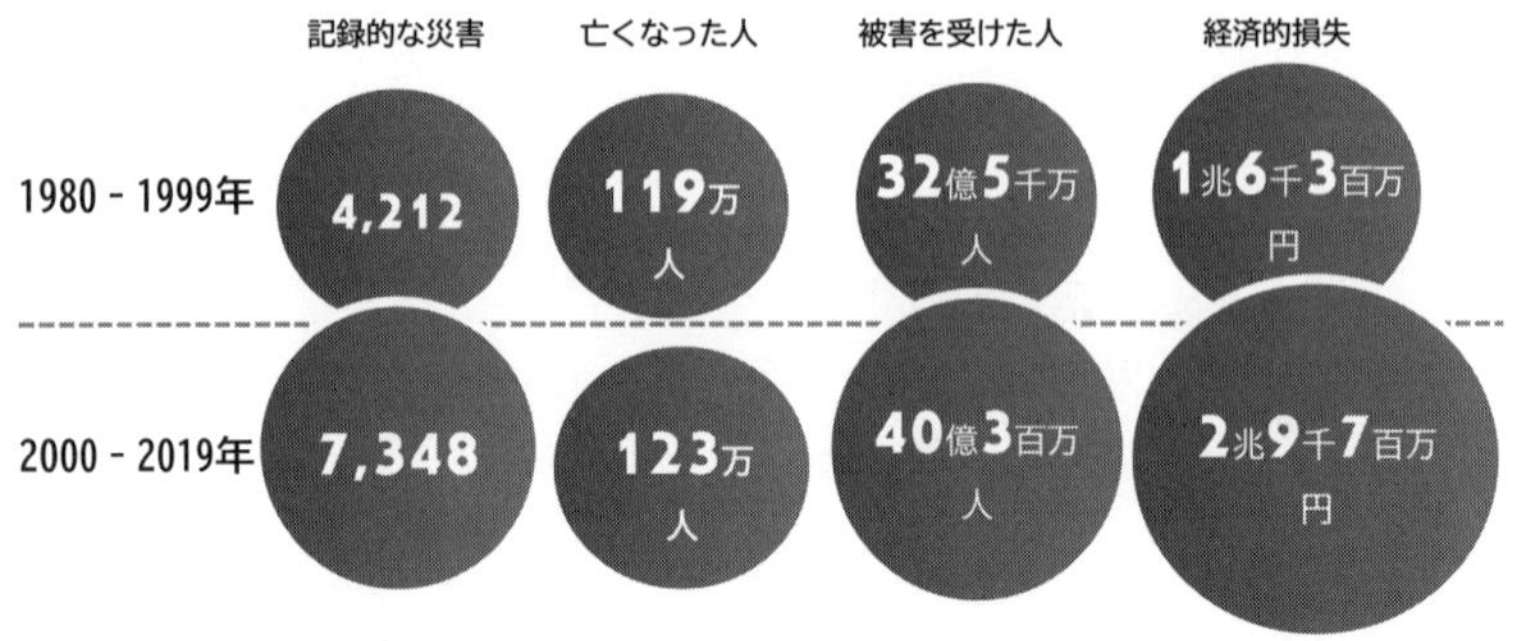

図5　1980～1999年と2000～2019年までの災害と被害
（出典　UNDRR）

た報告書によると、二〇〇〇年からの二〇年間で、世界全体で大規模な自然災害は七三四八件発生し、死者数が一二三万人、損害額は二兆九七〇〇ドルに上っており、自然災害はその前の一九八〇年から一九九九年までの二〇年間と比べて倍近くに増えている。件数では七四・四％、死亡者数が三・三％、影響を受けた人の数が二四・〇％、経済的な損失が八二・二％増えており、死亡者数を除いて、いずれも大幅に増大している（図5）[5]。

大規模自然災害のうち気候変動による災害は六六八一件で、五一万八三七人が死亡、三九億人が影響を受けた。気候変動による災害は、過去二〇年と比較して八二・七％増え、死者は四八・六％減、被災者は二一・八％増となっている。死亡率の減少とは対照的に、災害による負傷や生活（特に農業）の崩壊、それに伴う経済的損害など影響を受ける人の数は増加している。

（3）これからの予測

二〇二一年に発表された気候変動に関する政府間パネル（ＩＰＣＣ）第六次評価報告書では、将来の影響予測として、世界平均気温は少なくとも今世紀半ばまでは上昇を続けることが予測されている。数十年の間に温室効果ガスの排出が大幅に減少しない限り、二一世紀中に地球温暖化で世界の平均気温の上昇は一・五℃及び二・〇℃を超えるとされており、温室効果ガスの排出量が「非常に高い」シナリオにおいては、世界の平均気温は工業化前と比較して、今世紀末までに最大五・七℃上昇するとされている。(6)

今の私たちの行動が将来の地球を左右することは明白である。

3　社会の人々

(1)　災害と貧困

世界各地で起きる地震や洪水などの自然災害の被害状況は国の経済レベルによって大きく異なっている。表2は一九七〇年以降の災害で死者が一万人以上の特に被害の規模が大きかった自然災害である。地域別に見ると、南アジアが一一件、南北アメリカ（中南米）が九件、東アジアが四件、東南アジアが二件、中央アジア・西アジアが二件となっている。ヨーロッパ・ロシア、アフリカ、北アメリカ、オセアニアでは死者一万人を超える自然災害は一九七〇年以降、発生していないことが分かる。また、原因別にみると地震が一七件、水害（サイクロン、ハリケーン、洪水など）が九件、噴火に起因するものが二件となっており、地震の比率が六割を超えている。(7)

ここから見えてくるのは、自然災害に対する開発途上国の被害の大きさ、つまり脆弱性である。被害の規模は災害の内容や規模によって異なるが、スラムなどの地域における人口密度の高さや生活レベル、建物などへの非耐震構造などが要因であると考えられる。

国連防災機関（ＵＮＤＲＲ）の報告書でも、低所得国は世界人口の一〇％に満たないにもかかわらず、世界の災害による死亡者数の二三％を占めている。実際、低所得国は災害一件あたりの平均死亡者数が最も多く（二八四人）、次いで低中所得国（二五五人）であることが報告されている（図6）。つまり、所得の低い国ほど自然災害による死者が多くなっている。

表2　1970年以降の災害で死者が1万人以上の特に被害の規模が大きかった自然災害

年	月	国及び地域	災害	死者数（人）
2011	3	日本	東日本大震災	1万9000
2010	1	ハイチ	ハイチ地震	22万2600
2008	5	中国	四川大地震	8万7500
2008	4	ミャンマー	サイクロン・ナルギス	13万8400
2005	10	パキスタン	パキスタン地震	7万5000
2004	12	インドネシア等	スマトラ島沖地震	22万6000以上
2003	12	イラン	バム地震	2万6800
2001	1	インド	インド西部地震	2万
1999	12	ベネズエラ	洪水・土石流	3万
1999	8	トルコ	イズミット地震	1万5500
1998	10	ホンジュラス、ニカラグア	ハリケーン・ミッチ	1万7000（推定）
1991	4	バングラデシュ	サイクロン・高潮	13万7000
1990	6	イラン北部	マンジール地震	4万1000
1988	12	アルメニア	スピタク地震	2万2000
1985	11	コロンビア	ネバド・デル・ルイス火山噴火（泥流）	2万2000
1985	9	メキシコ	メキシコ地震	1万
1985	5	バングラデシュ	サイクロン	1万
1982	3	メキシコ	エルチチョン山噴火	1万7000
1978	9	イラン北東部	地震	2万5000
1977		インド アンドラ・プラデシュ州	サイクロン・アンドラ・プラデシュ	2万
1976	7	中国河北省	唐山地震	24万2000
1976	2	グアテマラ	グアテマラ地震	2万4000
1974		バングラデシュ	洪水	2万8700
1972	12	ニカラグア	マナグア大地震	1万
1971	11	インド オリッサ州	サイクロン・高潮	1万
1970	11	バングラデシュ	サイクロン・ボーラ	30万
1970	5	ペルー北部	アンカシュ地震	6万7000
1970	1	中国雲南省	通海地震	1万

（出典：海外消防情報センター）

（2）貧困とは

貧困とは、UNDPによると「教育、仕事、食料、保険医療、飲料水、住居、エネルギーなど最も根本的な物・サービスを手に入れられない状態のこと」と定義している。また、世界銀行は極度の貧困状態を「一日二・一五米ドル未満で生活する人々」（二〇二二年九月に更新）と定義しており、その数は二〇二二年末までにおよそ六億八五〇〇万人に上る[8]。この数はコロナ感染拡大の期間に深刻になり、二〇二〇年から七〇〇〇万人増加したと発表している。

災害による被害は特に低所得国において、さらに貧困層

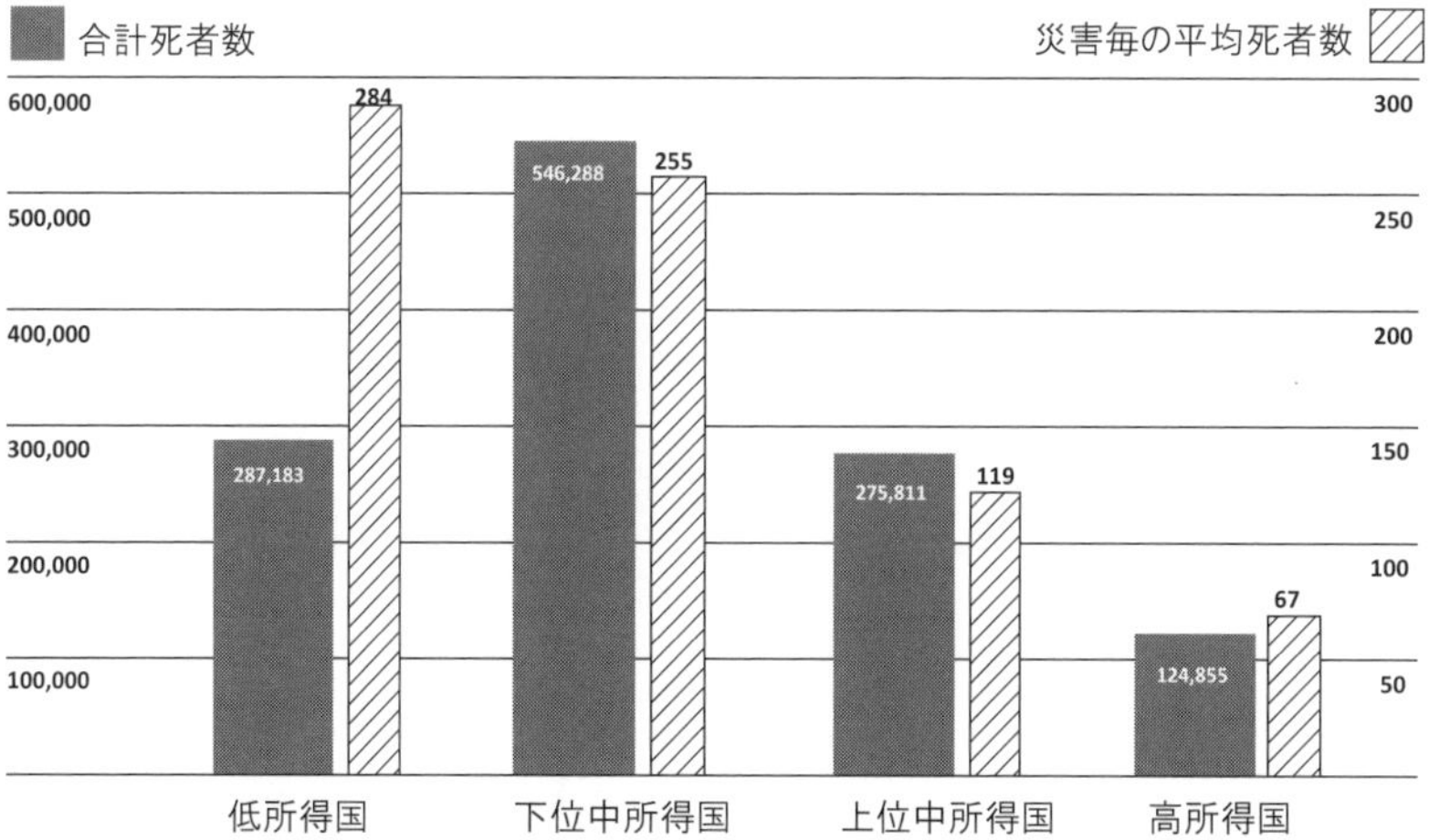

図６　所得グループ別の災害死者数の比較—死者数の合計と平均死者数
（出典：UNDRR Human Cost of disasters An overview of the last 20 years 2000-2019）

の人たちにおいて大きくなる傾向がある。国家レベルでは、技術的にも金銭的にも災害対策が不充分であるため、防災および発災後の初動の遅れが生じる。また、コストのかかる防災への投資が不十分なことも、被害を大きくしてしまう要因である。個人レベルでは、貧困層の多くがラジオやテレビなどの情報伝達手段を持っていないために情報の周知が難しい。また災害についての知識や防災の知識を得る手段を持ち合わせておらず被害にあいやすいことがあげられる。

加えて災害によるダメージも大きい。低所得国や極度の貧困状態にある人たちの多くは社会的な保障のない形態で労働に従事しているため、災害が起きると仕事を失ってしまったり、安全な地域へ避難するため、住まいだけでなく仕事も奪われてしまう。また、十分な貯蓄がないため、農機具を売却したり、子どもが学校を退学してまで働かなければならないといったことも起きている。

（３）その他の脆弱性

先進国においては、極度の貧困はないものの高齢者やジェンダー、障がい者などのマイノリティの人々を置き去りにしないことが課題である。二〇一一年の東日本大震災の時には、障がい者や高齢者が逃げ遅れて死亡する割合が高かった。災害で命が助かったとしても、その後の不衛生な環境による体調の変化やストレス、栄養不足や食欲不振による衰弱死、車中泊での静脈血栓塞栓症や仮設住宅での孤独死など様々な災害関連死で命を失う事も少なくない。高齢者に多いのが肺炎を引き起こすケースである。その理由の一つが災害時の口腔ケアの不足である。災害時には入れ歯のケアや歯磨きをする道具や場所の確保がむずかしくなり、口腔内が不衛生となるため、肺炎や脳梗塞をはじめとする様々な病気を引き起こしてしまう。

また、避難所生活においては集団で密集して生活せざるを得ないためプライベートの確保が難しく女性の着替えや下着の洗濯、授乳などの育児が困難であることが少なくない。避難所での女性に対する性暴力も報告されている。介護や見守りが必要な高齢者や障がい者が避難所で生活することも容易なことではない。そのために指定福祉避難所が設けられているが、数が少なかったり、介護をする家族が一緒に入ることができないケースもあり、運用にはまだまだ課題も多い。また、避難所においても、自宅避難においても物資や情報の提供があるが、日本語を母語としない人たちへの情報共有ができずにとり残されるケースもあった。

さらに、日本の場合、避難所の多くは小学校や中学校が指定されており、災害後は学校再開までに時間がかかることが少なくない。阪神・淡路大震災では授業開始まで三週間、東日本大震災では二週間を要している。(9) この間は子どもたちの学びもケアも止まってしまう。

高齢者やマイノリティなど脆弱な立場におかれている人たちをとり残さないためにもインクルーシブ防災の推進や防災分野での女性の活躍が求められている。

4　社会インフラや社会システム

(1) 環境への配慮

経済成長と技術の発展によって、私たちの暮らしは物質的に豊かで快適になった。一方で、大量生産・大量消費・大量廃棄によって不要なエネルギーを消費し、大量のごみを排出することにつながっている。

環境省によると、日本国内で出されているごみの総排出量は四一六七万トン（東京ドーム約一一二杯分）で、一人一日あたりのごみ排出量は九〇一グラムとなっている。[10] ごみの最終処分場は残余二一・四年となっており、残された時間は多くない。これらのごみの排出は、公衆衛生への悪影響、不法投棄による環境汚染、海洋ゴミによる海中の生態系の影響、最終処分場の不足など、様々な環境汚染といった問題を引き起こしている。

過剰に包装された商品や使い捨ての商品は、ごみを増やす要因になっている。まだ食べられる食品を廃棄する「食品ロス（フードロス）」も課題である。スーパーやコンビニで食品をたくさん陳列することで見栄えは良くなるが仕入が多く過剰在庫になったり、廃棄処分になってしまうことも少なくない。また、農家では形や大きさが規格外の野菜や豊作によって市場に出すと価値の下がる商品などは廃棄処分されている。コロナ禍での学校給食が減ったことで牛乳の消費量が下がり、価格を下げないために乳牛から絞った新鮮な牛乳を捨てている映像は記憶に新しい。

食品の他にも、サイクルの短いファストファッションの衣類や靴も環境に大きな負荷をかけている。ファストファッションの衣類や靴の生産過程で出た衣料廃棄物はレンガ製造の燃料として焼却され、石油由来で作られたこれらの衣料廃棄物は有毒ガスを発生させている。これらごみの処理をするのはそこで働く労働者であり、それが劣悪な環境であることは言うまでもない。

（2）災害に備える

日本ではトイレの水洗化によって衛生面が格段に向上したことに加え、どこでも無料でトイレを利用することが可能である。しかし、災害時には停電、断水、排水管や下水管、浄化槽の損傷などで、自宅や公衆の水洗トイレが使えなくなるリスクも高まる。また、避難所の仮設トイレは多くの人が利用するため、汚物が詰まったり、足元や便器が汚いなど衛生状態が劣悪になる。劣悪な衛生状態から下痢や嘔吐などの消化器疾患、ノロウィルスなどの感染症を引き起こすこともある。また、トイレを控えることによって静脈血栓塞栓症を引き起こしたり、トイレを心配し水分補給を控えることで熱中症を引き起こすこともあるなど、災害時に快適なトイレ環境を確保することは命にかかわる重要な課題である。

そのため、災害時のトイレの確保として、マンホールトイレの整備が進められている。マンホールトイレは、下水道管路にあるマンホールの上にテントやパネルなどの囲いと簡易な便座を設置して使うもので、災害時でも日常使用しているトイレに近い環境を迅速に確保できる。し尿は下水道に直接流すため、汲み取りが不要でにおいも少ない。しかし、まだまだ数が十分に確保できていないのが現状であり、また、マンホールトイレがいつでも使えるようにメンテナンスをしたり、囲いのテントやパネルを準備しておくなどの課題もある。

（3）ゆるくつながる街づくり

災害の被害を軽減するためには、「自助」「公助」「共助」が不可欠である。「自助」はそれぞれが自分で取り組み自分の身を守ることである。「共助」は地域や身近にいる人同士が一緒に取り組んで助け合うことである。「公助」は国や地方公共団体が取り組むことである。

「自助」の基本は自分の身は自分で守ることである。常に防災や身を守る意識を持って備えておくことで対応

写真２　キッズイベント（地域の居場所）
（写真：まちライブラリーみなとじま）

写真１　子ども達同士の学び合い（地域の居場所）
（写真：まちライブラリーみなとじま）

ができる。しかし、「公助」は、自分ではなく周りの身近にいる人たちで助け合うため、周りに何があるのかどんな人たちが居るのかを知っていなければ難しい。阪神・淡路大震災では、八割近くの人たちが「公助」によって助けられているが、今の社会で果たして「公助」は可能だろうか。

戦後高度経済成長を遂げた日本では個人主義が広がると同時に人の移動が容易になり、多くの人たちが都市部へと一極集中し、大きなショッピングモールで会話をすることなく商品を買うことができ、生活は便利になった。しかしそれと引き換えに地域に暮らす人たちのコミュニケーションは少なくなり、人の入れ替わりが多い都市部では隣人の顔を知らないのは一般的であるし、扉を閉めればすべて同じ形をしているマンションでは付合いも生まれにくくなった。店舗ごとに商品が異なる商店街は便利なショッピングモールに人を奪われた。近年ではマンションの中の住民同士の挨拶を子どもにさせたくないと考える親もいるくらいだ。

近年特に都市部で薄れている人と人とのゆるいつながりやネットワークを社会関係資本と呼ぶ。社会関係資本は目に見えるものではないが、顔見知りや挨拶を交わすものから強い連帯を持ったものまで幅広い。この社会関係資本が醸造されている地域では、健康寿命が長かっ

写真3　それぞれの集まり（地域の居場所）
（写真：まちライブラリーみなとじま）

たり、防犯や防災につながるなど大きなメリットがある。阪神・淡路大震災の時の公助はまさにこの社会関係資本が地域で醸造されていたからこその結果である。

地域住民の福祉の観点からゆるくつながる社会関係資本を醸造する取り組みとして地域の居場所づくりの和が広がっている。また、トップダウンの防災ではなくボトムアップで地域の住民が防災に取り組む地区防災の取り組みも広がっている。ゆるくつながり災害に強いまちづくりが求められている。

5　目標達成に向けて

平和とは「戦いや争いがなくおだやかな状態」を指す。世界に目を向けると「戦いや争い」が至る所で行われている。図7は世界の人道危機を示した世界地図である。アジアではミャンマーでクーデターが、中等ではイエメンやシリア周辺で紛争がおき、ヨーロッパへと難民があふれてきている。アフリカや南米でも広い範囲に渡って暴力が横行している。そして最も世界が関心を持っているのがロシアとウクライナの武力衝突である。核を保有するロシアが核兵器の利用をちら

図７　世界の人道危機

＊黒：人道危機等のために資金支援を要請している国

（出典：Humanitarian Action for Chikldren12022, UNICEF）

つかせており、世界が注視している。

この様な紛争下で小学校に通えていない子どもたちは世界に約三二五〇万人いると言われている。紛争下で故郷を離れ移動せざるをえなくなった子どもは三七三〇万人で、うち一〇〇〇万人のこどもは国外に逃れ難民となっている。その他、戦闘員、料理係、スパイ役、メッセンジャーとして武力紛争に巻き込まれている子ども達も少なくない。

災害には自然災害の他に人為災害と特殊災害の三種類がある。自然災害は地殻変動や気象上の変化によって引き起こされるもの、人為災害は人為的な要因で起こる災害のこと、そして特殊災害は化学兵器や病原体、放射性物質などが原因で起こる災害である。紛争は人為災害に含まれる。紛争は災害と同様に人の命を失うだけではなく膨大な経済的損失を生み出すと同時に人々の行動を抑制し、心理的な不安を助長する。また、自然災害と人為災害が同時に起こる場合もあり、その場合には甚大な被害が予想される。

ＳＤＧｓの達成においては、戦い合う紛争ではなく、手を取り合って課題の解決に一緒に取り組むパートナーシップが重要であり、それこそが世界平和につながる。

【注】

（1）「国連ミレニアム開発目標報告 2015 MDGs達成に対する最終評価」（日本語プレゼン資料）、二〇一五年七月 https://www.unic.or.jp/files/e530aa2b8e54dca3f48fd84004cf8297.pdf
（2）NHKハートネット「災害・誰も取り残さない」https://www.nhk.or.jp/heart-net/topics/19/data_shiboritsu.html
（3）復興庁 https://www.reconstruction.go.jp/topics/main-cat2/sub-cat2-6/20201225_kanrenshi.pdf
（4）JICAホームページ
（5）UNDRR、*Human Cost of disasters An overview of the last 20 years 2000–2019*
（6）「IPPC第六次評価報告書」
（7）海外消防情報センター『世界の主な自然災害』二〇一八年五月 https://www.kaigai-shobo.jp/worldoffire
（8）日本経済新聞「極度の貧困人口、コロナ禍で七〇〇〇万人増 世銀試算」二〇二二年一〇月六日
（9）宮城県ホームページ「大震災から学校再開、そして正常化に向けた小原木小学校の取組」https://www.pref.miyagi.jp/documents/17564/12402.pdf
「阪神淡路大震災時における学校再開までの動き」https://www.ajcp.info/heart311/text/furukawa1.pdf
（10）環境省 https://www.env.go.jp/press/110813.html

【参考文献およびHP】（注に記載した文献、HPは外した）

・国際連合広報センター
・ストックホルム レジリエンス センター
・内閣府ホームページ
・『平成27年度版防災白書』
・一般社団法人環境金融研究機構 ホームページ
・全国地球温暖化防止活動推進センター ホームページ

・公益財団法人　日本ユニセフ協会　ホームページ
・ＵＮＩＣＥＦ　ホームページ
・ＪＩＣＡ　ホームページ
・仙台市まちづくり政策局防災環境都市推進室ホームページ

第９章

災害アーカイブズ
——災害資料のこれまでとこれから

水本有香

はじめに

「アーカイブ」ということばを聞いたら、思い浮かべるイメージはどのようなものか。

アーカイブ（本論では、引用以外は「アーカイブ」とする）とは、「日付、保存場所、形式および媒体を問わず、あらゆる自然人または法人により、および公的または私的なあらゆる業務部門または機関により、その活動の実施において作成または受領された、データを含む文書の総体である」とフランスの文化遺産法典で法的に定義されている。(1)

二〇一〇年九月、ＩＣＡ（国際公文書館会議）円卓会議オスロ大会にて世界アーカイブ宣言は、「アーカイブは、意思決定、行動、記憶を記録する。アーカイブは世代から世代へ引き継がれる唯一無二にしてかけがえのない文化遺産である。アーカイブはその作成段階からそれ自身の価値と意味を保存するために管理される。アーカイブは説明責任の義務及び透明性ある行政経営活動の支えとなる、権威ある情報源である。アーカイブは個々人及び共同体の記憶を保護し、それに寄与することによって、社会の発展に重要な役割を担う。アーカイブへの自由なアクセスは、人間社会の知識を豊かにし、民主主義を促進し、市民の権利をまもり、生活の質を向上させる。」と採択した。(2)

また、「アーカイブズは、しばしば選択的に収集されてきた図書館資料や博物館・美術館の展示資料とは根本的に異なっている」、「一般的に「アーカイブズ」といえば、文書の保存・提供を行っている建物と、その組織の両方を指す」と定義している。日本においても、現状においてアーカイブは、「行政文書など組織体の文書や民間資料（古文書など）を包括したアーカイブ資料、文書館・公文書館・資料館を包括したアーカイブ施設」とい

える。(3)

日本におけるアーカイブは、公文書などは明治維新後からはじまり、災害や戦災に見舞われながらも公文書の管理は続けられた。一九五〇年代以降、公文書の保存、公開について関心が高まり、一九八七（昭和六二）年に公文書館法、一九九九（平成一一）年に国立公文書館法、二〇〇九（平成二一）年には公文書管理法が公布され現在に至る。主に、資料は文書資料である。民間資料などは、一九四五年三月に受けた東京空襲を記録する会が集めていた資料および他から寄贈された資料を集めて開館した東京大空襲・戦災資料センターなどがある。ほかに、水俣病の被害者に関する問題を問い続ける相思社、大阪西淀川大気汚染裁判の関係資料を所蔵するあおぞら財団などがある。民間資料の例として、個人や団体から提供された文書資料、会議資料、メモ、ビラ、チラシ、新聞スクラップ、ニュースレターなど、種類が豊富である。そのほかたすき、横断幕などのモノ資料、写真、映像などがある。

災害アーカイブのはじまり

日本において、災害アーカイブのはじまりは、大規模災害の記録を保存し、未来に伝えていくため、一九九五年一月一七日に発生した阪神・淡路大震災（地震名：兵庫県南部地震）に関する資料（以下、「震災資料」）の収集、保存活動である。その後、この震災資料を保存する活動は、二〇〇四年に発生した新潟県中越地震、二〇一一年に発生した東日本大震災、二〇一六年に発生した熊本地震に関する震災資料の保存活動につながっている。東日本大震災復興構想会議は、「復興への提言～悲惨のなかの希望～」（二〇一一年六月二五日取りまとめ）において、「復興構想7原則　原則1：失われたおびただしい「いのち」への追悼と鎮魂こそ、私たち生き残った者にとって復興の起点である。この観点から、鎮魂の森やモニュメントを含め、大震災の記録を永遠に残し、広く学術関係者により科学的に分析し、その教訓を次世代に伝承し、国内外に発信する。」と記録の保存を挙げている。東日本大震災の資料は、震災資料、震災アーカイブに加えて、福島県立博物館により「震災遺産」と呼ばれている。さらに、東京電力福島第一原子力発電所事故に関連する資料の保存も進められているため、災害資料、災害アーカイブと名付ける保存活動が出てきた。東日本大震災の資料は、それまでの一次資料の保存活動だけではなく、収集対象をはじめから実物資料ではなく、写真や映像、ＳＮＳなどデジタル資料のみを対象としたデジタルアーカイブ活動が発災直後から盛んに行われた。被災した自治体だけではなく、研究機関、法人、企業、市民団体などが数多くの災害デジタルアーカイブを設置した。

本稿は、第一節において、東日本大震災、熊本地震における災害アーカイブなどの現状、次に、第二節において、阪神・淡路大震災からはじまった災害アーカイブの流れと発展、最後に、第三節において、災害アーカイブの保存および活用とこれからについて述べる。

［1］東日本大震災、熊本地震における災害アーカイブの現状

1　災害デジタルアーカイブの隆盛

二〇一一年三月一一日の東日本大震災の発災以降、被害の様子、復旧へと向かう被災者の日常、支援するボランティアなどの写真や映像を多くの人々が撮影した。それらのデータを撮影者等がＹａｈｏｏ！の「東日本大震災写真保存プロジェクト」、Ｇｏｏｇｌｅの「未来へのキオク」などへデータを直接登録する仕組みを備えた震災デジタルアーカイブが次々と生み出された。また、ＹｏｕＴｕｂｅ、Ｔｗｉｔｔｅｒ、Ｆａｃｅｂｏｏｋなど

のデータや被害を受けた行政およびボランティア団体等のホームページ上のお知らせ、個人のブログなどの大量の東日本大震災に関して国内外で発信されたデータも保存されている。これらの現象は、ＧＰＳ（撮影時の緯度・経度や速度、撮影方向などの位置情報）のタグ付けが可能なデジタルカメラや多機能なスマートフォン、インターネット接続の普及による影響が大きい。特に、肖像権、撮影者の著作権などの諸権利に鑑みつつ「この災厄を後世へ残し、伝える」ために資するという震災デジタルアーカイブの目的によって、権利処理の必要な写真や映像をインターネット上で公開するという震災資料の共有化が早い時期から見られた。

さらに、災害デジタルアーカイブでは、写真や映像などが撮影、作成された日時は災害が発生した後のものだけではなく、震災発生以前の資料も登録が出来るように「震災前」という時間軸（タイムライン）が設定された。この設定は当たり前のように思われるかもしれないが、一九九五年に発生した阪神・淡路大震災、二〇〇四年に発生した新潟県中越地震、それぞれの震災資料の収集の際には散見されなかった。大災害のずっと以前から人々の暮らし、地域の歴史が続いており、大災害によって地域の歴史がはじまったのではなく、途切れたのでもなく、一続きの時間軸上で「震災前」と「震災後」の資料が取り扱われている。

生まれた多くの災害デジタルアーカイブのなかには、活動が休止されているものがあるが、国立国会図書館が総務省と連携・協力して推進した「東日本大震災アーカイブひなぎく」の目的として、東日本大震災に関する地震・津波災害、原子力災害の多種多様な記録が国立国会図書館によって集められたものだけでなく、他機関と保存する記録等についてのメタデータ収集のために連携し、ポータルサイトとして公開されている。さらに、デジタルアーカイブの管理費用や事業の撤退等により「他機関によるアーカイブ活動が維持困難となった場合、他に適切な引き受け機関等が見つからないときには、当館がその記録等を受入」する「記録保管のラストリゾート機能」という災害デジタルアーカイブ事業の継続性が国立国会図書館によって担保されている意義は非常に深い。

東日本大震災の後、二〇一六年四月に発生した熊本地震は、観測史上初めて、同一地域において震度七の地震がわずか二八時間の間に二度発生し、熊本県内に大きな被害をもたらした。熊本県は、熊本地震とともに記録的な大雨により球磨川流域河川の氾濫など、特に県南地域に甚大な被害をもたらした令和二年七月豪雨（二〇二〇年）の経験を今後の災害対策に活かすため、被害の実情や復旧・復興の過程で得たノウハウ、教訓等を、記録に残し、整理・蓄積し、後世に遺していくため、「熊本災害デジタルアーカイブ」(https://www.kumamoto-archive.jp/）を作成、公開している。

2 デジタルアーカイブ以外の災害アーカイブ

東日本大震災の資料に関する話題として災害デジタルアーカイブ以外に取り上げられてきたものとして、①図書館共同キャンペーン「震災記録を図書館に」、②震災遺構の保存問題がある。

①は、東北大学附属図書館が事務局となり、被災地の公共図書館、大学図書館が被災地で生まれている数々の記録を震災資料として受け入れている。その記録とは、調査報告書や復旧・復興計画書、フリーペーパー、ミニコミ誌、チラシ、イベント・セミナー・相談会等のチラシや資料、各種活動記録（ボランティア記録、避難所だよりなど）、学校だより、会報、広報誌、個人・団体が作成した文集・体験記・手記などである。寄贈された資料は、「震災関連資料コーナー」のように館内で別置され、利用者に供するとともに、国立国会図書館の事業と連携を行っている。このキャンペーンは、阪神・淡路大震災に関する資料、本来、図書館が受け入れ対象としてこなかったミニコミ誌、ビラ、チラシなども含む、を収集した神戸大学附属図書館震災文庫の先駆的な取り組みに依るところが大きいが、実際の取り組み内容は各館共通ではなく、それぞれの館が異なる特色を持つ。例えば、東松島市図書館（宮城県）は、上記の活動以外に動画による市民の体験談を収集・インターネット上で公開している。

恒久的な施設である公共図書館および大学図書館が地域の現物資料を有しているため、しばらくは、震災のことを思い出したくない人にとっても、一〇年後、二〇年後も震災資料がすぐそばに保存されており、利用することが出来る。

②は、被災地において震災によって被害を受けた建築物などを保存するか、解体するか、という議論が出てきた。これには実物資料が持つ「伝える力」、立場の異なる住民の意向、保存する場合の費用負担、建築物の倒壊の危険性、震災遺構の観光資源化などが複雑に絡み、解体されたものも多いが、新潟県中越地震による被害の状況を保存した旧山古志村の木籠水没集落群や大崩落が起きた妙見の土砂崩れの現場へ東日本大震災の被災地からの視察が多いと聞いた。阪神・淡路大震災では余り残されなかった震災遺構の保存に関する動きが東日本大震災の被災地となった各地では、新型コロナウイルスの感染拡大の影響を受けたところもあったが多くの震災遺構が保存、公開されている。

さらに、東日本大震災の災害アーカイブは、上述した1の災害デジタルアーカイブと2のデジタルアーカイブ以外の両方を兼ね備えるだけではなく、災害アーカイブを「かんがえる」、「つくる」、「つかう」機能が生まれた。それは、せんだいメディアテーク（宮城県仙台市）の中にできた「3がつ11にちをわすれないためにセンター」である。同センターは、二〇一一年五月三日、スタッフが記録を収集するだけではなく、市民、専門家、アーティスト、スタッフが協働し、自ら復旧・復興の過程を記録、保存する。同センターにある「スタジオ」はビデオカメラ等の取材機材があり、記録の執筆、映像や写真の編集、インターネットへの配信などの作業も可能な常設の災害アーカイブである。記録は適切な権利処理がなされたのち、「震災の記録・市民協働アーカイブ」として整理・保存され、ウェブサイトでの公開、ライブラリーへの配架、展示や上映会の開催、さらには記録を囲み語る場づくりなどの利活用も活発に続けられている。

熊本県において、熊本地震に関する資料の収集を続けているくまもと森都心プラザ図書館（熊本市西区）が、二〇二二年四月から四階に新設した震災関連コーナーで、被災地に寄せられた応援メッセージなど一部の公開を始めた。熊本県益城町の交流情報センター内図書館（ミナテラス）では、平成二八年熊本地震関連コーナーを設け、熊本地震の記録を展示・保存している。熊本地震後の益城町の写真を中心に掲示、他にも地震関連書籍や新聞スクラップ、益城町のホームページに掲載された地震関連の資料を継続的に収集、保存している。熊本地震の震災遺構は、ホームページ「熊本地震　震災ミュージアム　記憶の廻廊」（https://kumamotojishin-museum.com/）において県内各地にある震災遺構とともに、地震の被害によって発生した遺構であったが復旧によって現地になくなったため、写真で紹介しているかつての震災遺構も見ることができる。

3　その他の資料

既述した1と2の災害資料は大量かつ広範囲に渡るため、一見すると東日本大震災に関する資料は「たくさんあるから安心」であるが、その他の資料、①公文書、②プライバシーを含む資料、③モノ資料について述べておきたい。

①公文書は、被災した自治体では、震災直後、必ずしも文書分類表などに基づいたものではなく、臨時に、変則的に、特別に、手書きのメモのような公文書も数多く作成された。通常、作成された公文書は文書の種類ごとに保存年限が決められており、現用文書、半現用文書、非現用文書という文書のライフサイクルがあるものに比べ、震災直後の文書の中には保存年限があいまいなものを含む。震災から数年が経ち、担当者の異動などによって不明にならないよう歴史的にも貴重な震災に関する公文書の保存が望まれる。阪神・淡路大震災の際、被災した自治体は各部局に対し、震災に関する公文書の引き継ぎを求める文書を出した。さらに、発災直後、復旧期だ

けではなく、復興に関する事業は長期間続くことから、震災に関する文書は今後も生まれ続ける。これらの震災公文書は、被災自治体だけではなく、対口支援方式《たいこう》（カウンターパート方式）など、被災自治体に全国から支援にかけつけた自治体にも支援した記録が残されており、これらも被災した自治体の様子が分かる貴重な震災資料である。

次に、②プライバシーを含む資料とは、病院の診療カルテ、避難所で作成された日誌やメモ、貼り紙など、仮設住宅の住民などに対する支援の記録、ボランティアの活動記録など個人情報を含む資料である。すでに被災地で解消されている避難所の資料のうち、新潟県長岡市に開設されていた避難所の資料はまとまって長岡市立中央図書館文書資料室に保存されている。他にもみなし仮設、原発による県外避難者の記録や支援の記録など個人情報を含む資料は、後年に災害資料として保存される場合、図書館、災害デジタルアーカイブなどでは受け入れ、公開が困難であり、どのような場所、状態で保存されるべきか検討が必要である。加えて、個人情報は直接含まない場合もあるが、被災企業の記録、支援を受けた資料、企業が支援を行った資料など①の公文書以外の震災に関する民間、企業アーカイブも存在すると思われる。

③モノ資料とは、震災によって被害を受けたモノ、つまり、写真、映像、文書や書籍、チラシなど、建築物を除いた被害を受けたことが分かるもの、国内外から受け入れた支援物資、被災した人々を励まそうと送られてきたもの（千羽鶴など）、その他、復旧・復興を通じて作成されたものなどを指す。リアス・アーク美術館（宮城県気仙沼市）では撮影された写真などとともに、自らも被災した学芸員によって収集されたモノ資料一五五点が「常設展示　東日本大震災の記録と津波の災害史」で展示されている。他にも、被災した時計が、国立歴史民俗博物館「企画展示　歴史にみる震災」（二〇一四年開催）において展示された。被災した人々を励まそうと送られてきたものは、福島県双葉町役場および避難所の資料の中に含まれている。[4] モノ資料を収集、保存するためには、津

波および原発被害などによる汚れや錆、放射能汚染の資料を保存する環境、資料の劣化を止める或いは遅らせるなどの科学的処理、資料を管理、保存するスペースの確保などの課題がある。また、被災地において、ガレキと名付けられてしまうことがある、「いつでもその辺りにある」と思いながら暮らしていたモノは、発災から数日、数か月くらい経つと復旧作業の過程で撤去される。震災遺構と同様に、「伝える力」を持つモノ資料（実物資料）の保存の検討も願うばかりである。

震災遺構をふくむ東日本大震災に関連する展示（伝承）施設は、岩手県、宮城県、福島県の被災自治体に作られた。各県には、それぞれ東日本大震災津波伝承館（二〇一九年九月二二日、岩手県陸前高田市）、みやぎ東日本大震災津波伝承館（二〇二一年六月六日、宮城県石巻市）、東日本大震災・原子力災害伝承館（二〇二〇年九月二〇日、福島県双葉郡双葉町）が被災後一〇年前後に相次いで開館した。展示・収蔵施設をもつ災害アーカイブの施設の例を紹介する。二〇二一年七月一一日に開館したとみおかアーカイブ・ミュージアム（福島県双葉郡富岡町）である。富岡町は、福島県沿岸部の浜通りの中央付近に位置する。東日本大震災前の人口は約一万六〇〇〇人、現在も立ち入りができない帰還困難区域がある。同町の南端に東京電力福島第二原子力発電所がある。富岡町は、隣接する大熊町・双葉町にあり事故を起こした福島第一原子力発電所と第二発電所の間に挟まれている。町民に対して、三月一一日、夜九時二三分には第一原子力発電所から半径三キロ以内に避難、一〇キロ以内は屋内退避の指示が出された。震災翌日六時、富岡町災害対策本部はテレビ報道で避難指示の半径一〇キロ圏内への拡大を確認、西隣りの川内村へ町民の避難を決定した。三月一六日には原発事故の影響が甚大になり、九〇キロ離れた福島県郡山市にさらに全町避難をして、町民は四七都道府県の全てに避難することとなった。現在、二〇〇〇人ほどの住民がいるが、震災前の住民は一部にとどまる。富岡町は、避難指示が継続されている段階の平成二六年六月に富岡町歴史・文化等保存プロジェクトチームを設置し、積極的に地域の資料（地域資料）、震災によって生まれた遺産（震災遺産）の保全を両方行ってきた。また、福島県立博物館では平成二六年度から二八年度まで、福島県内の資料館や研究会と連携して「ふくしま震災遺産保全プロジェクト」を推進してきた。大震災を契機に起こった様々な出来事を歴史として共有し未来へ継承するため、震災を物語る資料を「震災遺産」と位置付けて、その保全や県内外での展覧会を実施した。富岡町のプロジェクトチームは、解体せざるをえない震災遺構は三六〇度カメラ、あるいは三次元計測の測量機材等を用いて記録するなど、取り外し可能なものとともに保全しながら、ハイブリッドな資料保全を行ってきた。プロジェクトチームは二〇一七年四月の一部の避難指示解除まで、郡山市から約九〇キロ（約二時間）かけて富岡町を往復し、資料レスキュー・震災資料保全を行った。資料保全を続けていくうちに、収蔵するスペースが必要になり、とみおかアーカイブ・ミュージアムは、二〇二一年七月に開館した。収蔵資料は五万点以上、常設展示は四三〇点、うち七割が震災後に町内で保全した資料である。展示資料のうち、震災遺産は四〇点ほど、常設展示面積の約五〇パーセントを占めている。常設展のうち半分が富岡町の成り立ち、地域性を紹介している。残り半分が前半のような特徴を持つ地域において東日本大震災、原子力災害が起きると展示されているような資料が残るという二部から構成される(5)。

写真1　とみおかアーカイブ・ミュージアム
JR夜ノ森駅資料（筆者撮影）

東日本大震災の被災地では「震災メモリアル施設」、「アーカイブ施設」と呼ばれる施設のうち、多くは二〇一一年三月一一日からストーリーが始まっている。同館は、常設展示の他に収蔵展示というエリアを有し、収蔵庫の一部も見学できる。同館は開館後も住民の方からの聞き取りや資料収集は継続している。

［2］阪神・淡路大震災からはじまった災害アーカイブの流れと発展――

1　ボランティア資料のながれ

被災地では、震災直後の一年間で一三八万人、多い時で一日二万人が活動し、被災者を支援するボランティア団体やNPOが数多く生まれた。全国からかけつけてくれるボランティアの活動の連絡調整を行う「阪神大震災地元NGO救援連絡会議」が地震の翌日一九九五年一月一七日、草地賢一氏（地震当時、PHD協会の総主事、事務局長）によって立ち上げられた。同会議は、ボランティア間の連絡機関となり、ボランティアのなかで課題となった情報ネットワーク、保健、医療、福祉、行政管轄の物資、外国人救援、復興と行政などの分科会を立ち上げて、組織的に対応を実施した。同会議は、震災直後は隔週で全体会議を行っており、ボランティアの記録を残すため、そして、ボランティアの課題を探るために一九九五年二月二八日の連絡会議で各ボランティア団体に対するアンケート調査が提案され、同年三月から四月にかけて実施した。同じ頃、同年三月から四月にかけて全国から集まり救援にあたったボランティアのうち、学生主体の団体がどんどん学業へ戻っていくことにより、ボランティアの記録が散逸する恐れが出た。そこで、一九九五年三月二七日、同会議内にボランティアの記録を保存するグループ「震災・活動記録室」が生まれて活動を開始した。震災・活動記録室は、同連絡会議と関連のあるボランティア団体に呼びかけて、一九九五年五月、「やったことを記録に残すボランティア大集会」を開催した。アンケートおよびボランティア大集会を通じてボランティア団体の資料が集まった(6)。

震災から三年目の一九九八年春、震災・活動記録室は、二つのグループ「震災・まちのアーカイブ」と「震災しみん情報室」に分かれて活動を始めた。震災・まちのアーカイブは、神戸市長田区の事務所から現在は神戸市垂水区に事務所を移転、ボランティアの資料（アンケート、ミニコミ誌、チラシ等）を引き継ぎ、保存している（一部は神戸大学附属図書館震災文庫へ寄託）。震災しみん情報室（現在のＮＰＯ法人市民活動センター神戸）は、市民活動の支援やＮＰＯとＮＰＯをつなぐネットワーク事業などを継続している。

2　図書館における震災資料収集のながれ

神戸大学附属図書館の職員であった稲葉洋子氏によると、地震後、一九九五年四月から震災資料収集を図書館が行う通常のやり方で開始した。しかし、その時点では図書はほとんど出版されていなかったが、稲葉氏が居住する被災地内のまちの掲示板には広報類が掲示され、大学内でも様々なファックスの情報が回覧されていた。また、テレビでは避難所でボランティアがチラシやビラを印刷、配布している場面を見た。稲葉氏は、震災資料を収集しはじめてすぐに、震災の全貌を知るには、通常図書館では収集対象としていないチラシ、ポスター、広報誌、レジュメや写真などを網羅的に集めようと、収集方針を切り替えた。ただ、図書館がかつて収集してこなかった資料は図書館にいて収集できるものではない。神戸大学附属図書館は、震災資料コレクションを「阪神・淡路大震災関連資料文庫」と名付け、略称を「震災文庫」として、個人や団体に資料の寄贈依頼を開始した。

前述のとおり、阪神・淡路大震災は「ボランティア元年」と呼ばれるほど、ボランティアが全国から集まり、被災地、被災者に対して支援を行った。ボランティアに関する資料やボランティアが作成するチラシやビラは日々作られ、配られていたが、図書館は収集する手段を求めて、被災直後からボランティアの連絡調整と資料保存を呼びかけた「阪神大震災地元ＮＧＯ救援連絡会議」の文化情報部を訪ねて協力を依頼した。さらに、地元の公共図書館の職員有志が設立した「震災記録を残すライブラリアン・ネットワーク」が神戸大学附属図書館、阪神大震災地元NGO救援連絡会議とともに一九九五年七月一七日、震災資料に関する情報交換を行う研修会を実施した。この研修会で培われた人的ネットワークが、東日本大震災後に岩手県、宮城県、福島県の県立図書館、東北大学、岩手大学、福島大学の各附属図書館と神戸大学附属図書館等が開催している「被災地図書館との震災資料の収集・公開に係る情報交換会」につながった(7)。

震災文庫は、資料の収集を開始して半年後の一〇月三〇日、整理が終わった現物の一〇三四件の資料を公開した。震災文庫は、現在でも継続的に震災資料の収集、データベースの更新、資料のデジタル化などを行っている（神戸大学附属図書館震災文庫 https://da.lib.kobe-u.ac.jp/da/eqb/）。

3 民間の震災資料収集のながれ

兵庫県の震災資料収集・保存事業は、一九九五年一〇月から始まった。この事業はさまざまな分野の震災資料の収集・分類整理・保存を行い、これらの情報を一般に公開・提供するものである。実施期間は、後述する兵庫県の復興計画と同様に、一九九五年度から二〇〇四年度の一〇年間であった。事業は、すべて21世紀ひょうご創造協会に業務委託された。同協会は、一九九六年二月および一〇月に、各自治体、歴史学会、資料保存機関と意見交換を行うため、「阪神大震災対策歴史学会連絡会」（歴史資料情報保全ネットワーク、一九九六年四月に歴史資料ネットワークと改組）との共催で、「震災資料の保存と編さんに関する研究会」を開催した。また、資料の価値、収集の対象、方法などを記したチラシを作り、広く配布した。収集する資料は、形態を問わず、震災に関するものはすべてである。一九九六年一二月、21世紀ひょうご創造協会は、嘱託職員三人が実際に地域へおもむき、震災資料の収集を行った。また、同協会は、資料提供を各自治体をはじめ大学、企業、ボランティア団体に依頼し、一般県民にも呼びかける広報活動から事業を開始した。収集された資料の一部は、一九九六年七月に開館した

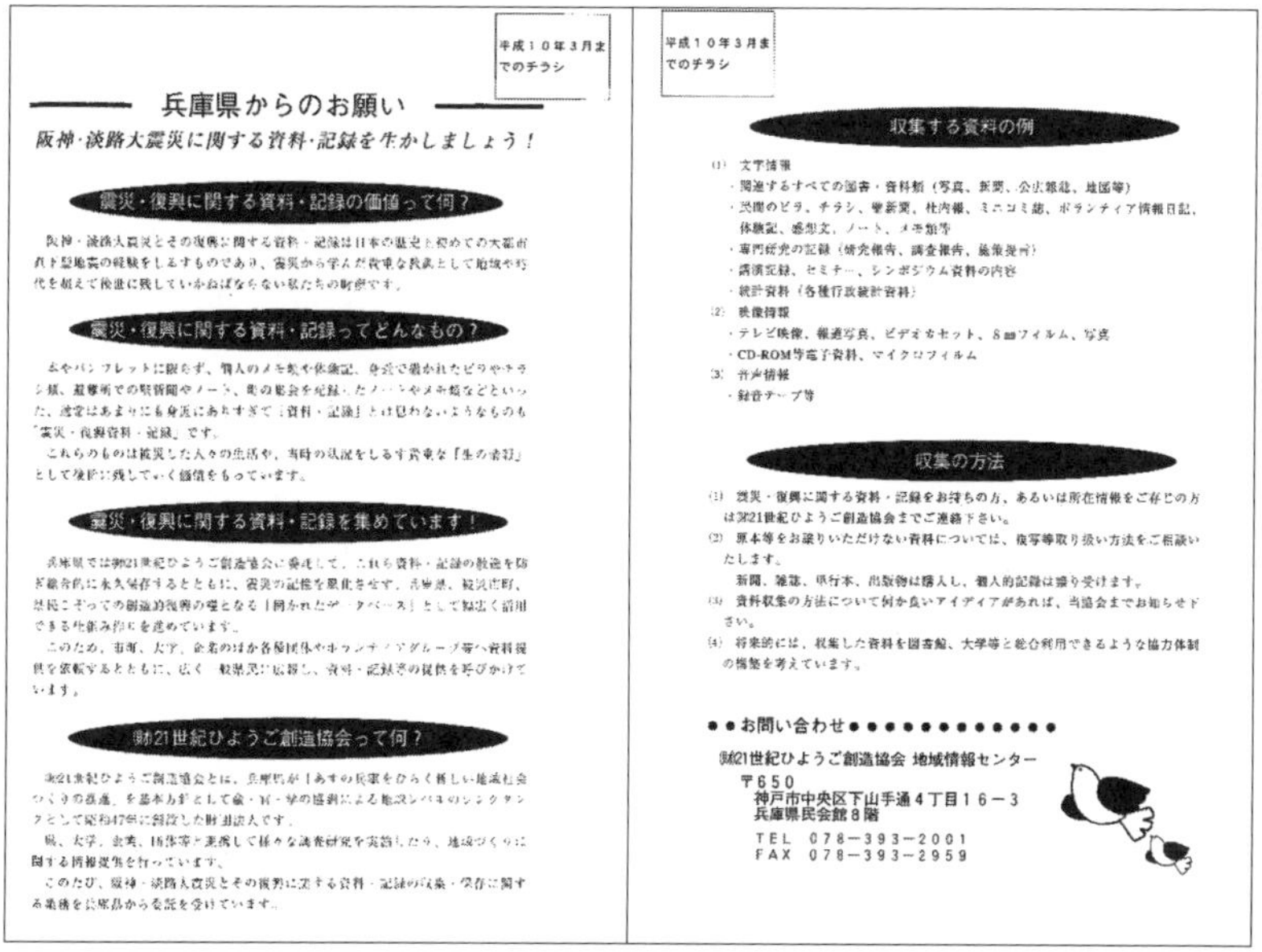

平成１０年３月までのチラシ

兵庫県からのお願い

阪神・淡路大震災に関する資料・記録を生かしましょう！

震災・復興に関する資料・記録の価値って何？

阪神・淡路大震災とその復興に関する資料・記録は日本の歴史上初めての大都市直下型地震の経験をしるすものであり、震災から学んだ貴重な教訓として地域や時代を超えて後世に残していかねばならない私たちの財産です。

震災・復興に関する資料・記録ってどんなもの？

本やパンフレットに限らず、個人のメモ帳や体験記、身近で書かれたビラやチラシ類、避難所での壁新聞やノート、町の集会を記録したノートやメモ類などといった、通常はあまりにも身近にありすぎて「資料・記録」とは思わないようなものも「震災・復興資料・記録」です。

これらのものは被災した人々の生活や、当時の状況をしるす貴重な「生の記録」として後世に残していく価値をもっています。

震災・復興に関する資料・記録を集めています！

兵庫県では㈶21世紀ひょうご創造協会に委託して、これら資料・記録の散逸を防ぎ総合的に永久保存するとともに、震災の記憶を風化させず、兵庫県、被災市町、県民こぞっての創造的復興の礎となる「開かれたデータベース」として幅広く活用できる仕組み作りを進めています。

このため、市町、大学、企業のほか各種団体やボランティアグループ等へ資料提供を依頼するとともに、広く一般県民に広報し、資料・記録等の提供を呼びかけています。

㈶21世紀ひょうご創造協会って何？

㈶21世紀ひょうご創造協会とは、兵庫県が「あすの兵庫をひらく新しい地域社会づくりの推進」を基本方針として産・官・学の協調による地域シンクタンクとして昭和47年に創設した財団法人です。

県、大学、企業、団体等と連携して様々な調査研究を実施したり、地域づくりに関する情報提供を行っています。

このたび、阪神・淡路大震災とその復興に関する資料・記録の収集・保存に関する業務を兵庫県から委託を受けています。

平成１０年３月までのチラシ

収集する資料の例

(1) 文字情報
- 関連するすべての図書・資料類（写真、新聞、公式雑誌、地図等）
- 民間のビラ、チラシ、壁新聞、社内報、ミニコミ誌、ボランティア情報日記、体験記、感想文、ノート、メモ類等
- 専門研究の記録（研究報告、調査報告、施策提言）
- 講演記録、セミナー、シンポジウム資料の内容
- 統計資料（各種行政統計資料）

(2) 映像情報
- テレビ映像、報道写真、ビデオカセット、８㎜フィルム、写真
- CD-ROM等電子資料、マイクロフィルム

(3) 音声情報
- 録音テープ等

収集の方法

(1) 震災・復興に関する資料・記録をお持ちの方、あるいは所在情報をご存じの方は㈶21世紀ひょうご創造協会までご連絡下さい。

(2) 原本等をお譲りいただけない資料については、複写等取り扱い方法をご相談いたします。

新聞、雑誌、単行本、出版物は購入し、個人的記録は譲り受けます。

(3) 資料収集の方法について何か良いアイディアがあれば、当協会までお知らせ下さい。

(4) 将来的には、収集した資料を図書館、大学等と総合利用できるような協力体制の構築を考えています。

●●お問い合わせ●●●●●●●●●●●●●

㈶21世紀ひょうご創造協会 地域情報センター
〒６５０
神戸市中央区下山手通４丁目１６－３
兵庫県民会館８階
ＴＥＬ　０７８－３９３－２００１
ＦＡＸ　０７８－３９３－２９５９

資料１　震災資料収集のチラシ（21世紀ひょうご創造協会、1998年３月まで）

（二〇〇二年三月閉館）阪神・淡路大震災復興支援館（フェニックスプラザ）で公開された[8]。

一九九八年四月、阪神・淡路大震災記念協会は、21世紀ひょうご創造協会が行っていた震災資料の収集事業を引き継いだ。収集する対象は、形態、出所を問わず、震災に関するものはすべてであったが、行政資料については外郭団体であり、収集対象には含まなかった。記念協会は、二〇〇〇年六月から二〇〇二年までの約二年間、兵庫県が厚生労働省の緊急地域雇用創出特別交付金事業として、震災資料調査事業を実施した。雇用創出事業であったため、調査員の雇用期間は最長六か月、再雇用はなしとの条件であった。調査期間は四期に分けられた。一期あたり約一一〇人、のべ四四〇人が動員された。調査事業は、兵庫県内の全被災地域を東部（尼崎、伊丹、川西、宝塚市）、西宮（西宮、芦屋市、神戸市東灘区）、神戸東（灘区、中央区）、神戸中（兵庫区、長田区）、神戸西（須磨区、垂水区、北区、西区）、西部（明石、三木市、淡路島）の六グループに分けて行われた。

震災資料の調査は、主に兵庫県内の地域の被災者、復興公営住宅の居住者、ボランティア・支援団体、事業所、団体組合、学校関係など一二分野にわたった。調査対象件数は一二万四五一八件であり、最終的にはこのうち二万一八一件に訪問調査を行い、三二七二件の調査先から資料を収集した。総収集資料点数は、紙資料一四万九四二七点、写真資料四三三一点、音声資料五二八点、その他五六三六点、計一五万九九二二点であった。記念協会の収集した震災資料のデータベースは、資料とともに二〇〇二年四月に開館した「阪神・淡路大震災記念人と防災未来センター」資料室へ受け継がれた[9]（チラシは（財）阪神・淡路大震災記念協会『「震災資料の分類・公開の基準研究会」報告書』二〇〇一年三月、八五～八六頁）。

4　行政の震災資料収集のながれ（震災関連公文書）

(1) 兵庫県

行政機関においては、地震発生直後からそれぞれの機関が作成した文書などを保存するように依頼が行われ、震災に関する記録を重要視する動きが見られた。

兵庫県教育委員会事務局は、発災から約二週間後、一九九五（平成七）年二月一日に「兵庫県南部地震による災害の記録についてのお願い」を出した。災害の状況と学校や教員委員会が行った対策など、写真をふくめ記録し、後世に伝えるとともに、記録誌を作成する構想があることを記している。具体的な事項は、以下のとおり[10]。

施設の破損状況／屋上等から見える地域の被災状況／避難住民の状況（暮らしぶりなど）／避難住民の気持ち・要望・苦情などで耳に入ったもの／ボランティア活動（教職員・児童生徒を含む）の状況／ボランティアの気持ち・要望・苦情などで耳に入ったもの／被災状況視察者の記録（大臣など）／災害見舞い者と救援物資の記録／被害

を受けた児童生徒の感想（地震発生時からその後の暮らしぶり）／その他の児童生徒の登校後の感想／今回の対応で良かったことと反省すべきこと（自らの体験でも行政の施策でもよい）／類似事象発生時に留意しなければならないこと／その他記録に留めることにより後世に役立つこと

兵庫県は一九九五年一月一七日に発生した兵庫県南部地震により県内の阪神間および淡路島を中心に甚大な被害を被った。兵庫県は、復興計画を策定するための民間の有識者による提言書「阪神・淡路大震災からの創造的復興をめざして」を受け、同年七月、県の計画として「阪神・淡路震災復興計画」を策定し、同年八月四日に発表した。この計画は、一〇か年で六六〇事業、概算事業費約一七兆円にのぼるものとなった。災害アーカイブが関係する事業として、生活・教育・文化復興事業体系のうち、「教育の復興」の四つの柱の「教育環境の復興」、「震災遺児・児童・生徒への支援」、「震災と復興の学術的研究」、「防災教育の推進」のなかの、「震災と復興の学術的研究」に、「「災害科学博物館」の建設」、「野島断層の保存」、「大学等の震災・復興関連研究への支援」とともに「震災と復興の資料・記録の収集と整理」が盛り込まれた[11]。

県の震災関連公文書は、一九九六年に検討資料やメモ類などはすべて年限を設けずに保存することを決めた。現在は、現用の資料を除く文書を兵庫県公館県政資料館（歴史資料部門）へ引き継いで整理、保存を行っている。

(2) 神戸市

本来、公文書の保存期間は、一年から永年などに保存期間が決まっている。一九九九年、神戸市は各局に震災に関する全資料の保存を通知した。資料は大量のため、役所内だけではなく、市内に分散して保管していた。二〇〇六年度に分量を調査したところ、厚さは約四・二キロメートルであった。震災から一五年後、二〇一〇年

資料２　避難所で出された食事の記録

一月、神戸市は震災の経験を現在や後世に伝えるため、同年四月より文書の整理、保存を開始した。整理のため、震災公文書は六四〇〇箱の段ボール箱が一か所の保管場所へ搬入された。箱のなかは、義援金申請書（段ボール箱一一〇〇箱）、仮設住宅契約書等（二八〇箱）、道路・港湾施設・下水道等の復旧工事図面（一七〇箱）、避難所等運営資料（一一〇箱）などである。筆者は本整理作業に当初携わった。

大量の震災資料を整理する過程において、一貫して携わった杉本和夫氏が挙げた重要な点は、以下の点である。[12] ①一次文書の重視と復旧保存。一九九五年当時、行政等の重要な通信手段はファックスで行われていた。ファックスの内容は、文書へと作られる前段階の生の情報や、お知らせなどが送られていた。ファックスに使われていたのは感熱紙であったため、整理する際は、ほとんど字は読めずに真っ白の状態であった。しかし、複写機の様々な機能を調整することにより、感熱紙の文字が復元された。ほかにも、ネガフィルム、ビデオテープ、カセットテープ、フロッピーディスク等の記録媒体は劣化が見られたため、媒体の変換作業が行われた。[13] ②同種の文書が大量に存在する文書は原則廃棄。震災公文書の保存場所は、建て替えが予定されており、保管できる資料の面積は半減するため、廃棄が余儀なくされた。廃棄対象は上述の義援金申請書、仮設住宅契約書等の段ボール箱二七〇〇箱であった。③検索しやすい文書目録の作成。震災資料のなかで、ファイルは背表紙にタイトルがないか、あるいは、「打ち合わせ記録」などの記載しかないものが多かった。資料につけられている元々の情報だけでは資料の内容がわかりづらく、利用者が検索や活用しづらい。資料が利用しやすいように、データベース作成の際、内容に関連するキーワードが多く付与された。④情報発信力を持つ文書のピックアップと提供。震災公文書のなかで、当時の状況がよく伝わる資料を新聞、テレビ等へ提供して、震災資料の保存の重要性を情報発信した。震災から二〇年の二〇一五年一月一六日、整理作業が終了した文書五六九一点の公開が開始された。二〇一八年三月、整理・保存及び目録化作業が終了した。震災関連文書のファイル数は全部で約二万六〇〇〇点（ダンボール箱約三七〇〇箱）となり、資料の閲覧は神戸市情報公開条例による手続きに基づく[14]（「避難所で出された食事の記録」は、神戸市役所「阪神・淡路大震災関連文書の文書目録　整理済・震災関連文書の概要とサンプル」https://www.city.kobe.lg.jp/a44881/shise/kekaku/gyozaisekyoku/shinsai20/bunshomokuroku.html）。

(3) 伊丹市

平常時、市役所が作成するあらゆる公文書は文書番号、種類、保存期限などが予め定められており、それに従って、保存年限を過ぎたものは廃棄され、永年保存される文書は所定の場所に保存される。しかし、阪神・淡路大震災のような非常時に、市役所は通常の公文書とは異なる様々な文書を大量に作成することとなった。被災した市民に身近な公文書を挙げると、り災証明書、義援金の申請書、家屋解体の申請書、仮設住宅の申込書、復興公営住宅の申込書などがある。伊丹市役所はこれらに加えて、救援物資の受け入れ・配布、家屋被害判定、災害廃棄物の処理、ライフライン（水道、市営バス）の復旧、避難所の運営、震災復興計画（阪急伊丹駅周辺地区の復興、大きな被害を受けた地区の復興）などに関する膨大な震災関連公文書を作成してきた。

これらの非常時に作成された震災関連公文書には、作成時に前述した平常時のような保存期限などは定められておらず、（1）保存の要否、つまり保存されるのか、されないのか、（2）保存の担当、保存するとしたら震災関連公文書を作成した原課が行うのか、それとも公文書の保存を担当する部署が行うのか、（3）保存する文書の対象、どのような震災関連公文書を保存するのか、（4）保存の期限、どの位の期間保存するのか、などの点が明確でなければ、阪神・淡路大震災により被災した各自治体では震災復旧・復興事業と通常業務の中で、次々と生まれてくる平常時の公文書に押されて保管場所がなくなりやむなく廃棄されたり、担当者が代わりどこに置かれているのか分からなくなることも想像に難くない。

そのような状況下、伊丹市は崩壊した阪急伊丹駅が入る伊丹阪急駅ビル（愛称リータ）が復興オープンする少し前、一九九八（平成一〇）年一〇月二八日、事務連絡として公文書の管理を担当する総務部総務課長名で、「震災関連文書等の引き継ぎについて」という文書が所属長宛に出されている。文書では、「阪神・淡路大震災より四年近くが経過し、平成六年度中に作成された保存年限の三年の文書については、平成一〇年四月一日以降廃棄処分することができ、以降年数の経過とともに震災関係文書が廃棄処分されることになります。しかしながら、震災に関する文書は、散逸することなく収集・整理し、後世にまで記録し、保存していかねばならない貴重な資料であります。そこで、震災関係文書等を収集・整理していくために」文書の引き継ぎについて各所属の協力を依頼した。

つまり、伊丹市ではこの文書により、前述した点の（1）保存の要否は、伊丹市では廃棄処分せず、保存する方針が出され、（2）保存の担当は、総務部総務課であり、（3）保存する文書の対象は、基本的に「震災関係の全文書」、（4）保存の期限は、廃棄せず後世へ伝えていく、という震災関連公文書の保存の見解が示された。

同時に、本文書では総務課への震災関連公文書の引き継ぎだけでなく、保存期限が満了しているがまだ原課が保存している震災関連文書、あるいは満了していないが保存している震災関連文書についての調査依頼が行われた。この依頼に対して、各課は所蔵している震災関連公文書の文書名、量などの回答を寄せている。さらに、特筆すべき点が二点ある。まず、引き継ぎを行う文書は震災関係の全文書であるが、それ以外にも「各公的団体・各種団体・民間会社等が発行した冊子等を含む不要となった震災関係資料・メモ」、文書を作成する前の過程など職員個人の「未整理の資料・メモ類」が明記されている点である。伊丹市内でも震災復興事業が終わりに近づき、職員間の関心の低下が懸念され、地震からの復旧・復興事業に携わった職員や市民の生の声が書かれたメモ類が保存の対象となったことは、その後の伊丹市における震災時の状況を把握するための営みに寄与していく点で非常に意義深いと考える。次に、引き継ぐ文書の形態は基本的に紙媒体であるが、総務課の依頼文書では「フロッピーディスクに保存されている統計資料等で引き継ぎ可能なもの（フロッピーディスクでの引き継ぎも可）」と、当時、文書作成に主流であったワードプロセッサーによって作成された文書のデータを保存しておくメディア媒体の3・5インチのフロッピーディスクも保存の対象としている点である。紙媒体のみならず他の媒体も保存の対象に含んだことは画期的であったと言えるが、ワードプロセッサーのデータは、現在私たちの多くが使用するパソコンの文書作成ソフトとは互換性が低く、現時点でフロッピーディスクだけが残されていたとしても、フロッピーディスクに保存されたデータを読み出したり、文書を印刷することは困難である。この文書が出された時点では、今日ここまでワードプロセッサー、フロッピーディスクが急速に使われなくなる事態は想定されていなかったと考えられる。

以上のような文書を通じて保存された伊丹市の震災関連公文書は、保存期限が満了したものから総務課へ移管・保存され、順次整理が行われ現在に至る。総務課が所管する伊丹市の震災関連公文書は、一五箱、約六〇〇点となっている[15]。

5　新潟県中越地震の震災資料収集のながれ

二〇〇四年一〇月二三日、発生した新潟県中越地震によって震源地に近い小千谷市や長岡市、川口町、山古志村（現長岡市）、十日町市は壊滅的な打撃を受けた。中越地震の震災資料を収集している長岡市中央図書館文書資料室は、これまで震災資料を収集した経験がなかったことから、全国歴史資料保存利用機関連絡協議会近畿支部『阪神・淡路大震災にかかわる史料保存活動の記録―その時何を考え、行動したのか―』（一九九七年）を参考に活動を開始した。当初行ったことは、被災した在野の歴史資料の廃棄を防止する呼びかけ文の作成と、地震による避難所の掲示物の収集であった。同文書資料室は二つの事業を行った。まず、文書資料室が長岡市史編さん室の業務の一部を引き継いでいたため、被災した歴史資料の救済を実施した。次に、同文書資料室がある図書館が避難所になったことから、避難所の掲示物などを収集した。阪神・淡路大震災の際、被災した歴史資料の保全事業と震災資料の収集事業の両事業を実施した機関はなく、長岡市中央図書館文書資料室が初めてである。

長岡市は、地震発生の翌年二〇〇五年八月、「長岡市復興計画」を策定した。文書資料室が行った「歴史資料の救済」は「第四章　目標別復興計画―2．各論―（3）教育・文化・コミュニティの再建―②伝統・文化等の保存・再生」へ、「震災関連資料の収集」は、「第三章　重点プロジェクト3．災害メモリアル拠点の整備」及び「第四章　目的別復興計画―2．各論―（2）まちの活性化―⑤災害記録の有効活用」へ位置づけられた。

二〇一一年三月一一日、東日本大震災が発生した。長岡市でも震度五を記録した。翌朝には長野県北部地震が発生し、新潟県内でも被害が発生した。長岡市は、東日本大震災の福島県南相馬市からの避難者を、一次避難所二三施設に最大時、一〇六一人を受け入れた。文書資料室は、開設期間中に避難所から掲示物、配布物、運営事務文書などを収集した。これは、中越地震の際、避難所が閉鎖時に一部の資料のみを収集した経験に基づく。

文書資料室は、中越地震一〇周年事業の後、収集・保存した「被災歴史資料」と「災害復興関連資料」を再編成し、二〇一四年一〇月二一日、「長岡市災害復興文庫」を開設した。一部の文書・写真等の目録は「国立国会図書館東日本大震災アーカイブひなぎく」において検索することができる。[16]長岡市文書資料室における災害資料の収集は、震災資料の収集にとどまらず、歴史資料の救済と東日本大震災へと広がりと深まりをみせた。

[3] 災害アーカイブの保存、活用とこれから

1　これまで

上述してきたとおり、災害アーカイブは一九九五年に発生した阪神・淡路大震災に関する資料の収集、整理、保存活動を端緒としてから約三〇年が経過した。呼び方も震災資料、震災記録、震災アーカイブから、災害資料、災害記録、災害アーカイブへと地震による被害だけではなく、津波被害、東京電力福島第一原子力発電所事故による記録も対象範囲と広がってきた。特徴として、(1)資料の形態が現物資料(図書、文書資料、写真、映像、モノなど)が主流であったが、現物資料をインターネットで公開するため、媒体の劣化を防止するためを理由とした現物資料のデジタル化が進められた。中越地震の資料は、阪神・淡路大震災の経験が参考にされている。東日本大震災に関する資料は、図書資料は収集対象に含まれ、当初からインターネット公開を前提とした写真や映像などのデジタルデータが収集対象となった。(2)公開の形態が、(1)と関連して、現物資料を基にしたデータベースが構築された後に、現物資料の公開とインターネットによる公開が行われる阪神・淡路大震災と新潟県中越地震の資料とくらべ、東日本大震災のデータベースは、構築段階からインターネットによる公開がモデルとなって

いる。阪神・淡路大震災の図書資料は神戸大学附属図書館震災文庫、人と防災未来センター、兵庫県立図書館がそれぞれ所有する資料のポータルサイトを運営していたが、国立国会図書館東日本大震災アーカイブひなぎくは、東日本大震災のみならず、阪神・淡路大震災、新潟県中越地震、二〇一四年長野県神城断層地震の数多くのアーカイブのポータルサイトとなっている。（3）個人情報を含む資料は、（2）と関連して、阪神・淡路大震災、中越地震では収集対象となっていたが、東日本大震災のアーカイブの多くは、個人情報を含まず、インターネット公開が可能な資料が収集されている。また、公開されている写真や映像でも、映っている人の顔などにマスキングが施されている。

2　活用

例として、神戸市役所のウェブページ「震災資料室」にある、震災写真オープンデータサイト「阪神・淡路大震災『1・17の記録』」は、二〇一五年一月より阪神・淡路大震災の発災直後や復旧・復興の様子など約一〇〇〇枚の記録写真をオープンデータとして提供しているため一部注意書きのある写真を除いて神戸市役所へ申請せずにだれでも自由に二次利用することができる。

写真資料以外にも資料を活用することができる。筆者は所属する現代社会学部社会防災学科の「ゼミナール」において、阪神・淡路大震災記念人と防災未来センター資料室より、絵画を借用し、本学のポートアイランドキャンパス図書館にあるギャラリーにおいて展示した。一つ目は、「イラストでたどる神戸のまちなみと震災」（二〇二一年一二月六日〜二〇二二年一月二九日）である。大阪出身の宇佐美重氏は、一九四六年に旧国鉄（現ＪＲ）に入社し、神戸市の神戸港駅で貨物の取り扱い事務に携わった。米軍接収されていた同駅は、港に下ろされた食料品などの生活物資を各地の米軍基地へ運ぶために使われた。宇佐美氏は仕事のかたわら、駅周辺の景色を描いた。接収後も宇佐美氏は、様々な神戸の姿をスケッチした。一九九五年一月一七日、阪神・淡路大震災の発生後、大きな被害を受けた神戸港の突堤やメリケン波止場などを描いた。宇佐美氏のスケッチは、資料室へ寄贈され、そのうち一〇点と二〇二一年現在の学生が撮影した当該場所の写真を展示した。二つ目は、「トルコ地震と子ども絵画展」（二〇二三年二月一日～二〇二三年二月二六日）である。一九九九年八月と一一月にトルコ北西部において大地震（マルマラ地震）が発生した。被災地は、トルコ北西部全域にわたり、死者一万八〇〇〇名、負傷者四万八〇〇〇名を超える大きな被害となった。この地震の際、日本からトルコに対して多くの支援が行われた。兵庫県からも阪神・淡路大震災で使用した仮設住宅を送り、現地に「日本仮設村」が開設された。これらの支援に対するお礼として、二〇〇三年にトルコの子どもたちから絵画が送られてきた。トルコの子どもたちの絵画は、資料室へ寄贈され、そのうち一三点を展示した。(17)

資料3　トルコの子ども絵画

3　これから

これまでの災害アーカイブと災害アーカイブの活用をふまえ、これからの災害アーカイブに必要と思う点を挙げる。（1）継続性、災害アーカイブは、既存の機関である図書館あるいは自治体、大学などが当該の災害資料を収集する「既存型」、また、大災害の発生を契機に災害アーカイブ（特にデジタルアーカイブ）を短期間に構築する「新規型」に大別することができる。既存型は、組織体制、人員、予算、データベースなど、構築時の負荷はかかりながらもある程度の継続性は担保されている。翻って、新規型は、資料を収集、アーカイブを構築時の組織体制、人員、予算、データベースなどが単年度あるいは期限付きで確保されているが、継続的に運営することを目的にしていない場合もある。せっかく構築された災害アーカイブが休止することによって、公開できなくなるケースが発生している。（2）著作権処理、クリエイティブ・コモンズ・ライセンスを採用している。[18]国際的非営利組織「クリエイティブ・コモンズ」が提供するインターネットの新しい著作権ルールである。クリエイティブ・コモンズ・ライセンスの使用を推奨することにより、資料の共有、二次利用を可能としている。（3）記録に残りにくいこと、「青い鳥」のように「ここにはない、あるかもしれない資料を追い求める」ことをかならずしも求めるのではない。ただし、声があげづらい、記録に残りづらい、その時々で変化することもある小さな声を記録に残そうとすることは念頭におきたい。

これまで収集・保存された震災資料は膨大である。これは、震災資料の作成・提供者と提供を受ける側の両者がいずれも「震災資料はこういうもの」というイメージやこの経験を後世に残さなければならないという思いを共有し、また提供方法がインターネット上などで行われる写真や映像の資料が多く含まれていたことから非常に多くの資料が集まった。

しかし、震災に関する記録や資料は、これまで同様、今後も生み出される。震災資料の提供者と提供を受け入れる者の両者がいずれも「震災資料はこういうもの」というイメージからかけ離れたものの場合、資料が現用・半現用である場合、資料を作成・所蔵している人の資料に対する思いが強く資料を提供しようという意思が現段階はない場合などもある。二〇〇〇年六月から行われた阪神・淡路大震災の兵庫県の大規模資料収集事業の際、まず「所蔵者に「震災資料」であることを認識してもらい」、「体験談を聞くことをきっかけに、資料が出てくることもある。資料に「文書の伝来」をつけるためにも、聞き取りは必要であった」という。震災資料だけが独り歩きするのではなく、その資料に介在する人或いは組織や団体の下に資料は集まる。震災資料と人はつながっており、作成者や所蔵者にとって大切な、身近なものであるため、今は手元においておきたい。これらは未だ震災資料ではなく、震災資料になるときまで時間を要する。多様な資料を長期間にわたり収集、保存するためには一か所だけではなく、様々な団体・組織、既存の図書館、博物館、文書館などの共同作業が必要となる。

また兵庫県の収集事業では、「何を「震災資料」と名づけ保存していくか考察すること自体、研究の視点を必要とした。震災で、復旧・復興で何が問題となっているのか、残すべきものは何か」が検討された。その結果、ボランティア資料、区画整理事業、住宅復興（裁判関連資料を含む）関連資料などが残された。東日本大震災の資料を収集する際、阪神・淡路大震災や新潟県中越地震と同様の資料を収集、保存しておくことは大切であるが、例えば、被災前からの地域の課題、東日本大震災で問題になった水産業など生業の復興、防災集団移転（高台移転）、原発事故に関してなど、何を災害資料として保存していくのか、被災地においてこれまで、そしてこれから行われていくあらゆることがそれぞれの人や地域にとってその事象はどういう意味を持つのか、様々な人による「記録の保存を通じて、現在の復興を批判的に検討する作業」を伴った災害資料収集が非常に重要であると考える。

【注】

（1）ブリュノ・ガラン『アーカイブズ―記録の保存・管理の歴史と実践』白水社、二〇二一年二月、七～八頁

（2）全国歴史資料保存利用機関連絡協議会 http://www.jsai.jp/file/japanese.pdf

International Council on Archives（以下、ＩＣＡ）は、一九四八年に設立されたアーカイブズの国際機関である。

（3）白井哲哉『災害アーカイブ―資料の救出から地域の還元まで』東京堂出版、二〇一九年、二二〇頁

（4）東京電力福島第一原子力発電所事故によって埼玉県へ移転した福島県双葉町役場および避難所の資料、数千点が筑波大学知的コミュニティ基盤研究センターに保存されている。白井哲哉「福島県双葉町役場が保有する東日本大震災関係資料の保全について」『記録と史料』24号、全国歴史資料保存利用機関連絡協議会、二〇一四年三月、五七～五九頁

（5）門馬健氏による報告。奥村弘編『被災地図書館との震災資料の収集・公開に係る情報交換会報告書』神戸大学大学院人文

学研究科、二〇二二年三月
（6）震災・まちのアーカイブ『アーカイブ前史』、震災・まちのアーカイブ、二〇〇三年一〇月
（7）稲葉洋子「震災記録のアーカイブの運用：「震災文庫」の経験から」『情報の科学と技術』64巻9号、二〇一四年、三七一～三七六頁
（8）佐々木和子「兵庫県の震災資料保存活動と今後の課題」『記録と史料』No.8、全国歴史資料保存利用機関連絡協議会、一二～二〇頁
（9）柴田和子、伊藤亜都子、佐々木和子「阪神・淡路大震災の資料収集とデジタル化事業」『じんもんこん２００２論文集』情報処理学会、二〇〇二年、一九三～二〇〇頁
（10）伊丹市立博物館『伊丹市立博物館史料集８　阪神・淡路大震災　伊丹からの発信　手引・資料編』二〇一一年三月、三五二頁、三五七頁
（11）震災復興調査研究委員会『阪神・淡路大震災復興誌［第1巻］』財団法人21世紀ひょうご創造協会、一九九七年三月、七六頁
（12）杉本和夫「阪神・淡路大震災関連文書に関する神戸市の取り組み：情報発信の活性化に向けて」国立国会図書館企画教養課・図書館情報室『カレントアウェアネス』No.340、二〇一九年六月、二九～三一頁
（13）記憶媒体のひとつ。磁性体を塗布した薄い磁気ディスクと、防護のためのプラスチック製のジャケットで構成される。一九八〇年代から一九九〇年代前半にかけて、パソコンやワープロ専用機などに広く利用された。記憶容量は一ＭＢ程度。頭文字から「ＦＤ」ともよばれる。
（14）神戸市役所「阪神・淡路大震災関連文書の文書目録」https://www.city.kobe.lg.jp/a44881/shise/kekaku/gyozaisekyoku/shinsai20/bunshomokuroku.html
（15）水本有香「伊丹市における震災関連公文書について」、『大規模自然災害時の史料保存論を基礎とした地域歴史資料学の構築　第5回地域歴史資料学研究会報告書』、神戸大学大学院人文学研究科、二〇一一年三月、五九～六七頁
（16）田中洋史「長岡市災害復興文庫の構築と発信：新潟県中越大震災・東日本大震災の経験を越えて」『災害・復興と資料』7号、新潟大学災害・復興科学研究所危機管理・災害復興分野、二〇一六年、四五～五九頁

(17) 神戸学院大学ポートアイランド図書館「SeaScape　神戸学院大学ポーアイ図書館　展示会通信」第29号、第30号、二〇二二年一月、二〇二二年二月

(18) クリエイティブ・コモンズ・ライセンスは、国際的非営利組織「クリエイティブ・コモンズ」が提供するインターネットの新しい著作権ルールであり、作品を公開する作者が「この条件を守れば私の作品を自由に使って構いません。」という意思表示をする。クリエイティブ・コモンズ・ライセンスを利用することで、作者は著作権を保持したまま作品を自由に流通させることができ、受け手はライセンス条件の範囲内で再配布やリミックスなどをすることが出来る。

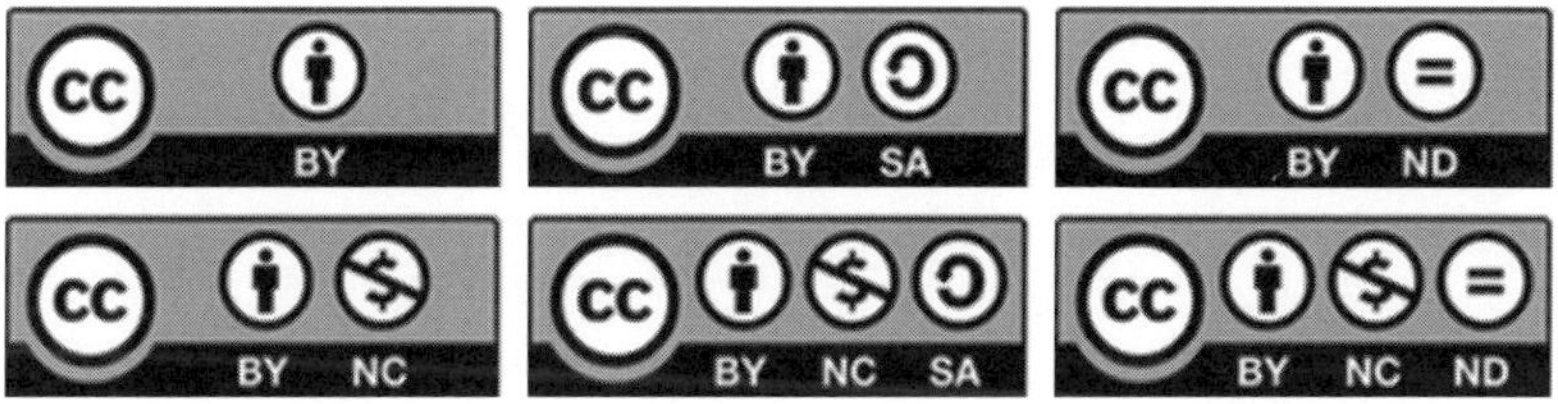

クリエイティブ・コモンズ・ライセンスのマーク例

「クリエイティブ・コモンズ・ライセンスとは」https://creativecommons.jp/licenses/

船木伸江（ふなき・のぶえ）

神戸学院大学現代社会学部社会防災学科　教授

〔専門分野〕

防災教育

〔主な業績〕

船木伸江・矢守克也・中村翼「もうひとつの被災――大災害の当日生まれの青年の苦しみと回復過程」質的心理学研究20号、224-236頁、2021年

船木伸江、山﨑悦子、矢守克也「災害の実体験を基にしたお話教材の授業分析：学びの深まりと学習の主体性の観点から」防災教育学研究第２巻第１号、113-122頁、2021年

『SDGs 時代の社会貢献活動』昭和堂、2021年

江田英里香（えだ・えりか）

神戸学院大学現代社会学部社会防災学科　准教授。博士（学術）

特定非営利活動法人 NGO 活動教育研究センター（NERC）理事

〔専門分野〕

比較教育学、社会貢献学

〔主な業績〕

『SDGs 時代の社会貢献活動』昭和堂、2021年

『カンボジアの学校運営における住民参加』ミネルヴァ書房、2019年

水本有香（みずもと・ゆか）

神戸学院大学現代社会学部社会防災学科　教授。博士（学術）

〔専門分野〕

災害アーカイブズ、国際協力

〔主な業績〕

『阪神・淡路大震災資料集Ⅲ 住吉の記憶「住吉住ノ江区と専念寺」』一般財団法人住吉学園・住吉歴史資料館、2018年

中田敬司（なかた・けいじ）

神戸学院大学現代社会学部社会防災学科　教授。医学博士（Ph.D）
一般社団法人　日本災害医学会　理事・評議員
一般社団法人　医療コンテナ推進協議会（MMCPC）理事
厚生労働省　新型コロナウイルス感染症対策推進本部　事務局参与
内閣官房「船舶活用医療における民間等との連携強化に係る調査検討事業」 アドバイザー

〔専門分野〕
災害医療、消防防災システム、労働安全衛生分野
〔主な業績〕
『災害医療2020　大規模イベント、テロ対応を含めて』日本医師会編、メジカルビュー社、2020年
『コミュニケーション論・多職種連携論』医歯薬出版㈱、2020年

松山雅洋（まつやま・まさひろ）

神戸学院大学現代社会学部社会防災学科　教授
特定非営利活動法人 神戸の絆　代表理事

〔専門分野〕
防災行政学、防災まちづくり論、消防・危機管理
〔主な業績〕
『超広域大規模災害に備える「神戸市における防災行政と災害対応」』トゥエンティワン出版部、2012年
『映画に学ぶ危機管理』晃洋書房、2018年

伊藤亜都子（いとう・あつこ）

神戸学院大学現代社会学部社会防災学科　教授。博士（学術）

〔専門分野〕
地域社会学、地域コミュニティ論、復興まちづくり
〔主な業績〕
「25年後の被災地が問いかける復興と支援の現在地――阪神・淡路大震災をめぐる特別企画によせて――」（共著）地域社会学会『地域社会学年報』第32集、61-74頁、2020年
「仮設住宅・復興公営住宅と地域コミュニティ」公益財団法人後藤・安田記念東京都市研究所『都市問題　特集阪神・淡路大震災からの教訓』第106巻１号、27-32頁、2015年

■執筆者紹介　執筆順　＊は編集責任者

前林清和（まえばやし・きよかず）
神戸学院大学現代社会学部　学部長、現代社会学部社会防災学科　教授。博士（文学）
特定非営利活動法人NGO活動教育研究センター（NERC）理事長
一般社団法人　医療コンテナ推進協議会（MMCPC）代表理事

〔専門分野〕
社会防災論、社会貢献論
〔主な業績〕
『社会防災の基礎を学ぶ』昭和堂、2016年
『SDGs時代の社会貢献活動』昭和堂、2021年

佐伯琢磨（さえき・たくま）
神戸学院大学現代社会学部社会防災学科　教授。博士（工学）、一級建築士

〔専門分野〕
防災工学、災害リスク評価
〔主な業績〕
『はじめての災害学』神戸学院大学出版会、2023年
「親子参加型防災教育ゲームのワークショップの成果と今後の展開」防災教育学研究第3巻第2号、51-62頁、2023年

*安富　信（やすとみ・まこと）
神戸学院大学現代社会学部社会防災学科　教授
社団法人・日本避難所支援機構理事長
環境省災害廃棄物対策委員会委員
さんだ防災リーダーの会相談役

〔専門分野〕
災害情報論、災害報道論
〔主な業績〕
『減災と情報』コンプラス、2012年
『映画に学ぶ危機管理』晃洋書房、2018年

シン防災―災害研究のこれまでとこれから

2023年11月20日　初版第1刷発行

編　者　神戸学院大学現代社会学会

発行者　杉田　啓三

〒607-8494 京都市山科区日ノ岡堤谷町3-1
発行所　株式会社　昭和堂
TEL(075)502-7500／FAX(075)502-7501
ホームページ　http://www.showado-kyoto.jp

印刷　亜細亜印刷

ISBN 978-4-8122-2227-0
乱丁・落丁本はお取り替えいたします。
Printed in Japan